大戦間期の宮中と政治家

黒沢文貴

みすず書房

はじめに

ペリーの来航（一八五三年）から太平洋戦争の敗戦（一九四五年）まで、九〇余年にわたる日本の近代は、実に起伏にとんだ歴史であった。それは、多くの歴史研究者によって、「激動期」「変動期」「転換期」の連続と評されるほどのものであった。

ただし巨視的にみれば、明治維新（一八六八年）以降の日本近代の歴史は、日本が西洋列強と対等な国際政治上の地位を占めるようになった第一次世界大戦終結までの五〇年（ペリー来航からは六五年）の道程と、その後のつかの間の平和を経て、中国と世界を相手に戦いを繰り広げ、壊滅的な敗北にいたった二七年の歩みとの、二つの時代に大きく分けて考えることができよう。

本書が考察の対象とする時代はその後者、すなわち第一次世界大戦後の世界である。それは、国家総力戦として戦われた第一次世界大戦がもたらしたさまざまな衝撃によって、それまでの国際社会を律してきた原理原則が大きな転換を迫られるとともに、日本国内の体制にもそれに見合う変革が求められた時代であった。

そうした変革を求める志向性は、一九二〇年代から四〇年代にかけて流れる通奏低音でもあった。その音色を心地よく聴く人たちもいれば、逆に不快と感じる人々もいたわけであるが。さらにいえば、その志向性の内容やめざすべき方向も、一様ではなかったわけであるが。

ここで仮に、日本をとりまく国際関係が大きく転換し、それに連動して国内体制も大きく変動するという歴史的経験を「開国」と呼ぶとするならば、近代日本には二度にわたる「開国」があったといえよう。つまり、黒船の衝撃による「開国」と、第一次世界大戦の衝撃がもたらした「開国」である（この点に関する詳しい説明は、本書と同時期に刊行される別著『二つの「開国」と日本』（東京大学出版会、二〇一三年）に譲るので、併せてご参照いただきたい）。

ところで、第一次世界大戦後の第二の「開国」期における衝撃の内容は多岐にわたるが、たとえば本書では、西洋国際秩序の原理原則の転換や国家総力戦体制の創出に向けての新たな問題群の登場、さらに国内的には、天皇権力や政党政治のあり方をめぐるさまざまな動きの噴出などを、変革をもたらす主要因としてとらえている。

そうした戦後日本をとりまく内外体制の大きな変動のなかで、主として政界や官界、そして宮中などの世界で活躍した人々、すなわち政治家、官僚、軍人、国家主義者、そして天皇や元老、側近奉仕者たちは、何を感じ、何を思い、活動していたのであろうか。変化を求める時代の流れを感じながら、そもそもそれらの変動をどのようなものとして認識し、いかなる志向性をもって対応しようとしていたのであろうか。

本書は、それらの問いを念頭におきながら、主として宮中と政界を舞台にして活躍したさまざまな人物に焦点をあて、その実像の一端に迫ろうとするものである。本書で取りあげた人たちの変革の志向性は、その出自や立場の違いもあり、さまざまである。しかし彼らは少なくとも、その生きた時代と真摯に向き合い、そのなかで真剣に苦悩し、時代と格闘した人々である。その意味で、彼らの真摯な眼差しやその姿勢を描きだそうとする本書の試みには、何がしかの今日的意味があるのかもしれない。

そこで本書の構成を示せば、つぎのとおりである。まず「幣原外交の時代――序にかえて」では、大戦間期がいかなる意味で変革の時代なのかという、本書が全体として問題にする変動の基本的構図が示される。

第一部ではそれを踏まえて、国内の変動の主要因となった第一次世界大戦後の天皇制の危機的状況、すなわち天皇権力のあり方をめぐる諸問題を、政治過程に即して考察する。さらに第二部においては、大戦間期を代表する政治家である浜口雄幸に焦点をあて、政党政治という時代の担い手の実像に迫ることにする。

なお、それら第一部と第二部の考察をとおして明らかになることの一端は、天皇権力のあり方如何と政党政治の安定性とが、いかに密接不可分な関係にあるのかということである。またそれゆえに、関係した政治家や天皇側近者たちの苦悩も深かったということである。

最後に第三部では、主として第一部と第二部にも登場する政治家、外交指導者、軍人、国家主義者などさまざまな立場の指導者たちを取りあげて、彼らがいかにそれぞれの思いをもって変革の時代に立ち向かおうとしていたのかを描きだそうとしている。

以上述べてきたように、本書は、第一次世界大戦後の日本内外の体制変動と個人との関係に焦点をあてたものである。それによって、指導者たちの変革の時代との格闘のあり様を描きだし、同時に大戦間期がいかなる時代であったのかに迫ろうとしたものである。第二の「開国」期と同様、やはり大きな体制変動のなかにある今日、そうした時代と格闘し、深い苦悩を味わっている多くの人たちにとって、本書が、「過去と現在との対話」をとおして英知を紡ぎだす一助となれば幸甚である。

目次

第一部　昭和天皇（皇太子裕仁親王）をめぐる人々

幣原外交の時代——序にかえて

ただいまご紹介いただきました、東京女子大学の黒沢と申します。本日は、日本外交史研究のメッカであります、外務省外交史料館のパネルディスカッションに参加させていただくこととなり、大変ありがたく、また光栄に存じております。こうしたパネルディスカッション形式は初めてとお聞きしていますが、日本外交文書の編纂委員長を務めておられます細谷千博先生をはじめ、同じく編纂委員の波多野澄雄先生、そして戸部良一先生とのパネルディスカッションの、いわば導入役ということで、基調報告をさせていただきたいと思います。

1　幣原外交の理念を軸とする一九二〇年代

幣原喜重郎が外務大臣を務めましたのは、一九二四（大正一三）年の六月に成立した加藤高明憲政会総裁を首班とするいわゆる護憲三派内閣から、一九二七（昭和二）年四月に退陣しました第一次若槻礼次郎内閣までの二年一〇か月と、一九二九（昭和四）年七月に成立した浜口雄幸民政党内閣から、一九三一（昭和六）年一二月に満州事変の衝撃を受けて退陣することになりました第二次若槻内閣までの二年五か月、ということになります。あわせて五年三か月もの長い間、外務大臣を務めていたことになります。

国際協調外交とよばれた幣原外交の基本的枠組みは、これまでの研究が明らかにしておりますように、原敬内閣期の外交政策にさかのぼることができます。その原総理が参加を決断しましたワシントン会議の全権のひとりとして、体調が思わしくないなか活躍したのが、外務次官から駐米大使に転じていた幣原でした。それゆえ幣原は、ワシントン体制の生みの親のひとりであるといえます。

また、二度にわたる幣原外交のはざまの時期に位置する田中義一首相兼外相の展開したいわゆる田中外交が、幣原外交を批判するかたちで登場したことは、皆さまご承知のとおりであります。幣原外交と田中外交とは、つねに対比させながら論じられてきました。

このようにみますと、第一次世界大戦の終結から満州事変の勃発にいたる時期の外交政策は、まさに幣原喜重郎の外交理念や国際認識を主旋律として展開していたといってよろしいかと思います。外交政策の展開をひとりの人物に収斂させるのは、あるいは適当ではないかもしれませんが、いずれにせよ、この両大戦間期の前半にあたる一九二〇年代の日本外交は、事実上、幣原外交の理念を軸に展開していたといえるわけです。

それでは、戦争に彩られることになった一九三〇年代とは異なる一九二〇年代とは、どのような時代であったのか。幣原外交を成り立たしめた国際的文脈と国内的文脈について、ここでは考えてみたいと思います。ただし今回は時間の関係もあり、主として国際的文脈に重点をおきたいと思います。

2　第一次世界大戦後の国際関係の変化

1　新しい普遍主義的外交理念の登場とその実体化の模索

まず幣原外交の時代を、国際的文脈から考えるとき、第一次世界大戦という非常に悲惨な戦争体験を経て、世界がそれまでとは異なる時代に入った、もしくは入りつつあったという側面を、見落としてはならないと思います。つまり、新しい国際秩序の形成が模索されていた時代であったという点を、あらためて確認しなければいけないと思います。

その新しい国際秩序の形成は、主として大戦後の二つの大きな変化・潮流にもとづくものでありました。ひとつめの大きな変化は、それまでとは異なる新しい外交の原理・原則にもとづく国際秩序の形成がめざされ、新しい観点から平和な世界を作り出すための真摯な努力が積み重ねられたということです。

さらに、もうひとつの変化は、将来の戦争に勝ち抜くためには国家総動員体制を構築しなければならないという、新しい戦争形態への移行の必要性が強く認識され、その観点から国際関係の再編成が模索されるようになったことです。

そこでまず、この二つの変化・潮流をもとに、お話をすすめていきます。

まず前者についてですが、第一次世界大戦後の日本をとりまく国際環境を規定したのは、パリ講和会議とワシントン会議でありました。両会議をとおして構築がめざされた新たな国際秩序とは、主としてつぎのような特徴をもつものでありました。

第一に、「旧外交」から「新外交」へといういい方であらわせるような外交理念と国家間関係の変化であります。大戦前の同盟・協商関係や秘密外交を軸とする帝国主義的な二国間協調から、「正大公明ヲ旨トシ正義人道ヲ重ンスル」多数国間の協調への変化です。

国際連盟の設立は、その象徴的出来事といえますが、そうした変化の背後には、さらに「世界ヲ一大経済組織」とする主張（一九一八年一二月八日の臨時外交調査委員会における牧野伸顕の発言）、すなわち相互依存的な国際経済秩序形成への志向があり、そうした経済関係の密接化が、平和な国際社会の構築に寄与しうるのだという考えがあったことにも留意しなければなりません。そしてその点を、特徴の第二としてあげることができます。

特徴の第三は、国際紛争の平和的解決や軍縮の推進にみられますように、戦争を違法化する努力がつづけられ、「武力の行使」を前提とする国際社会から、「武力の抑止」をめざす国際社会への道が模索されたことであります。いわば帝国主義的国際関係から平和共存的国際関係への変化がめざされたということであり、実際的施策の面では、軍拡をとおした勢力均衡に代わり、軍縮にもとづく勢力均衡がはかられるとともに、国際連盟規約や不戦条約の締結などに結びつくことになったわけです。

では、大戦後のそうした国際秩序の変化にたいする日本の為政者の認識は、どのようなものであったのでしょうか。それは大別すると、二つに分けることができます。

第一は、新しい国際秩序への志向を積極的に評価する流れであります。パリ講和会議全権を務めた牧野伸顕や原敬首相、そして幣原喜重郎らを代表的人物としてあげることができます。

たとえば、牧野はパリ講和会議に臨むにあたり、一九一八年一二月二日と八日の臨時外交調査委員会の席上、「旧式外交ヲ廃止セントスルハ今回欧州大戦ノ賜ナリト評セサルヲ得ス（中略）今日ノ新式外交ハ正大公明ヲ旨トシ正義人道ヲ重ンスルニ在リ」と述べ、「侵略主義」「威圧主義」「軍人ノ外交」的であったこれまでの日本の帝国主義的外交を批判しています。

また幣原外相も、「今や権謀術数的の政略乃至侵略的政策の時代は全く去り、外交は正義平和の大道を履みて進むにあり」として、「共存共栄の主義」の必要性や「合理主義的」な経済外交の重要性を説いています。

こうした理念にもとづく体制を、アメリカ大統領の名前にちなんで、仮にウイルソン的国際秩序と呼ぶことができますが、東アジアにおいてそれを体現したのが、いわゆるワシントン体制と呼ばれるものです。一九二一年から二二年にかけて開催されたワシントン会議は、中国に関する九か国条約、海軍軍縮条約、そして太平洋に関する四か国条約などを成立させました。

いわゆるワシントン体制とは、周知のように、それらの諸条約により構成されるものでありますが、その重要な中核は個々の条約にあるというよりも、日英米三国間の友好協力関係や相互信頼に根ざす「新しい雰囲気」、すなわち日英米の「国際協調の精神」を生みだしたことにあったわけです。それをここでは、「ワシントン会議の精神」もしくは「ワシントン協調の精神」と呼ぶことにします。

幣原喜重郎は、護憲三派内閣の外務大臣に親任されたその日の記者会見で、「日本は、巴里講和条約・華盛頓会議諸条約諸決議等に明示又は黙示せられたる崇高なる精神を遵守拡充」すると述べていますが、いずれにせよこうした「正義人道」や「平和共存」などの価値や目標を共有する、新しい普遍的な国際秩序の形成に共鳴し、その実現をめざす流れが、第一の流れとして存在していたわけであります。

したがって共存共栄をめざす国際協調外交、経済外交、平和外交として特徴づけられる幣原外交は、そうした意味において、まさに新しい国際秩序の形成という流れに沿ったものであったわけです。

それにたいして、そうした国際秩序の変化を過小視し、ワシントン体制の画期性に疑問を呈する見方が、第二の流れとして存在します。これは、大戦後の国際関係を依然として、戦前と変わらぬ「適者生存」「優勝劣敗」の社会進化論にもとづく「弱肉強食」の世界、つまり帝国主義的国際関係としてみる見方であります。国家はつねに自己の利益を追求し、それゆえ利益をめぐって国家間に対立や紛争が起こるのが常態であるというそうした国際政治観を代表するのが、幣原外相の同僚となる宇垣一成陸軍大臣です。

宇垣は、戦後世界を英米の支配する国際秩序であり、日本のような新興国の成長・膨脹を阻むものであり、国際連盟も実質的には英米に都合のよい平和、すなわち現状維持をはかるためのものであると認識しています。しかし、そうした英米支配の国際秩序が日本にとって不利だとしても、実際の力の関係上、真正面からそれに挑戦することは無謀であり、それゆえ現実の施策としては英米との対立回避、すなわち英米との協調あるいは国際連盟の是認が選びとられた点に、ここでは注意しなければなりません。いわば国際社会を力の支配する社会と認識するがゆえの国際協調であり、その意味で「帝国主義的国際協調」と呼ぶことができます。

なかでもイギリスは、中国におけるともに重要な特殊権益をもつ帝国主義国として、競争相手であると同時に提携のパートナーとしても認識されており、それゆえ日英同盟の終結後も、いわば「日英同盟の精神」が残存することになりました。したがって「日英同盟の精神」とは、いいかえれば「帝国主義的二国間協調の精神」ということができます。

2　国家総力戦という新しい戦争形態の登場とそれへの備えの必要

以上のように、第一次世界大戦後の日本支配層の国際秩序認識は、ウイルソン的国際秩序観と帝国主義的国際秩序観、あるいは「ワシントン協調の精神」と「日英同盟の精神」とを両極とする軸を中心にして理解することができます。そして第一次世界大戦後の新しい国際秩序の形成といった場合、この軸を主旋律として考えることができると思います。

しかし、そこにおけるひとつの重要な論点が、相互依存的な国際経済秩序の形成、たとえば原敬首相などがワシントン会議への参加にあたり経済障壁の撤廃や通商の自由の実現という主張を強調したように、さらに国際経済秩序をめぐる新たな視点をもうひとつの軸として設定することによって、大戦後の日本外交にたいする理解もより得やすくなるのではないかと思います。

それが、先ほど指摘した大戦後世界のもうひとつの大きな変化、すなわち大戦が史上初の国家総力戦となったことに起因するものであり、自由貿易への志向と自給自足《アウタルキー》圏形成への志向とを両極とするものであります。

大戦の総力戦としての様相は、将来の戦争に勝ち抜くためには国家総力戦体制を作らなければならないという認識を、日本の各界に植えつけました。そこで、国内体制の抜本的変革と国際関係の再編成とが必要と認識されましたが、とくに国際関係の側面からいえば、戦争遂行に必要な不足資源の獲得と自給自足圏形成の必要性とが強く意識されたわけであります。

第一次世界大戦後、日本経済の発展を支える不足資源の補塡先は、広範囲に想定されていましたが、その重要性がとくに認識されたのが、中国でありました。しかし、仮に中国資源を必要不可欠と位置づけたとしても、その利用は簡単ではありませんでした。それは、日本経済の英米への高い依存性が、中国が列強利害の錯綜の場であるという現実とも相まって、日本の自由な行動を拘束していたからです。

したがって、日中を中心とした自給自足圏の構築をめざす方向と、欧米との自由貿易を維持発展させようとする方向との調整が、外交政策上新たな重要問題として浮上することになったといえます。

そしてこの問題の解決策は、一九二〇年代においては、大別して二つの流れを生みだしました。第一は、傍流ではありますが、自給自足圏の観点をより強く志向する流れであります。ただし現実の日本経済が欧米との経済関係に大きく依存している状況下においては、自給自足圏という地域主義的国際秩序の形成は一種の理想論でありました。

他方、これにたいして、自由貿易と自給自足の両者に配慮する流れ、もしくはあくまでも自由貿易に力点をおく流れが存在していました。つまり、一九二〇年代の現実にみあった主張であります。当該期の陸軍内においても、同様な認識、つまり流通経済は「自然」であり、「人為的ニ抑圧スルコトハ到底不可能」という認識や「列強互ニ国際分業ニ依リ有無相通スルハ今後ノ大勢」であるという認識、また「絶対完全ナル自給自足ハ期シ難」いという認識があったことは、注目に値すると思います。

このように、総力戦体制の構築という観点からいえば、現実の英米依存の国際経済関係のなかで、自由貿易論すなわち普遍主義的な国際秩序論と、自給自足圏論つまり地域主義的な国際秩序論とを両極とする議論が存在していたわけであります。

そしてその点からいえば、幣原外交はあくまでも自由貿易論に立脚した外交であり、自給自足という観点からはほど遠いものであったといえます。この点が、のちに満州事変を引き起こします陸軍中堅層とは、まったく異なるところになるかと思います。

3　幣原外交の抱えていた難問

以上みてきましたように、大戦後の新しい国際秩序、それに対応する戦間期の日本の対外政策は、

図1

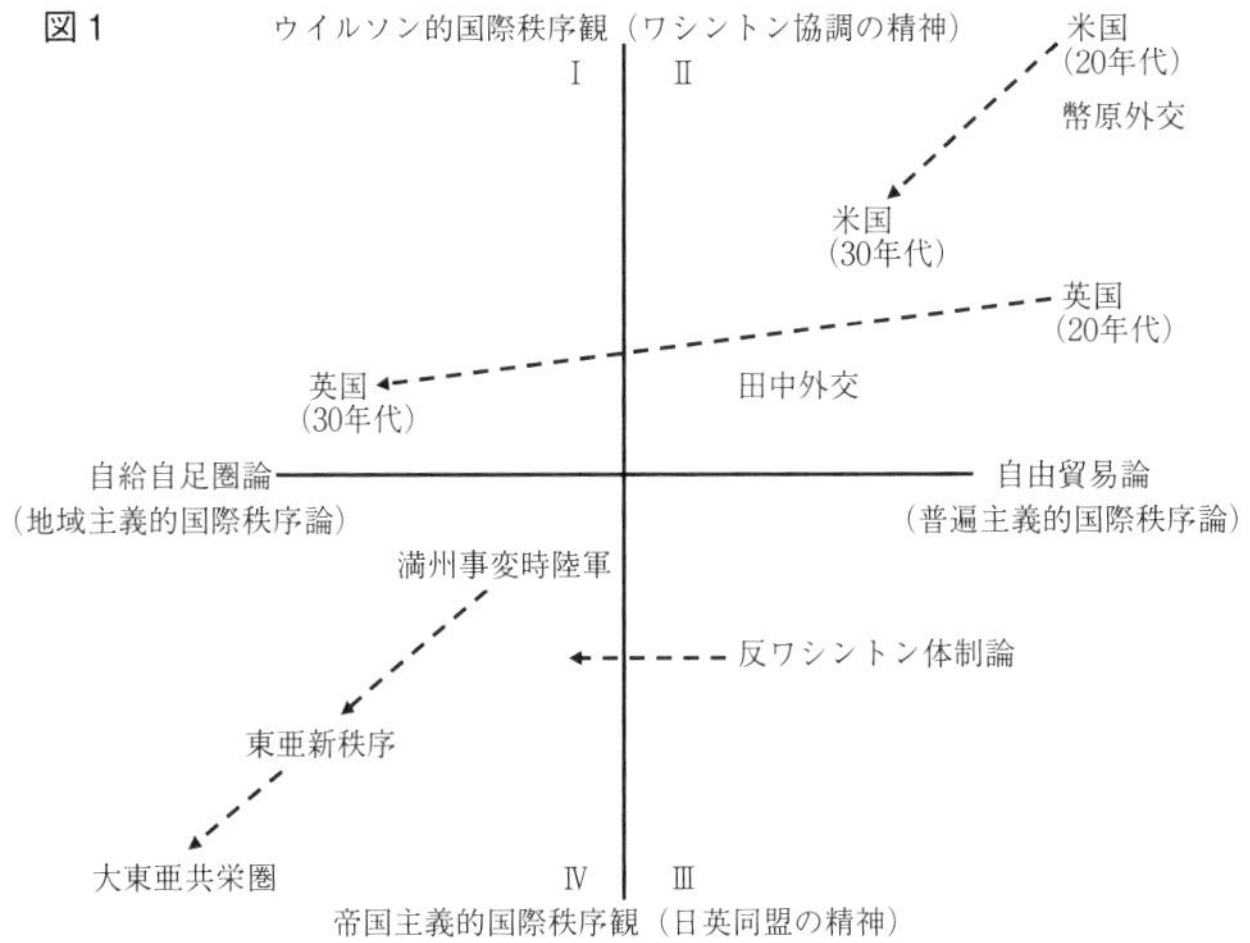

二つの軸をもとにして考察できるのではないかと思います。それを示しましたのが、上図1です。縦軸は、ウイルソン的国際秩序観（ワシントン協調の精神）と帝国主義的国際秩序観（日英同盟の精神）であり、横軸は、自由貿易論（普遍主義的国際秩序論）と自給自足圏論（アウタルキー論、地域主義的国際秩序論）という組み合わせであります。

この図をもとにいえますことは、第Ⅱ、第Ⅲ象限が一九二〇年代の世界であるということですが、なかでも新しい国際秩序の世界としての第Ⅱ象限が、主潮流をなしていたということであります。「正義人道」「公明正大」で平和な国際社会を作るという普遍的理念の共有と相互依存的な国際経済関係の構築とが、幣原外交の存立を可能にする大きな要因であったといえます。

ただし、この図ではあらわしにくい点もあり、そうした点も含めて、幣原外交の抱えていたいくつかの難問について触れておきたいと思います。

まず第一は、大戦後の新しい外交理念のひとつとして民族自決の原則があったわけですが、その原則は事実上、東アジアには適用されませんでした。依然としてアジアには多くの植民地が存在し、不平等条約の制約を受けていた中国も、完全に主権を確立した国家としては扱われませんでした。

それゆえ主権国家を単位とする西欧的な近代国際関係とは異なる国際関係が、事実上アジアには存在していたわけであり、それがためもあり、旧来の帝国主義的国際秩序観がより色濃く残存することになったのではないかと思います。ワシントン体制の不安定要因のひとつとして、中国を客体とみなしていたということが指摘されるわけですが、それはこの点に関わるわけです。

そうした植民地の残存する東アジア世界の現実は、実は幣原外交の展開をも困難にしていたのではないかと思います。幣原は、不平等条約の改正に苦しんだ日本の過去の経験から、中国が不平等条約を改正し、対等な主権国家となることに「進んで協力する」姿勢を示していました。また、統一した国民国家として立ちあらわれることにも理解を示していました。

しかし、幣原の立場もしくは外交の流儀は、あくまでも中国側の合理的要求、合理的なやり方にたいして合理的態度で応対するというものでした。「幣原外交の実体は何か」という問いにたいして、幣原は「一＋一＝二或は『二二が四』といふだけである。（中略）道理に合はないやり方、相手を誤魔化したり、騙したり、無理押しをしたりすることを外交と思ったら、それは大間違」と答えています。そうした合理主義の立場に立つからこそ、中国内政不干渉方針と日本の権益の擁護が両立するというのが、幣原の考えであったわけです。中国を、同じ合理主義に立つ主権国家としてみていた、あるいは合理主義にもとづく外交を中国に期待していたといえます。

それゆえ第二期の外相期において、中国が非合理と思える革命外交を展開するとき、幣原外交は「堅実に行き詰まる」しかなかったといえるのではないでしょうか。幣原はあくまでも、手順を踏んだ不平等条約の改正や利権の回収を求めていたのです。

難問の第二は、日本の中国権益、とくに満蒙特殊権益とワシントン体制および中国との関係についてであります。ワシントン会議は、列強による中国の領土的・行政的保全の尊重や門戸開放・機会均等を謳うと同時に、各国のもつ既得権益の擁護をも謳っていました。九か国条約の骨子をなしたアメリカ全権ルートの決議には、中国における「友好国ノ安寧（security）ニ害アル行動」をさしひかえるという条項が挿入されていましたが、それは日本の国防と経済的生存が満蒙特殊権益に大きく依存するという日本の伝統的主張にたいする暗黙の了解でありました。

したがって満州における日本の地位は、ワシントン体制の成立にもかかわらず、実際上はなんらの変更がなかったのであり、そうした日本側の観点からすれば、「ワシントン協調の精神」とはそもそも、満蒙特殊権益の維持と表裏一体のものとしてあったわけであります。

たとえば幣原外相は、「日本か満蒙方面に於て重大なる特殊の利益権利を有し、又支那全体に対しても特別の利害関係を有することは、単なる主張に非す明瞭なる事実にして、他国の承認を得て始て存在すへきものに非す」（一九二四年一〇月八日の枢密院会議における発言）と、満蒙特殊権益および中国との特別な利害関係の維持について述べています。

それゆえ、とくに日本の満蒙特殊権益が危機に瀕すると認識されるとき、「ワシントン協調の精神」は大きく損なわれる可能性があったのであり、北伐が進行するさなかの一九二七年四月に内閣を組織した田中義一首相兼外相の下で「日英同盟の精神」がクローズアップされる理由も、ここにあったといえます。

幣原は、日本が中国において他国とは異なる特別に重大な利害関係をもつ国であり、それは中国における門戸開放主義に反せず、英米両国との協調関係の妨げにもならないと考えていました。また、そうした特別な関係をもつがゆえに、中国問題においては、日本こそが主導的な役割を果たさなければならないと考えていました。

近年、幣原外交の研究を精力的に進められている西田敏宏氏によれば、それがたとえば、北京関税特別会議のときのように、英米両国の利害と衝突する局面が生じた場合の、幣原の対応を柔軟性のないものにしたといわれています。さらに同様に、そうした中国における日本の立場を特別視する幣原の認識が、満州事変の際に国際連盟の関与を忌避する態度につながったと述べています。

他面ではそれは、幣原が主権国家としての日本の国益をいかに守ろうとしていたかということでありますが、北伐期以降、現実にはそれがゆえに、英米両国との協調や中国との新たな関係の進展を損なうことにもなったわけです。日本の満蒙特殊権益の存在は、幣原の主観はともかく、構造的にはやはり英米協調や中国との対等関係の構築を困難にする側面があったわけです。

幣原は第二期の外相時代、中国との対等な関係を作るにあたり、日中二国間の取り組みを重視しました。ただし「合理主義的外交」が中国の革命外交に直面したとき、それは、どの程度の成果をあげうるものであったのでしょうか。とくに国内の反対勢力や国民を、十分に納得させうるものであったのでしょうか。もしその成果の見通しが芳しくないのであれば、多国間協調の活用ということは考えられなかったのでしょうか。

その意味で、あらためて検討すべきは、満州事変時の国際連盟への対応にみられますように、国際連盟の存在およびそれとの関係を幣原がどのように認識していたかということであります。国際連盟は、大戦後にみられた主権国家にたいする懐疑をひとつの思想的背景として成立した側面があります。国家主権にある種の制約を加えうる存在としての国際連盟との関係は、主権国家としての日本の国益を重視する幣原にとっても、難しい問題であったのではないでしょうか。それが、第三の問題です。

第四の難問は、世界大恐慌とイギリスの金本位制からの離脱など、相互依存的国際経済秩序が動揺するなかで、自由貿易論に立脚する幣原の経済外交も、大きな困難に直面したのではないかということです。さらにそうした状況下で、陸軍中堅層の間に自給自足圏形成への志向が急速に強まるとき、幣原外交は果たしてそれへの有効な対抗策をもちえたのかということであります。

以上のように、幣原の直面したいくつかの難問を考えるとき、幣原外交が英米協調に立つ崇高な外交理念を掲げながらも、中国にたいする現実の外交展開がいかに困難に満ちたものであったのかを、うかがい知ることができるわけです。ましてや一九二〇年代においては、そうした幣原が同調した新しい外交理念そのものが、まだまだ定着途上にあったわけであります。

3　第一次世界大戦後の国内環境の変化

これまで述べてまいりました幣原外交の国際的文脈は、当時の国内的文脈とも密接に関係しておりました。ヴェルサイユ－ワシントン体制と国内における大正デモクラシー状況とは、きわめて密接不可分な関係にあったわけです。

この国内的文脈に関しましして、あまり多くのことをお話しする時間的余裕もありませんが、一九二〇年代は、外務省外交の相対的自立性が比較的高まった時期であったといえると思います。元老や藩閥勢力による外務省外交への容喙は、それらの力の衰えとともに低下しており、大戦中にみられた軍部による謀略的対外活動も低下していました。なによりも東アジア国際環境の相対的安定と幣原外交の中国内政不干渉方針の浸透が、政府内における相対的に自立した存在としての軍部の対外活動を抑止していたという点が、大きかったと思います。

もちろん政党内閣や世論との関係で、外務省外交が大きな影響を受けることがありました。それは、国民を基盤とする外交展開という新外交の一側面でもありますし、原敬や田中義一の外交指導は、政党指導者の影響を受けたものであります。しかし、幣原外相は、再三の政党への入党の勧誘を拒み、党派に偏しない外交展開を貫きました。その意味で、幣原外交は霞ヶ関正統外交としての側面をもつわけであります。

ただしそれは一面では、幣原外交の国民的基盤という根本的問題を提起します。しかし、ここではその点については、指摘するにとどめます。いずれにせよ、霞ヶ関正統外交の展開は、政党政治を軸とした大正デモクラシーの進展と協調的もしくは相互依存的な政軍関係の存在、とくに軍部の大規模な戦闘行動が相応に抑止されていたからこそ、可能であったともいえるかと思います。軍部が大規模な戦闘行動を起こし、国内における政治的発言力を増大させるとき、自立的な外務省外交はすこぶる困難となるわけでありますが、それはもとより、総力戦時代の外交展開の困難さを意味していたのでもあります。

幣原自身もその安定に大いに貢献した一九二〇年代の日本をとりまく内外環境の相対的安定こそ

が、幣原外交を成立させた大きな要因であったのであります。

以上、はなはだ簡単ではありますが、これをもちまして基調報告とさせていただきます。

第一部　昭和天皇（皇太子裕仁親王）をめぐる人々

第1章　裕仁親王の外遊と結婚

はじめに

大正期日本の君主制には、二重の意味において、大きな暗雲が立ち込めていた。第一の暗雲は、日本と関係の深い世界各国の君主制が、明治末年から大正中葉にかけてつぎつぎと崩壊したことである。隣国では、清朝が辛亥革命により倒壊し、共和政体が出現した。そして同じく隣国であり、同盟国でもあるロシアをはじめ、ドイツやオーストリアなどヨーロッパ各国の代表的な君主制も、第一次世界大戦の結果として倒壊した。(1)

そうした君主制の崩壊は、たとえば徳富蘇峰が辛亥革命の直後に、「対岸の火」(『国民新聞』一九一一年一一月一二日)のなかで、「ペストは有形の病也、共和制は無形の病也」「清国に於ける共和政体の新設は、我が帝国の国是たる、皇室中心主義と、果して衝突する所なきか」と危惧を表明していたように、日本の君主制の存立に関わる問題として認識されていた。

さらにそうした危機意識は、第一次世界大戦の進展、とりわけロシア革命にともなう「過激思想」の労農国家ソ連の誕生と、「共和政治ノ先鞭者タル北米合衆国カ、軍国主義ヲ根絶スヘシト声明シテ独墺ニ宣戦シタルノ一事」によって、増幅されることになったのである。たとえば寺内正毅首相は、大戦後期の一九一七年頃に執筆したと思われる「欧州大戦ト国民ノ覚悟」(2)と題する意見書のなかで、「民主化」の「滔々タル世界ノ思潮ハ総テノ秩序ヲ破壊シ国体ノ精華ヲ毀損スルノ虞ナキニ非ズ（中略）予メ将来ヲ忖度シテ未雨ニ牖戸ヲ綢繆スルハ、則チ帝国ノ国体ヲ擁護スル所以ニシテ必ズシモ杞人ノ憂ニアラズ」と、天皇制の将来にたいする深い憂慮の念を吐露している。

このように日本の君主制が「暴風」にさらされるなか、その独自性、すなわち万世一系の「我国体の尊厳無比」を強調することによって(3)、天皇制の動揺を鎮めようとする主張が、一方では唱えられることになった。

しかし、そうした天皇制をめぐる状況にもかかわらず、現実にはもうひとつの暗雲が、次第に大きくなりはじめていた。それが、「我国体の尊厳無比」に密接に関係する問題、すなわち「大帝」明治天皇の死にともなう「病弱」な大正天皇の登場とその統治能力の低下という問題である(4)。

そもそも一般的に、君主制の安泰にとって、君主の個人的な資質と権威、すなわち「身」としての君主の人格如何は、きわめて大きな要素であった。もちろん早くも明治初年の段階で、岩倉具視が「明天子賢宰相ノ出ツルヲ待タストモ、自ラ国家ヲ保持スルニ足ルノ制度ヲ確立」(5)しなければならないと述べていたように、明治憲法体制の創出と制度化にあたっても、その運命が人的なものに左右されないように留意され、天皇の「身」と「位」の使い分けが巧妙におこなわれたことは、周知のとおりである。

しかしそうであったとしても、君主制の危機が君主個人の人格に深くかかわることは免れることのできない事実であり、いわば「君主は君主制にとっての最大の弱点」(6)であった。それゆえ、いずれの君主国においても、次代の君主の教育・陶治にあたっては、ひとかたならぬ配慮がなされることになったのである。

そうした君主制の宿命からいえば、明治大帝のカリスマ性を継承できない大正天皇の個人的資質は、天皇統治の正当性を目にみえるかたちで示す具体的シンボルの喪失を意味し、ひいては天皇という存在そのものへの懐疑につながる、きわめて大きな暗雲であった。したがってその暗雲を払いのけるためには、大正天皇に代わって皇太子に「身」としての天皇の役割を事実上期待せざるをえないことになるのであり、そこに皇太子および皇太子妃候補者の教育・陶冶、そして身体性にかかわる問題が、従来以上に強く意識される素地が生まれることになったのである。

以上述べてきたように、大正期の天皇制は内憂外患ともいうべききわめて不安定な状態におかれており、その安定性回復のためのいわば切り札として存在したのが、皇太子裕仁親王であった。為政者や国民は、若き皇太子に多くの期待を寄せることになったが、その点も含めて、天皇制秩序を今後どのようにしたら回復させることができるのかをめぐり、さまざまな考えが交錯することになったのである。

本章では、そうした危機的状況におかれた天皇制および皇太子をめぐる諸相の一端を、皇太子の教育・洋行問題といわゆる宮中某重大事件に焦点をあて考察することにしたい。なおその際、筆者の主たる関心は、山県有朋をはじめ、原敬、西園寺公望、杉浦重剛ら、そうした問題にかかわりをもった人々の認識の一端を分析することにある。したがってそれら諸問題の事実関係への言及は、あくまでも関係する範囲内にとどめたことを、あらかじめお断りしておきたい。

1　皇太子教育をめぐる諸相

1　大正天皇の病状の進展

そもそも君主のカリスマ性は一朝一夕に備わるものではなく、その意味で、代替わり当初の大正天皇に、すぐさまそうした「身」としての政治的統合力を求めえないことは、山県有朋をはじめとするおおかたの為政者の認識するところであった。たとえば原敬は、一九一二（大正元）年八月一三日付の日記のなかで、西園寺公望首相の言として、「皇太后陛下より首相に対し、陛下は未だ政治に御経験もなき事に付十分に輔佐せよとの宣旨」があったことを伝えているし、さらに一二月二日の条では、同じく西園寺の内話として「先般先帝崩御の節山県西園寺等協議の末皇太后陛下より篤と新帝に御話下さる、様申上度積」との動きがあったことを記している。

しかし、そうした彼らにとってもおそらく誤算であったのは、「大正五年頃より御健康に異状を呈し御乗馬を厭はせらる、に至り大正六年七年の観兵式を宮城前広場にて挙行し世上の非難を招きたることあり、大正八年大阪附近の大演習御統監の際は御乗馬を怖れさせらる、御模様にて（中略）大正九年の大演習は最早御統監遊ばされ難き御状態」(8)となるなど、大正天皇の健康面の不安が表面化し、それにともない天皇としての役割が果たしえなくなる事態が露呈しはじめたことである。

原首相も、一九一九年一二月二五日付の日記のなかで、一八年、一九年の帝国議会の開院式への大正天皇欠席の理由が病気にあることを記し、「国家の為め如何にも憂慮に堪」えないと述べている。

いずれにせよ、こうした大正天皇の病状は、「山県元帥等大に心配」(9)するところとなったのであり、一九二〇年四月三〇日と七月二四日の二度にわたる中間的発表をへて、ついに二一年一〇月四日には、天皇の容体が「通常御歩行の場合にも側近者の扶助を要せらる、ことあり且御態度の弛緩及御発語の故障も近頃其度を増させられ又動もすれば御倦怠起り易く御注意力御記憶力も減退し要するに一般の御容態は時に消長を免れざるも概して快方に向はせられざる様拝察し奉る」（『東京朝日新聞』一〇月五日付夕刊）と、回復を期待しえないきわめて深刻な段階にあることを、宮内省が国民に向けて明確に公表せざるをえない事態にたちいたったのである。大正天皇の天皇シンボルとしての機能低下によって、「人心一般に沈喪し皇室及国家の前途に就き杞憂を懐くに至」る状況が、さらに深刻となったのである。

こうして大正天皇の病状の進展は、「国民一般殊に政府の高官を始め有識階級の人士」の目を皇太子に向けさせ、「自然皇太子殿下の御健康御教育御補導等に大に注目」させるところとなった(10)。それでは、一〇代の皇太子は、彼らの目にどのように映っていたのであろうか。

2　皇太子教育への批判

学習院初等科を卒業した皇太子の教育を当時担っていたのは、周知のように、一九一四（大正三）年四月一日に開設された東宮御学問所であった。東郷平八郎元帥を総裁、元東京帝大総長の浜尾新を副総裁（同年四月二四日付）とする御学問所は七年の課程で、普通学と軍事学のカリキュラムがおかれていた。五人の御学友との勉学と生活は規則正しいものであったようであるが(11)、その御学問所在学中の一九年四月二九日に、皇太子は満一八歳となり、五月七日には宮中で成年式が執りおこなわれた。

しかし、すでにその年の三月末、『時事新報』が御学問所教育と皇太子に関するある風評を伝えていた。それは、皇太子が人前ではほとんどおしゃべりにならず、その原因は御学問所のような特別な小社会で暮らしているため、どうしても軟弱になりやすく、尚武の気風に欠けるというものであった。そしてそうした風評が流布するなか、成年式の宴で、まさに風評を裏づけるある事件が起きたのである。一九二〇年七月一六日に東宮武官長に就任した奈良武次陸軍中将の伝えるところによれば、それはつぎのようなことであった[12]（傍点筆者）。

大正八年皇太子殿下御成年式を挙げさせられ其祝賀御宴に元老以下の大官を霞ケ関離宮に召されたる時、殿下は唯拝謁を賜り御宴に着席遊ばされたるのみにて何にも御話し遊されず、何か御話申上ても殆んど御応答なき状態なりし由にて、御宴後休憩の際元来無遠慮の評判ある枢密顧問官三浦梧楼子爵は衆人稠座の中にて浜尾東宮大夫に批難攻撃を加へ殿下の箱入り御教育の結果なりと大声叱咤せることある由（後略）

奈良はまた、二〇年八月一四日のことと思われるが、職務上の注意を仰ぐために山県有朋元帥を訪問した際、直接つぎのような話を山県から聞いたと記している[13]（傍点筆者、〔 〕内は筆者注、以下同様）。

元帥は浜尾大夫と姻戚関係にあるに係らず浜尾の御教育方針を非難し、元帥が皇太子殿下に拝謁の際何か御伺〔ひ申〕上げても御返詞なく又何にも御下問もなく恰も石地蔵の如き御態度□□〔汚れ〕甚遺憾を感ず畢竟浜尾の箱入り御教育の如き方針に基因すると思ふ、今后一層開放的に御教育申上げ御自由御活潑の御気性を養成せざるべからず、御外遊も之に依て必要を感ずるなり是非実行せざるべからず、三親王〔伏見宮、閑院宮、東伏見宮〕三元老の意見も既に一致し居れり浜尾が愚図々々し居るは遺憾なりと万事浜尾の責任に帰する口吻を以て不満を漏らされたり

先に述べたように、「有識階級の人士」が「皇太子殿下の御健康御教育御補導等」に大きな注目をするなか、もともと「元老、大臣、枢密顧問官等の間には心配の余り兎角の批評を喚起し居りたる」状況もあったようであるが、直接的には、成年式祝賀宴での皇太子の応答振りが、東宮御学問所の皇太子教育、つまり「箱入り御教育」にたいする山県たち元老や原首相らの強い不満と焦燥感を爆発させることになったのである。

その結果、「山県、西園寺両元老方面」において「殿下の御教育御補導に大革新の必要論起り漸次当面の大問題」となったのであり、そこからすでに紹介した山県の発言のように、「先づ御教育を開放的にすると同時に殿下の海外御巡遊」が「企図」されることになったのである。(14)

この点に関しては原敬も、すでに一九一九年一一月六日の日記において、山県との会談の模様をつぎのように伝えている（ちなみに原日記における洋行問題は、この日が初出）。

又山県は陛下御病体に付物語り（中略）尚ほ此間の観艦式にも御朗読相成難きに因り皇太子殿下代つて御朗読あらば例規如何は知らざるも軍人は如何にも難有事に感泣すべしと云ひたるも行はれず軍令部長朗読したりなど云ふに付、余先般来此事に付ては真に憂慮し居る次第を物語り夫れに付ても皇太子殿下に今少しく政事及び人に接せらる丶事等に御慣遊ばさる丶必要ありと思ひ、過日松方に内話し松方同感に付、浜尾東宮大夫に内談したるも要領を得ず遺憾の至りなりと云ひたるに山県同感にて浜尾に注意し御成婚前欧米御遊歴の必要なる事少壮者〔若手の宮内官僚〕の進言あるに付御決行然るべしと云ひたるも御学問は未だ終了せられずなど云つて未だ御決行に至らずとて歎息談をなすに付余は御洋行の事尤も必要なりと述べたる末三浦梧楼の如き者を御側近に御採用ありては如何（中略）と云ひたるに山県は多少感に入りたるにや、三浦の名を繰返して其適当なる事を返答したり、余実に本件は国家の重大時と思ひ常に憂慮し可成奏上事も余自身に之をなし居る位なり、山県、松方、西園寺皆な此点に付ては真に憂慮し居れり

すなわち、大正天皇の病状にたいする憂慮と皇太子による天皇機能の代行の必要性、そのために皇太子が「今少しく政事及び人に接せらる丶事等に御慣遊ばさる丶必要」があり、海外巡遊がもっとも必要なこと、それらの点に関しては、三元老も原も意見を同じくしていること、しかし浜尾東宮大夫が東宮御学問所の課程未終了との理由で要領をえず洋行問題が滞っていること、そして皇太子教育問題に同様の危機感をもつ三浦梧楼の皇太子側近への採用を原が提案していることなどが、

山県と原との間で語られていたのである。

以上みてきたように、元老や原たちは、大正天皇の病状の進行にともない、それに代わる天皇シンボルの役割を、若き皇太子に期待するようになった。そのため東宮御学問所で修学中の皇太子の「御健康御教育御補導等」に自然と高い関心が集まることになったが、成年式祝賀宴等での皇太子の応答振りのまずさに大きな衝撃を受けた元老たちは、御学問所の箱入り教育を問題視し、それにたいする批判を強めることになった。そして皇太子教育をいっそう開放的にする方向での大革新の必要性が痛感され、その具体策のひとつとして海外巡遊が企図され、推進されることになったのである。皇太子の応答振りのまずさは、いうまでもなく大正天皇の代理・代行者（将来の摂政就任も含めて）としての皇太子、また次代の統治権者としての皇太子の、シンボル機能の正当性に疑念を生じさせる恐れがあったからである。

3　「身」としての統治権者の資質の重要性

こうして山県有朋、松方正義、西園寺公望の三元老と原首相とは、御学問所教育への批判とその「匡正を目的とする」皇太子の海外巡遊の必要性で一致し、その実現に向けて邁進することになった。しかし、その実現は必ずしも容易ではなかった。それは、御学問所教育への批判の矢面に立たされた浜尾東宮大夫の「性質頑固旧式にして時勢を顧みず」[15]と非難された側面だけでなく、その背後に、貞明皇后の反対の意志があったからである。

そもそも通例では、そうした問題の可否は天皇の裁可を仰げば済むことであったが、大正天皇が「御病気にて可否の叡慮あらせられざる」[16]という、実質的に天皇不在の状況においては、本来であれば政治的役割を担うことのない皇后の存在と意志が、重要な位置を占めることになったのである。

そうした皇后の洋行反対論については、たとえば原首相はその日記に、「皇太子殿下御洋行の可否に付陛下は御長子の事にて何分御案じありて外国に赴る丶事を好せられざる御趣旨あり」（一九二〇年六月四日条）、「陛下の御心配は聖上の御病気と皇太子殿下の御健康等に基かせらる丶事」（一九二〇年一〇月一一日条）、「皇后陛下のご心配は殿下の御健康にもあれども、主として天皇陛下の御容体にありて、皇太子御旅行中御不例の事ありては実に容易ならざる次第なりとの御懸念の様に拝察」（一九二〇年一〇月二〇日条）などと記している。大正天皇病中の洋行にたいする不安、長子である皇太子の健康面での心配、さらに海外で危害を加えられる危険性への危惧など、洋行にたいする皇后の不安は、皇后としての立場のみならず、ひとりの母親としての当然の思いでもあった。

しかし、元老らがいくどとなく、皇后に皇太子洋行の必要性を言上し説得した結果、一九二〇年一〇月中旬、皇后から「政事上必要とあれば、政事上の事は干渉せざる積なり」[17]との、これまでの慣例に則った言質を西園寺公望が引きだすことに成功したのであり、ここにこの問題はようやく具体的に動きだすかに思われたのである。ただしその後の経過も、皇后の依然として残る懸念や後述のいわゆる宮中某重大事件との絡みもあり、必ずしも順調に推移したわけではなかった。しかし、二一年三月三日、皇太子一行は半年にわたる海外巡遊の旅に無事出発することになったのである。

以上、皇太子の教育と洋行をめぐる問題を簡単にみてきたが、その重要な点をあらためて整理してみると、それは第一に、実質的に天皇不在の状況下において、皇太子の「身」としての統治権者の資質の重要性が急速にクローズアップされたこと、第二に、その重要性は、山県、松方、西園寺の三元老や原首相など、政界上層部の一致した認識であったこと、第三に、それゆえ東宮御学問所の「箱入り御教育」にたいする批判が起こり、その是正策として洋行問題が提起されたこと、そしてそうした皇太子教育の大革新については、三元老と原たちだけでなく、三親王など皇族方や若手の宮内官僚などにも強い支持があったこと、第四に、先にみた皇后の言にあるように、それはたんなる教育問題ではなく、政治的問題として認識されていたこと、とくに原敬が「御洋行の事は単に殿下の御見学上必要と云ふのみならず、今日の場合殿下が海外の事情御視察あると云ふ事は、国民の感情の上に大切の事」「何れ摂政とならるるに至るべしと思へば、其場合にも尤も必要の事」（一九二〇年一二月八日条）と述べていたように、皇太子の来るべき摂政就任を国民にすんなりと受け入れさせるための前提として考えられていたこと、したがって第五に、外遊中の皇太子の姿が新聞や映像などのメディアをとおして大々的に伝えられ、若き英明な皇太子像が演出されたこと、などの諸点をあげることができる。

いずれにせよ、三元老と原首相は、君主制の安泰にとって君主の人格如何が大きな要因となることを熟知しており、それゆえ皇太子の人格や身体性を、統治権者としての天皇代行者（そして将来の天皇）の政治的正当性を担保するための重要な問題として認識していたのである。

4　天皇統治のあり方

では、三元老や原たちが、そうした認識を共有しえた背後には、そもそも天皇統治のあり方をめぐるどのような考えがあったのであろうか。それらは、皇太子の教育・洋行問題と同様に、はたして一致していたのであろうか。

その点を考察するうえで、まず注目すべきは、原敬の考えである。一九二〇年九月二日の日記に、原はつぎのような三浦梧楼とのやり取りを記している。すなわち、「何分にも参謀本部は山県の後援にて、今に時勢を悟らず、元来先帝の御時代とは全く異りたる今日なれば、統率権云々を振廻すは前途のため危険なり、政府は皇室に累を及ばざる様に全責任の衝に当るは即ち憲政の趣旨にて、又皇室の御為めと思ふ。皇室は政事に直接御関係なく、慈善恩賞等の府たる事とならば安泰なりと思ふて其方針を取りつゝある」と原が述べたのにたいして、三浦も同感を示し、なお「頼朝以来幕府政権に任じたるは不可なりと云ふも、実は之が為に皇室は御安泰なりしなり」と語ったというのである。

ここで原は、統帥大権の行使が皇室にとって危険であり、政府が政治上の全責任を負うことが憲政に適い、また皇室のためでもあるとし、皇室が政治に直接かかわらず、慈善恩賞の府となれば皇室も安泰であると述べている。つまり天皇主権説的な側面をできるだけ排し、天皇機関説的政治運営を強調するとともに、とくに君臨すれども統治せず的な「慈善恩賞の府」としての皇室像を示しているのである。

こうした所論のうち、とりわけ天皇機関説的な立場を、原は多くの実力者に精力的に説いてまわっている。たとえば、田中義一陸相にも「是迄は独逸の例とか言ふ事にて何もかも皇室中心にて統率権など極端に振り廻さんとするも、今日は先帝の御時代とは全く異れるに因り、政府は政事上余〔全力〕責任を以て国政に当るの方針に改めざれば、将来累の皇室に及ぶの虞あり、然るに参謀本部などが天皇に直隷すとて、政府の外にでもある様に一にも二にも統率権を振廻さんとするは如何にも思慮の足らざるものなり、故に此際此等の弊を一洗するは即ち国家皇室の為めと思ふ」（『原日記』一九二〇年九月一〇日条）と述べているし、さらに山県有朋にたいしても同様に、「先帝の御時代の如く何事も皇室を云々するは却て累を皇室に及ぼすの虞あれば、此点は大に考慮を要す」と説き、それにたいしては「山県此点に同感なり」と、山県も同意を表明していたのであった。

原はまた、山県が「尚ほ皇室の事に言及せしに因り、余は重ねて政府は政事の全責任を負ふべく、而して宮中に関しては今日の場合元老全責任を負ふの外なし」（『原日記』一九二〇年九月一三日条）

と、天皇機関説的政治原則を念押ししたうえで、宮中は元老が全責任を負う領域であると述べ、元老の活動範囲を政治世界から遠ざけようとする考えも示している。

さらに政治的に親密な関係にある西園寺公望にたいしても、「政事は政府宮中は元老の責任なりと過日山県にも云ひたり、其外に方法なし、又独逸流など称して思召とか大権とか又は統率権とか云ふ事を振り廻はすは、却て累を皇室に及ぼすべき危険あり、山県にも此事は云ひたるが此点は十分の考慮を要すべし」（『原日記』一九二〇年九月二二日条）、「独逸流に皇室をかつぎ廻ることを勤王と心得ては大間違にて却つて途方もなき反動を生ずる虞あること」（『原日記』一九二〇年一〇月二〇日条）などと内談し、いずれの点においても、西園寺もまったく「同感」の意を表していたのであった。

このように、いわゆる「デモクラシー」の風潮が日本内外をおおうなか、原のみならず、山県、西園寺の両元老も、天皇機関説的政治原則では基本的に同じ認識を共有していたのである。ただ「天皇主権説を政党（政治）批判の理論（建前）として用いるが、実際は行政権による君主権の制約を正当と考えている」[18]と評される山県の政治的立場からいえば、山県の天皇機関説はいわば行政権を重視する立場からのそれであり、原の天皇機関説は立法権（議会）からのものであったといえる。

とくに元帥でもある山県としては、やはり統帥大権保持者としての大元帥天皇の側面をゆるがせにするわけにはいかないのであり、それが皇太子教育への強い批判の大きな要因のひとつでもあった。ちなみに山県は奈良東宮武官長にたいして、皇太子補導の方針を示しているが、奈良はそれにたいして「山県元帥は明治天皇御若年の実例に鑑み」[19]、とくに軍事上に重きをおいていたと述べている。

また、先に述べた君臨すれども統治せず的な皇室像に関しては、やはり奈良がつぎのような皇太子外遊後の興味深い回顧を残している[20]。

理性に富ませらるゝ殿下は皇室の祖先が真に神であり、現在の天皇が現人神であるとは信ぜられざる如く、国体は国体として現状を維持すべきも、天皇が神として国民と全く遊離し居るは過ぎたること、考へ居らるゝが如く、皇室は英国の皇室の程度にて、国家国民との関係は君臨すれども統治せずと云ふ程度を可とすとの御感想を洩らさるゝを拝したることあり、勿論第一次欧州大戦后此空気は世界に勃発し、日本にも余程瀰漫し、元老殊に山県、西園寺両元老の如きさへ余程かぶれ居り、宮内省の若手中にも此空気案外多く、西園寺〔八郎〕、二荒〔芳徳〕、松平〔慶民〕の如き其先鋒たりしが如し、此若手宮内官は西園寺元老等の息気を受て殿下に接近し之を鼓吹したる影響も多かりしを認む

欧州外遊後の皇太子が、君臨すれども統治せず的な考えをもっていたこと、国家・皇室と国民と

の接近という大戦後の「デモクラシー」的風潮のなかで、山県や西園寺でさえもそれに「余程かぶれ居り」との状況があったというのである。その程度は別としても、原の説く「慈善恩賞の府」としての皇室論にも、一定の理解を示していたのであろう。

なお、一九二〇年代に右翼団体の国本社を設立し、復古的日本主義者といわれた平沼騏一郎は、西園寺ら「デモクラシー」に「かぶれ」た人々との違いを強調する、つぎのような回顧を残している(21)。

〔日本の君主制が〕非常に危機に瀕したのは維新当時である。それから我々が覚えて危機であつたのは欧州大戦である。知識階級はデモクラシーにインターナショナリズムである。国家主義などは古い、国際主義でなければならぬ、皇室は存してもデモクラシーでなければならぬと立派な人でも言つた。真向から反対したのは私だらう。その故に頭が古い奴だと言はれた。皇室はあつても置物にしようとした。そこで私は皇室神聖を説いたので、迷信家だとか、頑迷だとか西園寺から言はれた

いずれにせよ山県有朋と原敬は、ともに天皇機関説的立場を共有しながらも、そのよってたつ立場の相違から、その力点のおき方に違いがあったといえる。そして大元帥としての天皇の立場をどのように考えるかの違いはあったとしても、皇室および統治権者としての天皇を政治的に危険な状態におかないようにする（政治的争点にしない）という点では、山県と原は一致していたのである。

第一次世界大戦後の天皇シンボルの機能低下という状況下においては、シンボルとしての若く健康的で英明な皇太子像と「デモクラシー」状況に適合的な皇室像、そして天皇機関説的政治運用の組み合わせこそが、天皇統治の安定性の回復と安全のために、もっとも必要なこととされていたのである。

2　宮中某重大事件をめぐる諸相

1　事件の発端

これまでみてきたように、開放的で自由活発な気性を養うという皇太子教育の大革新とそのための洋行実現に頭を悩ませていた元老と原敬たちの前に、さらに皇太子にまつわる大きな事件がもちあがることになった。それが、いわゆる宮中某重大事件である(22)。

皇太子成年式直後の一九一九年六月一〇日、久邇宮邦彦王の第一王女良子女王に皇太子妃内定の「御沙汰書」がくだった。すでに前年一月、皇太子妃に「予定」の旨の沙汰はくだされていたが、ここに晴れて婚約が「内定」したのである。

ところが、良子女王の母方の祖母に軽度の色覚異常（いわゆる色盲）があり、そのため薩摩の島津家を継いだ母の弟の公爵が色弱、良子女王の兄弟にも色弱がみられたのであった。この色盲遺伝の問題をきっかけとして、山県有朋が久邇宮家に皇太子妃内定の辞退を求めたことから、最後には元老筆頭の山県および内大臣である元老松方正義の辞職問題にまで発展する歴史的な事件が勃発することになったのである。

そもそも山県が、事件の発端となる島津家の色盲遺伝問題を知り、「驚愕」[23]したのは、一九二〇年五月頃のことといわれている。山県はさっそく波多野敬直宮内大臣に「色盲家系ノ問題アルニ、何故我等ニ語ル所ナカリシカト詰問」したが、波多野は「色盲ナドイフ病症ハ初メテ聞キタル位ニテ、別ニ意ニ介スルベキモノニアラザルベシ」としらを切り、まともに取り合おうとしなかった。山県はさらに「何故ニ血統ヲモ調査セズシテ決定シタルカ」と責めたてたが[24]、結局埒が明かず、そのためもあり、以前から波多野を「非難[25]」していた山県は、松方、西園寺の両元老とも協議し、同年六月一八日波多野宮相を事実上更迭、後任に陸軍出身の中村雄次郎をすえ、問題の解決に向けて動きだすことになったのである。

ちなみに、こうした宮内大臣の交替を、当時まだ色盲問題を知らなかった原首相は、「波多野に関し山県の内々攻撃は久しき事にて、殊に皇室会議の際不行届の事もありたれども、要するに平田〔東助〕を宮中に入れたる時より既に企画せし事にて、畢竟宮中を全部山県系となすの考に出たる事云ふ迄もなき事なり」（『原日記』一九二〇年六月一五日条）と、山県の勢力扶植のための「自分本位」の策動とみており、「要するに波多野は今上陛下皇太子の時代より奉仕し今日に至りたるものにて、殊に陛下御病気の際なれば山県の処置適当とは云ひがたし」(『原日記』一九二〇年六月一九日条)と、批判的感想を漏らしていたのであった。

2　久邇宮への婚約内定辞退勧告

ところで、元老の松方正義と西園寺公望が、色盲遺伝問題をいつ頃知ったのかに関しては、必ずしも判然としない。ただ『田中義一伝記』は、山県が「皇室財産会議に於て松方、西園寺両元老と会合せるを機とし右〔色盲遺伝問題〕の次第を開陳したるに両元老に於いても皇統に此かる病患を遺伝する事は固より不可とする処にして、此の儘不問に附する事の否なるに一致の意見なりし」と記しており、これが正しければ、波多野宮相更迭直前の一九二〇年五月から六月にかけての皇室会議の際のことと思われる。

『田中義一伝記』はさらに、「此の上は学問上の根拠を正確に探求し、然る後前後の方法を講究するの外なしとて、兎に角宮内大臣に事の顚末を告げ医学上の研究を為さしむ事となりたり」と伝えている。[26]この学術調査の必要性で三元老の意見が一致した時期が、前述の皇室会議の際と同じかどうかについても定かではないが、[27]いずれにせよ、新しく宮内大臣となった中村雄次郎は、久邇宮家の色盲遺伝問題の学術的調査を専門家に依頼することになったのである。

二〇年一〇月一一日、調査を委嘱された宮内省侍医寮御用掛で眼科専門の保利真直医学博士が、

「色盲遺伝に関する意見書」を中村宮相に提出した。宮内省侍医頭池辺棟三郎と宮内省御用掛三浦謹之助医学博士の「全然同意見」の文言が書き添えられたものであった。

それは、皇太子と良子女王との結婚は、理論的には「色盲ノ家系ニ生レタル女子（当人ハ色盲ナシ）ト健全ノ男子ト結婚スレバ、其ノ子ノ女子ハ皆健全ナレドモ、男子ハ其半数丈色盲トナル」場合に相当すると述べたうえで、結婚を決行する場合には「特ニ慎重ノ熟慮」を要し、色盲の皇子が誕生しても差し支えないような「緊急ノ御処置」、すなわち現行の徴兵令では法律上陸海軍人になることが絶対不可能となる「国家ノ為メ最モ重大ナル関係」を含むので、現行徴兵令の一部を改正することも他日の物議を防ぐうえで必要な措置、としていたのである。(28)

このように、将来大元帥となる可能性のある皇子が、軍人になれないというありうべからざる事態を想定して、それに備えるための徴兵令の改正までも提起するという、かなり踏み込んだ意見書であった。その内容を知った元帥山県の憂慮は、深かったものと思われる。

以上の保利意見書を踏まえて、麴町五番町の山県邸に三元老と中村雄次郎宮相、平田東助宮内省御用掛が集り、善後策を協議することになった。会合の日時は特定できないが、意見書が提出された一〇月一一日以降一一月一一日までのある日のことと思われる。当時はまさに、彼らが皇太子の洋行問題に腐心し、皇后の許しをなんとかして得ようとしている最中でもあった。ちなみに西園寺公望がのちに原首相に語ったところによれば、山県邸での会合の様子は、つぎのようであった

（『原日記』一九二一年二月四日条）。

〔皇太子妃内定〕御変更の議起り相談の席にては、山県、平田、中村、松方同席にて山県、平田、中村は久邇宮より御辞退ある様に致すべしと言ふに付、西園寺は同宮は一と癖ある方なり、万一御同意なき時は如何にするやと反問せしに、平田、中村、山県は夫れは大丈夫なり、又伏見宮より御話もあるべしと思ふに付間違なからんと言ふに付、西園寺は伏見宮は久邇宮を説得せらる、程の御力なかるべしと言ひたるも、彼等は容易のことに考居たるらし（果して伏見宮は先達此任を断はられたり）、松方は沈黙して何事も言はざりしと言ふ。

こうして五者による会談の結果、久邇宮邦彦王にたいして皇太子妃内定の辞退を求めることとなった。薩摩出身の松方正義は、色盲遺伝自体は重大問題と認識していたが、島津家に関係する問題でもあるため発言しにくかったのであろう、沈黙を守った。

いずれにせよ中村宮相は会談の結果を受けて、さっそく皇族筆頭の伏見宮貞愛王邸に参上し委細を言上、保利意見書を手交するとともに、久邇宮家への辞退勧告の伝達を依頼した。さらにその後（おそらく一一月二八日以前）(29)、京都で久邇宮と会った際に西園寺は、直接「自分は皇室の御為めとしては御辞退あるを以て適当ならん」と、婚約内定の辞退を勧告したのであった（『原日記』一九二一年二月四日条）。

他方、原首相がこの問題を知ったのは、一二月初旬のことであったようである。『原敬日記』によれば、原が西園寺から色盲問題のことを初めて聞かされたのは、問題が徐々に表面化しつつあった一二月七日のことである。西園寺は「茲に困つた事には皇太子殿下の皇妃と内定ありし久邇宮王女は色盲の御欠点ありと云ふ事にて、如此御病疾あるを皇妃となす事は不可能に付、御変更相成らざるを得ざることとなり、此事に付ても色々相談中なり」と告げたのであった（同日には、田中義一陸軍大臣も、山県の話として同様の情報を原にもたらしている）。また翌八日には、山県を往訪した原が、「久邇宮王女色盲云々に関しては、西園寺に内聞せし通り、学理上争ふべからざる事」との話を、山県から直接聞かされている。

そして、一一日にも再び山県を訪問した原は、山県の「国民此病気ある事を知らば宮の御考とは正反対に、此儘御遂行の方に却て異論あらん」との発言にたいして、「其通なり、全く知れずして御成婚ありたりと云へば其迄にて致方なけれども、苟も之が知れたる以上には此儘御遂行不可能なる事勿論なり」と賛意を表し、それを受けて山県はさらに、「何分万世一系の御血統に如斯事ありては吾々は如何にしても賛成の出来ぬ事なりと繰返し」たのであった。

さらに松方正義を一四日に訪れた原は、そのときのやり取りをつぎのように記している。「皇太子妃に御内定ありし久邇宮王女色盲の御病気ありて、先頃より問題となり居る件に付ては、松方は御取消の外なき事を断言したり。余は何れよりも相談を受けたる事には非らざれども果して其病症ありとせば御取消は無論の事なりと云ひ置けり」

以上のように、山県、西園寺、松方ら三元老と宮内省首脳、そして原首相は、「如此御病疾あるを皇妃となす事は不可能」という点で認識を同じくし、久邇宮の婚約内定辞退を待ち望むこととなったのである。

ちなみに皇太子の教育・洋行問題で山県らから強い批判にさらされていた浜尾東宮大夫も、辞退勧告に断固として反対の立場をとっていた東宮御学問所御用掛杉浦重剛（一一月一八日に久邇宮家側より辞退勧告の話を聞かされる、良子女王の倫理科目担当を兼務）が、一一月二一日に反対への浜尾の協力を願いでたところ、「茫然トシテ、宮サンニモ既ニ分リ居ルニヤ」[30]と、元老たちと同様に、婚約内定の辞退を当然のものとする認識を示していたのであった。

3　久邇宮の山県への反撃

こうして皇太子妃内定の辞退をめぐる動きが、いよいよ動きだすことになった。京都で久邇宮と会った際に、西園寺は「宮は左様〔辞退〕に申出られそうなりしなり」との印象をもったが、彼自身が久邇宮は「一と癖ある方」と危惧していたように、現実の事態は山県らの楽観論を大きく裏切ることとなった。一一月二八日、久邇宮が貞明皇后に拝謁し、およそつぎのように上奏したからである。

帝室に関することは、いったん決定のうえは軽々しく変更するものではない。とくに婚約のような大典に属するものはそうである。宮内大臣から伏見宮を経て回付された書類には、いろいろと疑問があり、それにもかかわらずそれを婚約辞退の勧告と「速了」し「軽挙」にでては、かえって世間の物議をかもし、不測の累を生ずる恐れもある、それゆえ謹んで命を待ちたい。「御婚約ヲ拝辞スベキ場合」は、「第一、両陛下又ハ殿下ニ於カセラレ、御婚約ヲ拝辞スルヲ可ナリト思召サレシ時」「第二、一旦御婚約御請申上ゲタルニモセヨ、之ガ為メ正ニ帝室ノ御血統ニ必弱点ヲ発生シ来ルベシト邦彦ニ於テ自覚スル時」である(31)。

こうして、皇后に婚約内定辞退の判断を求めるという、問題を皇后にまで波及させる異例の上奏をした久邇宮は、さらに一二月初旬(一〇日以前(32))、この上奏の内容を示す関係書類(口頭覚書、久邇宮家が婚約予定以前におこなった角田隆医学博士による色盲の診断書)を山県、松方の両元老に送付し、山県らの辞退勧告に容易には従わない姿勢を鮮明にしたのである。

久邇宮のこうした反撃に、山県は大いに驚いたものと思われる。皇室の血統にいささかなりとも瑕疵を入れてはならないという考え(いわゆる純血論)には、誰も異論を唱えることはないと思われたからである。ましてやこの問題には、先例があった。大正天皇の皇太子時代にも、もともと妃として伏見宮王女の婚約が内定していたが、王女の健康上の理由から伏見宮が婚約内定の辞退を申しでたことがあったからである(33)。

したがって、同じく皇族である久邇宮のそうした辞退拒否の姿勢に、山県は苛立ちを覚えたことであろう。また問題が面倒になりつつあるなかで、原首相にも状況を伝え、味方にひきつけておく必要も感じたのであろう、この問題の動きを、原につぶさに語りはじめている。

たとえば、一二月八日に山県は、前出の引用につづいて、「京都にて西園寺より同宮に御辞退ありて然るべしと御忠告をなしたるも、久邇宮には御聞入れなかりし由にて、先達皇后陛下に拝謁ありし後、跡にて御内覧を願ふと云つて差置かれたる書面は、即ち御内定通御決行を願はる、ものなりし趣なるが、此間同宮附中将にて栗田〔直八郎〕と云ふ者来訪、此事に付綸言汗の如しとて御内定通り決行を望む旨談話に付、自分は不忠の臣たるは避けたしと今日まで心掛け来れり、陛下は御承知なくて御内定ありしも、今日其明瞭となりたる以上は此儘御決行相成るべき筋合にあらざるべしと拒絶したり」と、久邇宮の皇后への直訴と栗田宮務監督官の山県への反論があったことを述べている。

さらに三日後の一二月一一日にも、「久邇宮王女色盲に付御内定の皇太子妃たる事、宮家より御辞退ありて然るべき旨、当局より内申せしに、宮は不同意にて、自分に書面を送られ、医師の云ふ処にては色盲にはあらず、色弱と云ふ事なれば差支なし、自分より御辞退は不可能なり、且つ綸言汗の如く、国民は変更の事を聞けば如何なる感を起さんも知れずと申越されたるに因り、昨日親しく参上、其不可を陳述せり、国民此病気ある事を知らば宮の御考とは正反対に、此儘御遂行の方に却て異論あらん」と、久邇宮から辞退不同意の親書があったことを原に伝えているのである。

そこで山県は、久邇宮の説得にみずから乗りだすことになった。前記『原敬日記』の記述によれば、一二月一〇日、山県は久邇宮邸に参上し、宮の考えが非なることを直接に言上、さらに一六日には、大要つぎのような久邇宮への書面を認め、その翻意を促している。[34]

すなわち、色盲家系の女子が健全な男子と結婚した場合、その子孫に色盲または色弱者をだすことはないという、久邇宮家が依拠した角田博士の医案に誤りがなければ、自分も安心で「痛心」の必要もないが、宮内省の委嘱した保利博士の意見書によれば、学問上の定説は角田説とは異なり、その女子も色盲因子を遺伝するため男児に色盲または色弱者をだす可能性があるとのこと、もしそうであるならば「他日皇統に即かせ給ふべき皇子に之を遺伝するの虞は学術上充分に之を認め得る」のであり、このため「痛心」している。「皇室の御血統に影響を及ほすの虞ありて真に恐懼の至」である。もしそうした「虞ありと仮定」したときに「処すべき措置」はいかにあるべきなのか。いったん婚約の内定があった後といえども、「御血統上微細にても瑕疵ある事に心付」かれ、「斯くては純潔なる皇統に対し奉り恐縮の至なりとて御辞退」なされることは、「全く御謙譲の御徳と皇統御尊崇の御心とより出」られたことであり、「其の間公明正大何等の疑惑を民心に挟ましむる事」ないのみならず、もしその「御心を洩れ承はらば皇室御尊重の為め御自ら御謙退」されたとして、その「御美徳を仰ぎ感激し奉らざる者」はないのであり、「思召の存する所を仰ぎ承りて畏多く難有き事に可奉存」と思う。

ただ、いかに権勢並び立つことのない元老とはいえ、相手はいやしくも皇族である。また宮内省側の説と久邇宮家側の説との間に、重要な相違があることも事実であった。そこで山県は、先述の久邇宮からの親書における提案のとおり、さらに「専門大家の説を徴し候て動かざる定説を承り候事肝要」と認め、中村宮内大臣にあらためて学術上の確かな説を講究すべきことを「忠告」したのであった。[35]

こうして中村宮相は、久邇宮の意向と山県の忠告を受けて、中橋徳五郎文部大臣に色盲遺伝の調査を委託し、その結果、東京帝国大学医学部長の人選にかかる五人の教授が調査を担当することとなった。そして一二月二一日、医学部教授佐藤三吉、河本重次郎、三浦謹之助、永井潜、理学部教授藤井健次郎の五人の調査による、つぎのような内容の「色盲の遺伝に就き調査報告」が、宮相に提出されたのであった。[36]

一、「島津家の家系より判断するとき」は、「久邇宮妃殿下は色盲因子保有者」である、一、そのため「久邇宮家女王殿下の約半数は色盲因子保有者」の「憂あり」、一、良子女王殿下が「色盲保有者」であるかどうかは、「可能性相半ば」、一、良子女王殿下が「色盲因子保有者」でないときには、「色盲遺伝の憂なし」、一、もしこれに反して良子女王殿下が「色盲因子保有者」であるときは、「御出産男子の約半数は健眼」だが、「他の半数は色盲に罹らせらるる惧れあり」、一、「御出産女子の約半数は健眼」で「色盲を遺伝せらるる憂なき」も、「他の半数は外見上健全なるも色盲の因子を保有せらるる惧れあるものなり」、一、「御出産男子の健眼なる御方と他の健眼なる家系に属する女子と結婚」するときは、その「子孫に色盲を遺伝することなし」、一、「御出産男子の色盲者と健眼の家系に属する女子と結婚」するときには、その「男子の系統には色盲の家系に属する女子と結婚」しなければ「色盲を遺伝することなきも女子の全部は色盲因子保有者となり其の系統には色盲者を出す惧れあり」。

すなわち、良子女王が色盲因子保有者である確率は五割であり、もし保有者であれば出生男子の約半数が色盲となる恐れがある、そして場合によっては、家系にさらに色盲が遺伝する可能性がある、というものであった。

こうして久邇宮家側の角田説が斥けられる一方、良子女王が色盲因子保有者であるかどうかが不明なため、宮内省側の保利説の不備も指摘されることになったのである。ただいずれにせよ、角田説の誤りと色盲遺伝の可能性があることはここに確認されたのであり、山県たちの婚約内定辞退の論拠を揺るがすものではなかった。したがって、五博士の調書により自信を深めた元老たちは、調書を久邇宮に奉呈するよう中村宮相に指示し、久邇宮の辞退を待つことになったのである。

ちなみに原首相も一二月二八日、田中陸相にたいして「既に医科大学責任者の答申もあつて診断明瞭」になった以上、杉浦重剛ら辞退反対論者たちも、まさか「夫れにても差支なしとの立論も出来ざるべし」と、これで問題が落着するとの認識を示していたのであった。

　他方、色盲遺伝の医学的見地と「綸言汗の如し」といういわゆる人倫論に依拠して反対論を展開していた久邇宮家側も、この五博士の調書に接して動揺していた。宮家側の医学的根拠が、揺らいでしまったからである。それゆえ内大臣である元老の松方正義に「既に大学の五博士の報告に依り良子女王殿下より色盲遺伝の惧れある事信拠するに足るとせば、此の際御婚約を拝辞する事然るべしとの思召なる所、松方侯の意見如何」とのご下問をくだしたが、松方はそれにたいして「御辞退遊ばさるる事然るべしと信ずる旨」を奉答したのであった。[37]

　こうして元老たちは、五博士の調書がでた以上、角田博士の意見に信頼して婚約内定辞退に難色を示していた久邇宮も、当然のことながら辞退の決心をするものと信じたのであった。それゆえ山県はここに「待罪書」を認め、一二月三〇日石原健三宮内次官に天皇への上奏の手続きを委託、小田原古稀庵で謹慎することにしたのである。良子女王の色盲遺伝問題をまったく承知せず、健康上なんの支障もないという宮内省当局の調査を信じて婚約内定に同意した山県であったが、その調査にはたしかに不十分な点があったのであり、天皇にたいしても申し訳なく、さらに久邇宮も辞退を決心されたとのことならば、これを機に謹慎というかたちで、元老としての責をあらわそうとしたのであった。時あたかも、難航していた皇太子洋行問題も、松方内大臣と中村宮相がともに天皇に拝謁して裁可をえる段取りとなっており、[38] その点でもようやく解決の曙光がみえていたのである。

4　事件の拡大

ところで、山県ら三元老と原首相たちが、色盲遺伝問題が決着に向かいつつあると認識していた陰で、それとはまったく異なる事態が進行していた。久邇宮家から発した婚約内定辞退反対の運動が、さまざまな勢力を巻き込んで急速に拡大していたのである。

山県や原たちにとって、それは意想外のことであったと思われる。なぜなら色盲遺伝問題は、血統をめぐる問題であるかぎり、五博士の調書で終息するはずであったからである。少なくとも彼らの認識においては、そうであった。それゆえ原首相は一九二一年一月五日においても、山県の「頭山満等何か不穏の事をなすと言ふに付、過日田中〔義一〕を以て注意したり」との話を聞き、「杉浦〔重剛〕等に医師の答申書を示せば氷解せんと思ひたるに、今の御話にては意外千万なり」と答えていたのである。

原はもとより、そうした反対派の動きを、それなりに承知はしていた。たとえば一二月一八日に、久邇宮と懇意の松岡均平と話をした際のことを、つぎのように日記に書き残している。

尚ほ宮には非常の誤解ありて、先頃皇室令改正の際、久邇宮の御異論に付山県は之を含み宮に不利を計る者なりとの誤解ある由、松岡の内話にて知れたるに因り、余は夫は非常の誤解なり、余実際を知れるに付、之を説示し、尚ほ久邇宮の御挙動は穏当ならず、皇后陛下に意見書を出され山県に書面を送られ、又栗田御附武官が山県に往き綸言汗の如しとの論鋒にて論弁したる如き尚更面白からず、余の考によれば、苟も御病症の欠点ありとせば万世一系の皇統の上に於て絶対に之を取消さざるを得ず、皇族としては一家の私事と混同せられ、此事に思到らずして何やら運動らしき事をなさるゝは元老等不快をも醸し、又皇室の御為めも考へられざる様に相成る事に付、国民之を聞きても批難するならん、故に宮中の御調査に一任せられて沈黙せらるゝ事穏当と思ふ、殊に既に右様医師の診断となりたる上は、其決定に御任せある事然るべしと注意せしに（後略）

すなわち、色盲遺伝問題の提起が、山県の久邇宮にたいする悪感情から発しているとの久邇宮の思いが誤解であることを指摘し、さらに宮の皇后への上奏や栗田宮務監督官の山県訪問など久邇宮家の不穏当な挙動を戒め、五博士の診断に一任し、沈黙することが穏当であると説いている。このように原は、色盲問題があくまでも万世一系の皇統にかかわる問題であり、それゆえ医学的診断に従うべきであるという終始一貫した立場と、さらにけっして山県の私怨にもとづくものではないということを、ここで明確に示していたのである。しかし、反対派の論拠がいわゆる人倫論のみならず、反山県の感情にあることも、ここで知ることになった。

そして一二月二八日、田中陸相がもたらした山県の伝言によって、反山県の運動が徐々に激しさを増しつつあることを認識するのであった。彼は日記に、つぎのように記している。

田中陸相の内話に、久邇宮王女色盲に付御内定変更あるべき件に関し、皇太子附の杉浦重剛、其御変更に反対し、山県が他に考あつて故らに此議をなす者なりとて之が攻撃をなし、之を頭山満等にもらし、頭山は其の親近者流布したる結果彼等一派山県攻撃を企つる由、杉山茂丸山県に内話したるに因り、其事を余に内話し置けよと伝言なりと云ふ。余之に対し、早速警察側には注意すべし

ただし、この時点では原は、前述のように、いまだ五博士の「答申書を示せば氷解」するものと思っていたのであり、事態の深刻さを十分には認識していなかった。また山県自身も、先に触れた一月五日の原との会談のなかで、「久邇宮より御辞退申出らるる様子」であり、「久邇宮王女に対しては十分の御同情なかるべからず」と述べていたのであり、依然として問題は円満に解決されるはずと思っていたのである。

しかし一月一七日、そうした山県や原たちの思いとは裏腹に、「久邇宮よりは御辞退なき由なる事」[39]が、中村宮相から山県にたいして告げられたのであった。そしてそれとともに、山県を主たる攻撃対象とした反対運動が、さらに激しさを増すことになったのである。

一月二四日、「久邇宮王女皇太子妃に御内定の処、色盲云々にて変更の議あるは山県等不忠の所為なりとの印刷物」が、原首相と貴族院議員、各新聞社などに送付されてきた。この無署名の「宮内省の横暴不逞」と題する怪文書について、原は「多分久邇宮家関係者の処為と思はるゝも、如此

事にては世間の注目する所となり、甚だ妙ならざる次第」と、事態が容易ならざる方向に向かいつつあることを認識することになった。

そこで彼は二日後の二六日、石原宮内次官（宮相が不在のため）にたいして「久邇宮王女色盲系に付云々に関し、印刷物を配布するものあり、速かに何れとも御決定なくしては行政上困却の旨」を告げるとともに、さらに「大体に於て宮相より裁可を仰ぎ決定して可なるべき事柄」であるが、「斯く世上の問題となりたる上は鄭重なる御取扱は必要」なので、「枢密院に御諮詢の上何れとも御決定ある方宜しからん」との指針を示し、「兎に角速に何れとも御決定なくしては国論を惹起べしと注意」の念押しをしたのであった。

しかし、宮内省が問題の解決に向けて有効な手立てを講じることはなく、一二月に入り事態はますます緊迫の度を深めることになった。一二日、原は中村宮相の来訪を求め、つぎのように問題の早期解決を強く促したのであった。

皇太子妃に御内定の久邇宮王女の色盲云々に関し、久邇宮家より出たりと思はるゝ運動如何にも激烈にて、殊に東宮侍講杉浦重剛が頭山満等に洩らし、浪人共の利用する所となり、各種の印刷物を配布せられ、而して此問題は果して如何に解決せらるるものなるや、国論全く其方向に迷ふ情況にて、行政上捨置き難きことと考へ、中村宮相の来訪を促し、官邸に於て会見し、本問題を長く未定の間に置かる丶は皇室の御為めにも宜しからず、又行政上に於ても如何にも憂慮に堪へざる次第なれば、何れとも速かに決定ありたしと懇談したり

さらに二月八日には、山県陰謀説が皇族方・女官などにも深く浸透していることや、薩摩系の激しい運動、山本権兵衛と大隈重信の反山県による連携など、事態の深刻さを示す下田歌子からの情報をえて、原は日記につぎのように書き記している（二月一一日条も参照）。

色盲云々に付山県の陰謀によりて御変更の企をなしたるものなりとの誤解は仲々深く入り居れり、皇族方御内部にも注入多く、現に或る御息所より直接山県の企にて云々との御話ありたる位なり、女官等にも入り居るらしく、又薩派はやつきとなりて運動せり（久邇宮御息所は島津公爵家より出られたるに由るならん）、山本権兵衛なども堅く主張し、又大隈にも色々注入し居るらしと云へり、山本大隈は親密の関係にもあらざれ共、山県を排斥する一点に於ては全く一致すべき事情なれば右様の事も之あらんかと思はる。

原にとって「国論を此儘に置くことは沸騰限りなき有様」であり、それゆえ治安を維持し、世上の安定をはかるべき政府の責任者として、本来が皇室問題とはいえ、このまま事態を放置することは当然のことながらできることではなかった。さらに「御変更を可とする元老等の説に賛同するの

声なく、徒らに変更を不可として其論者を不忠不義の者と排斥するの声高く」（『原日記』一九二一年二月二日条）という状況下、「所謂浪人組が山県を政界より葬らんとて久邇宮をかつぎ廻る」という不穏な事態は、山県をとりまく政治問題としても（原は「山県を葬る事何の必要なし」との考えであった）、また皇室を政治問題化させないという基本方針からも、大いに憂慮すべき状況であったのである。[40]

したがって、「不純分子皇統に入りて可なりとは臣子の分として言ひ得べきことにあらず」（『原日記』一九二一年二月四日条）という、内定辞退の主張を依然として堅持していた原にしてみれば、五博士の診断がだされたのを機に、あるいは少なくとも久邇宮の拒絶が明らかになった時点で、婚約問題に責任をもつ宮内大臣がすみやかに天皇の裁可をえるべきであったのに（もしくは枢密院への諮詢により決着をつけるべきであったのに）、「御変更とも否とも決定せずして荏苒今日に至れるが故に世間の騒ぎも大仰」（『原日記』一九二一年二月八日条）になったということなのであった。中村宮相の困難な立場には同情するものの、一面、その不手際が問題を大きくさせたともいえるのであった。

それでは、攻撃の主対象とされた山県にたいする反対運動とは、どのようなものであったのであろうか。山県を攻撃する怪文書「宮内省の横暴不逞」や久邇宮家側の悪感情、山県陰謀説の存在などについてはすでに触れたが、一月下旬以降の山県を直接対象とした主な動きをあげてみれば、かつて杉浦重剛に私淑した白仁武製鉄所長官から山県への一月二五日付書簡の来簡、憲政会総務下岡忠治の人倫論にもとづく山県説得、大竹貫一・佃信夫・押川方義・五百木良三・松平康国・牧野謙次郎ら頭山満と親交のある六人の連名による山県への二月一日付警告書（「上山県公書」）の来簡、右翼指導者の内田良平と小美田隆義から山県ら元老・首相への二月九日付書簡の来簡、そして北一輝・大川周明・満川亀太郎らの結成した猶存社社員による山県暗殺計画の噂の流布などがある。

こうして、「婚約内定変更」反対派、とりわけ右翼・浪人系の反対運動はますます激しさを増すこととなった。そしてついに頭山たちは、二月一一日の紀元節に、明治神宮において「東宮殿下御大婚御成就、御外遊御延期」(41)の祈願式と宝刀献納を挙行することとなったのである。皇太子の婚約変更問題と洋行問題とを結びつけていずれにも反対する、右翼・国家主義者たちの一大示威行動がおこなわれようとしていたのであった。

5　山県たちの挫折

このような内定変更反対派の激烈な運動は、宮中府中のそれぞれの責任者である中村宮相と原首相をはじめとする純血論者たちを、いよいよ窮地に追い込むことになった。なかでも山県系の重鎮である平田東助宮内省御用掛の軟化は、原首相の眼には変節と映じたことであろう。二月四日に原と面会した西園寺が、依然として「御内定変更しては如何」と主張したのにたいして、原は同様な考えをもちながらも、「山県系」が平田のように「表裏反覆誠意なくしては、到底無効ならん」と、西園寺と「共に嘆息」せざるをえなかったからである。

また身近な相談相手である平田御用掛の軟化は、中村宮相にも大きな影響を与え、結局中村は「自身の責任を以て御内定通御決行のことに決定して、此問題を解決し、而して宮相を辞すべし」との考えをもつにいたったのである。こうした中村の決心を聞いた西園寺は、その決定も辞職も翻すことはできないが、それでも「自分万世一系の皇統に苟も御病系を混じて可なりと言ふことには同意を表はすこと不可能なり」と反対している（『原日記』一九二一年二月四日条）。

他方、原首相の立場からすると、薩摩出身の床次竹二郎内務大臣が平田や中村に内定変更の不可を説いてまわるという事態も生じており、色盲問題が閣僚の足並みにまで波及する、内閣統制上由々しき問題ともなってきていた。さらに政党・議会関係としても、二月三日、与党である政友会所属の奥繁三郎衆議院議長が、政友会、憲政会、国民党三派代表の相談結果として、「御内定通変更なき様」原首相から宮相に申し入れて欲しいと依頼するなど、これまた看過できない政治的事態が生まれていたのである。

その結果、二月一〇日に中村と会談した原は、右翼・国家主義者たちが明日の紀元節に明治神宮で国民大会を開くと「大騒」をしているが、それを「鎮圧」するためには、婚約内定「此儘御遂行」という中村の決定を、宮内省から今夜中に公表するよりほかに方法はないと「注意」したのであった。すでに前日の九日、中村宮相から報告を受けていた山県も、「宜しい（中略）全体ならば、事は頗る重大なる問題であるから、直に聖断を仰ぐべき筈であるが、今日にては陛下は御脳の御宜しく無い時であるからそれも出来ず、己は純血論なれども決して己の主張を採るには及ばず、貴様は気の毒であるが、事の落着を見て辞さねばならぬ、己に遠慮は入らぬから貴様の思ふ通りに遣れ[42]」と告げていたのである。

こうして一〇日夜、宮内省と内務省および警視庁は、翌日の朝刊掲載に間に合うよう、ほぼ同時に談話を各新聞社に通達し、その結果一一日朝、各社はいっせいに「皇太子妃内定に変更なし」との報道を、中村宮相の辞意のニュースとともに伝えたのであった。新聞・雑誌等における婚約内定問題に関する一切の報道は、本来、怪文書がでまわりはじめた一月二四日付で内務省によって禁止されていたが、そうしたなかでの当局からの異例の公表によって、事態の終息がはかられることになったのである。山県をはじめとする純血論者たちの主張は、こうしてここに頓挫したのであった。

ただし山県にしてみれば、「徒ラニ四方ノ物議ヲ生シ世論ノ紛擾ヲ醸スニ至リシ[43]」ため妥協したとはいえ、本来このような結末は、きわめて不本意かつ納得のいかないものであった。二月一〇日、松本剛吉が小田原古稀庵に山県を訪ねると、山県は開口一番「己は勤王に出て勤王で討死した」と興奮気味に述べ、さらに「人倫論が勝つか純血論が勝つか知らぬけれども、己は何処迄も純血論で戦ふ[44]」と、あくまでも自説にこだわる強い思いを吐露していたのである。

したがって一四日に、今後のことを相談するために自邸を訪れた松方と西園寺にたいして、山県は、「今回の如き重大問題を惹起して人心を動揺せしめたる事」の「責任」は十分に認識するとしながらも、「己は此際角立つて御互に辞表など呈出することは考へものである」(45)と、官職等の早急な辞表の提出を必ずしも当然のこととはしていなかったのである。

ところが、そうした元老三人の申し合わせにもかかわらず、一八日に突然松方が、山県と西園寺に無断で内大臣職の辞表を天皇に奉呈し、久邇宮家を訪れて謝罪するという抜け駆け的事件をおこしたため、責任論をまっさきに主張していた山県としても、二二日、枢密院議長をはじめとする一切の官職と栄典の拝辞を天皇に願いでることになった。それは、先の元老会議では黙していた薩派の松方正義が率先して辞職願をだすことによって、長州の山県有朋の辞職願を引きずりだすという、いわば山県を道連れにする行為だったといえるのかもしれない。ちなみに中村の後任の宮内大臣には、一九日、松方の推薦によって薩派の総理大臣候補と目されていた牧野伸顕が就任したのであった。

かつて色盲遺伝の診断が東京帝国大学の五博士に依頼されたとき、それが「例の薩長軋轢の結果なり」(『原日記』一九二〇年一二月一七日条）との風評があることを、原首相は田中陸相より聞かされていたが、まさに色盲遺伝問題の最終局面は一面、薩長対立の様相を呈していたのである。

さらに原にしてみれば、そもそも色盲遺伝問題は血統をめぐる問題であり、単純なはずの問題であった。しかし、なぜこのような大事件にまで発展したのかを振り返るとき、純血論が人倫論という異なる視点から批判を受けたというだけでなく、反山県感情の存在が大きかったといえるのであった。それが問題を、宮中の世界から政治の世界へ、そしてさらに右翼・国家主義者の世界にまで押し広げ、複雑化させた一因であった。それゆえ婚約変更反対問題は原にとって、「要するに山県久しく権勢を専らにせし為め、到処に反感を醸したるは此問題の最大原因なるが如し」（『原日記』一九二一年二月一一日条）と、総括しうる問題であったのである。原においても「皇太子妃内定に変更なし」との宮内省の発表は、ある意味では山県以上に、きわめて不本意かつ納得のいかないものであったのである。

6　事件のその後

以上みてきたように、色盲遺伝問題は、宮内省の公表を機にひとまず一段落することになった。しかし、「今度は皇太子殿下御洋行も色盲に関連したる山県等の陰謀」で「此御洋行中に妃御内定御変更せん」と「又又騒ぎ居る者あり」という、引きつづき山県を主対象とする右翼・国家主義者たちの不穏な行動が展開されていたのである（『原日記』一九二一年二月一二、二二日条）。

そしてこの点に関しても、事態を憂えた原首相が「国論一定の必要もあり、皇太子殿下御洋行の事速かに公表すべき旨」（『原日記』一九二一年二月一四日条）を中村宮相に交渉し、その結果ようやく一五日、宮内省より正式に告示されたのであった。中村の事態処理の緩慢さは、ここでも原を苛立たせていたのである。

このように洋行実現の最終段階で、右翼・国家主義者たちが洋行反対運動を展開したものの、宮中府中の関係者においてもその必要性をめぐる深刻な対立がなかったため、この問題がそれ以上に大きくなることはなかった。

ただし右翼たちが抱いていた、洋行の最中に山県らが婚約内定の破棄を画策するのではないかという危惧は、あながち的外れではなかったのかもしれない。なぜなら山県、西園寺、原たちは、依然として純血論を堅持していたからである。その意味で、良子女王をめぐる問題は、正式に婚約が決定されるその日まで、予断を許さない状態がつづいていたといえるのである。

ところで五月一八日、辞職願を提出していた山県有朋と松方正義の両元老にたいして、辞職願の却下と留任の優諚が天皇よりくだされた。その背後には、「色盲云々は決して不忠の考より出たるものに非らず、故に却下ありて然るべし」という、天皇や牧野宮相らにたいする原首相の断固とした強い働きかけがあった（『原日記』一九二一年四月九日、三月二八日条）。「再び山県等より色盲論起るかも知れずと心配」していた牧野宮相は、当初、元老としての地位はそのままに、枢密院議長と内大臣の職の辞表のみを受理するかたちで元老の辞職問題を処理しようと模索していた（『原日記』一九二一年四月九日条）。婚約問題の直接の責任者である牧野としては、そうしたかたちで今回の事件の事実上の引責を示すことで、山県による色盲問題の再燃を防げるかもしれないと考えたのであろう。

しかし、宮中某重大事件で受けた山県の政治的ならびに心理的打撃は、かなり大きなものであった。天皇の優諚がくだされた後、久邇宮邸にお礼廻りをした山県は、「私の考は前より更に渝りはありませぬと言葉を強くして申上げ」(46)ていたが、「色盲論の再燃を恐」(47)れる牧野宮相にたいしては、「御婚儀の事に付ては自分の意見は換はらざるも、本件に付ては最早何等容喙せざる積りなり」と告げていたのである。山県はそのとき、「自分が御婚儀問題に付忠節を尽したき考にて一心に為したる事も種々誤解され、隠謀とか或は甚しき陛下を押籠め奉る抔怪しからぬ事を云はれたり」(48)とも牧野に述べていたが、和歌の師である井上通泰が伝える「若い時分は政敵からドンナに云はれても何とも思はなかつたが、年をとつたセイカ、此頃のやうに新聞でわるく云はれるとよく寝られん。殊に心外なのは或新聞に国賊呼はりをする事である」(49)という山県晩年の言葉は、おそらく当時の心境にも通じるものであったと思われる。

こうして宮中某重大事件後、以前のような隠然たる政治的力に翳りをみせはじめた山県に代わって（さらには山県の無念の思いも含めて）、婚約問題に関与する姿勢を示しつづけたのが、原首相であった。たとえば原は、皇太子外遊中の七月三一日、山県にたいして「本件〔婚約問題〕は何等決定したる事あるに非ず、故に之が解決は他日必要ならんが、果して殿下摂政とならるるものとせば其上にて裁断を仰くべく、又皇后陛下の思召を承りて解決する事至当の順序なり」と語っている。

原が事件後しばしば述べていたこのような姿勢[50]の背景には、もとより純血論の正当性にたいする確信のみならず、実は貞明皇后が、皇太子と良子女王との結婚にためらいをみせはじめていたという事実があった。先の原の発言を受けて山県が「皇后陛下の思召は如何」と尋ねると、原は「判然承知せざれ共、御賛成には之なき様なりと拝察す」と答えていたのである。

それでは、当初より良子女王に好意を寄せ、皇太子妃内定者として認めてきたはずの皇后が、なぜにそうした躊躇の姿勢をみせるようになったのであろうか。その理由の第一は、やはり色盲遺伝にたいする懸念を払拭できず、皇后も基本的には純血論に立っていたからである。皇后は「其位にあるものは一時其御位地を御預り致す様のものにて、決して我々の私有にあらず、実に大切に考ふべきもの」であり、それゆえ「我々が此位地を汚し奉るは実に恐多き事」で、「皇統は不窮にて出来る丈け純潔」でなければならないと考えていた。こうした「不純分子の皇統に混入する事の恐れ多き事」という思いは、「自分も近眼なるが為め皇子殿下方が御遺伝被遊、実に安き思を為せず、昨年皇太子殿下には御詫した」くらいの強いものであったのである[51]。

しかし、「実は昨春の出来事」以来「色盲の事は第二段」となったのであり[52]、より大きな躊躇の理由としてあったのが、良子女王の父久邇宮邦彦王にたいする懸念であった。たとえば、二一年三月二八日に皇后に拝謁した下田歌子は、皇后「陛下には色盲云々御心配ある事の外、妃殿下皇族より出らるゝ事なれば、将来の御折合等に付ても御心配の様に拝察したり」と原に伝えていたが、さらに『牧野伸顕日記』五月九日の条に、皇后に拝謁した波多野敬直元宮内大臣の、つぎのような牧野にたいする興味深い談話が残されている。

皇后様へ拝謁の時御婚儀の事に談及し、久邇宮より直書を御手許に進呈なされたる事に付御話しあり、あれは大夫を以て御返へしする事に取計らひたるが、あゝ云ふ風にては他日皇太子様が御困まりなさる事もあるべし、久邇宮様が御自分様が勝つたと云ふ御態度では宜しからず、皇太子様が御立前に御告別の為め御対顔なされたいと云ふ事もあつた、未だ表向きの発表、御約束にもなつて居らぬのに穏かでないと思ふ、未だ真の御内約であるから御取り消しになれぬ分けでもない云々、と仰せられたるに付、勅許もあつての後の事と存ずるが故に今更御変更の余地はあるまいと思ひますと申上げたるに、皇后様は御勅許のありたる次第ではない、大臣から電話で葉山へ報告の形で中村の発表したるを通知して来たまでの事であると御話しあり。子爵は御勅許はなかつたとしても、中村が彼の時御変更あらせられずと発表した以上、今日之を御止めになる様の事は宜からず、そうなれば此度は国民は陛下に直接其御処置の不当を訴ふる様になり、甚だ憂慮すべき事になります、兎に角御婚儀の事に付ては何れ宮内大臣より適当の時機に申出致すべきに付、夫れまでは何も御話しのない方が御宜かるべし、と申上げたるところ、皇后様は左様かと仰せられたる由。

すなわち、皇后は良子女王との婚約内定の取り消しを考えるほど、宮中某重大事件等における久邇宮の態度を不適当なものとし、快く思っていなかったのである。それゆえ一九二一年六月九日に、正式に皇太子との婚約を認めるに際しても、「久邇宮殿下の御態度今少し御謹慎被為べきものと考え、「此点に付十分御自覚あり度切に希望す」との思いを、再三牧野宮相に伝えていたのであった。(53) 皇后自身の久邇宮にたいする懸念と心証の悪さには、このようにきわめて強いものがあったのである。

他方、皇后にみられたこうした久邇宮にたいする懸念は、角度こそ違うものの、原や西園寺にも共通する思いであった。すでに一九二〇年一二月一八日に、久邇宮の挙動は穏当ではない旨、松岡均平に注意していた原であったが、さらに婚約変更反対運動が激しさを増していた二一年二月四日に、西園寺と会談した際、「皇室の将来を考ふるに久邇宮外戚を以て何かに干渉なきを保すべからず、而して又之に所謂薩派が跡押をなす様のことありては、皇室国家の為めに由々しき大事を生ぜんも知るべからず」と、皇族である久邇宮が将来皇太子の義父となり、大きな影響力をもちうることにたいする懸念と、同時に背後に控える薩派の政治的影響力の増大による憲政上の弊害への危惧とを、「杞憂に過ぎたることながら如何にも心配の次第なり」と物語っていたのである。

そして西園寺もそれにたいして「極めて同感」を示し、「杞憂に過ぎざれば夫迄なれども痛心の至りなり」と応じていたのであった。

実は原と西園寺は以前から、山県没後の宮中運営について思いをめぐらせていた。たとえば、一〇年一〇月八日に西園寺と会談した原が、山県は「家の子郎党を以て枢府及び宮中を占領するも、彼の没後は忽ち四分五裂せん、困つたものなり」と述べたのにたいして、西園寺は「其通なるが、山県没後宮中の事は如何にせば可なるや予め考慮し置かれたし」と答え、さらにそれにたいして原が「尤の次第なり、山県は如何に老耄せずと言ふも何となく老衰を覚ゆ、今後先づ二年ならん二年たゝば死せずとも勢力著るしく減耗せん」と語っていたのである(54)。

山県および山県系（いわゆる長州閥）と対抗しながら政党勢力の伸張と政党政治の確立に邁進してきた原にしてみれば、山県没後の政治運営と皇室擁護の中心は、政党勢力でなければならなかった。それゆえ原は、天皇機関説的政治運用の確立と「デモクラシー」状況に適合的な「慈善恩賞の府」としての皇室の実現に大きな力を注いできたのである。それにもかかわらず、山県没後いわば第二の山県として久邇宮が登場し(55)、長州閥に代わり薩摩閥が台頭することになるならば、それは憲政の進歩にとって大きな障害であり、全力をもって阻止しなければならない事態なのであった。したがってここに、原が婚約内定の変更問題に関与しつづけた大きな理由があったといえる。原においてもある意味、皇太子の婚姻問題は、たんなる血統問題を超えた政治的問題としての側面をもちはじめていたのである。

皇太子が外遊から帰国した約二か月後の一一月四日、原首相は暗殺された。純血論の同志であった山県は「原が勤王家にして皇室中心たることを見抜き居れり、頗る残念だ」(56)と、涙を流してその死を悼んだが、人倫論を唱えた右翼・国家主義者たちにしてみれば、婚約内定の変更をけっしてあきらめていなかったという意味において、原は宮中某重大事件後も、実に危険な人物でありつづけたのである。(57)

7　純血論と人倫論――国体論の二側面

ところで事件当時、皇太子側近の東宮武官長であった奈良武次は、宮中某重大事件について後年、つぎのように回顧している。(58)

東宮殿下に関係ある難問題起り居れり、それは三四年前より御約束ある東宮妃久邇宮良子殿下には近眼の系統ある故御婚約を破棄せざるべからずと云ふ意外の問題なり、是れ憂国的老人志士の間にて東宮殿下の近眼鏡を使用せられ居るさへ世界各国に例なき不祥事なるに、之に加へて妃殿下が近眼の系統であらせらるゝことは将来日本の大問題なりと主張し山県元帥を動し宮内大臣より久邇宮殿下に自発的御辞退を指唆されたるに久邇宮殿下直に受諾遊ばされず、此事いづれか久邇宮良子殿下の御教育に任じある杉浦重剛始め国粋志士（杉浦門下の人々）の間に伝はり其反対運動起り居ることなり、其反対主張は此の如き御婚約破棄は日本伝統の武士道的信義上許すべからずと云ふに在り、両方共一応理由ある問題にて解決困難は当然なり。

奈良が久邇宮家の問題を、なぜ「色盲」ではなく「近眼」と記したのかについては判然としないが、いずれにせよ当時、皇太子の「近眼鏡」の使用にたいしてさえ、「不祥事」として問題視する声があったという記述は、先に触れた近眼の遺伝を理由に皇太子に謝罪したという貞明皇后の発言とも相まって、色盲遺伝が将来の「身」としての統治権者の資質にかかわる問題として、きわめて重要視された背景の一端を伝えている。

ただし、ここでさらに注目したいのは、いわゆる純血論と人倫論の両者の主張を共に理由あるものとし、それゆえに解決の困難さを当然視している点である。奈良の眼からみれば、いずれの主張にも、天皇統治の安定をはかるうえでの正当性があったのである。

そこであらためて両者の主張を確認すると、まず山県有朋に代表される純血論とは、「皇統ハ至聖至神」、純血でなければならず、「仮令へ微細なりと雖も皇統に血統上の瑕疵を入るゝ事は断して」不可であり、しかも「瑕疵を胎すの虞ありと知りて猶ほ知らざるを装ふ」は臣下としては「不忠」である、というものであった[59]。

それにたいして、杉浦重剛に代表される人倫論とは、「一旦御上より御発表になりしものは変更を許さゞるもの[60]」という、いわゆる「綸言汗の如し」という主張と密接に絡みながら、皇室は「古来御仁徳ヲ以テ主トセラルル」が、「今若シ御内定ノ婚約ヲ破」るという「不仁」がおこなわれれば、「固ヨリ天下ニ仁政ヲ布キ給フコトモ亦難」しい、というものである。そして婚約内定の取り消しは、皇太子自身には「終身ノ不快ノ御印象」を残し、また良子女王を「自殺」するか「尼」になるかしかない状態に追い込むことを意味するのであった。それゆえこうした観点からいえば、色盲・色弱は取るに足らない「微細ナル瑕疵」「些少ノ欠点」なのであった[61]。

また皇太子と良子女王の倫理科目を担当してきた杉浦からすると、人倫論が斥けられるということは、これまで進講してきたみずからの倫理教育が否定されることを意味していたのである。

このように、前者の純血論が、万世一系に力点をおき天皇統治の安定性をはかろうとするものであったのにたいして、後者の人倫論は、家族制度を中核とする社会的道徳的秩序の維持による安定性の確保を重視する主張であったのである。いいかえれば両者は、帝国憲法第一条の「万世一系の天皇之を統治す」という統治権の所在の視点から国体を理解しようとする主張と、教育勅語的観点から国体を理解しようとする主張であったといえるのである。

そしてこの両論は、第一次世界大戦後に不安定さを増した天皇統治の困難な状況に対応するため、一九二〇年代に模索された治安法制の制定過程において露呈した、内務官僚と司法官僚の見解の相違にも通じるものであった[62]（周知のように、一九二五年に制定された治安維持法において、国体の字句が初めて法律条文に明記されることになった）。

その意味で、「血統」と「人倫」とは、いずれも天皇統治の安定のために必要不可欠な要素であったのであり、まさに当時の国体論の二側面をあらわすものであったのである。つまり国体論の解釈としては、いずれにも正当性があるがゆえに、いったん両者が対立するとなると、きわめて激しいものとならざるをえなかったのである。まさに浜尾新東宮大夫が杉浦に述べたように、「倫理問題モ重ケレドモ、血統問題モ亦軽カラズ(63)」なのであった。

こうして元老山県有朋の問題提起にはじまる宮中某重大事件における両論の対立は、平行線をたどらざるをえなかったのであり、婚約内定の変更をめぐる両陣営の争点の力点も、医学的論拠と理論的対立の側面から、政治的側面すなわち反山県へと移行し、最終的には政治的決着がはかられることになったのである。もともとは「不思議に心が合」い(杉浦)、「凡テノ点ニ於テ意見同」じ(山県)であった山県と杉浦の(64)、皇太子の婚約という具体的事象をめぐる理論的対立の行方は、結局、右翼・国家主義者たちをもまきこんだ政治的力関係によって決せられることになったのである。

おわりに

大正期に不安定化した天皇統治の安定性をいかにしたら回復しうるのか、それが山県有朋や西園寺公望ら三元老と原首相に共通する大きな問題関心であった。彼らはそうした天皇統治の安定性と安全のために、それぞれの政治信条や政治的立場は異なるものの、天皇機関説的政治運用とそれに見合う「デモクラシー」状況に適合的な皇室像、そして若く健康的で英明な皇太子像の創出という方途で認識を同じくし、それらの実現をはかることとなったのである。

とりわけ大正天皇の病状の進行にともなう事実上の天皇不在状況において、代わりに「身」としての天皇シンボルを担うものとして大きな期待が寄せられたのが、皇太子裕仁親王であった。それゆえ皇太子の「箱入り御教育」の大革新と海外巡遊が企図されると同時に、皇太子妃内定者の色盲遺伝の疑いが問題化することとなったのである。

前者の洋行問題に際しては、「身」としての皇太子の安全を危惧する貞明皇后の不安感が障害とはなったものの、三元老と原首相との強い指導力によって洋行が実現し、若く健康的で英明な皇太子像の創出、すなわち天皇シンボルの活性化という意味で大きな成果をあげることとなった。

しかし、後者の色盲遺伝問題は、同じく三元老と原首相とが純血論の立場から、久邇宮家の婚約内定辞退の必要性で一致したにもかかわらず、激烈な反対運動の前に後退を余儀なくされ、やがて原首相の暗殺と山県の死とを迎えることになったのであり、その後の天皇統治の安定性を考えるうえで、大きな影響を残すこととなったのである。

すなわち、この問題の対立は、理論的には、血統論と人倫論という国体論の二側面をめぐる争いを意味していたが、どちらにも正当性があるがゆえに、簡単に決着のつく問題ではなかった。それは、皇太子と良子女王の結婚への勅許がくだされる一九二二年六月二〇日まで、いわゆる宮中某重大事件が落着してから約一年四か月の長きの歳月を要したことにもあらわれている（一九二一年一一月の皇太子外遊後の摂政就任から数えても約七か月かかっている）。とりわけ皇后は、すでに述べたように、「不純分子の皇統に混入する事の恐れ多き事」であり、それを「知りつゝ、黙認する事は心苦しき事」であるが、それでも「熟議を遂られ御進行の外なしとの事」であるので、「涙を呑みて勅許被遊止むを得ざるべし」(65)と、最後まで皇統の純血性にたいする強いこだわりをみせていたのである。

いずれにせよ、現実の天皇が政治統合力をもちえなくなった状況下においては、それゆえ抽象的な国体論やその基礎をなす家族制度論が強く主張されることになるといわれているが(66)、皇太子の婚約という現実的事象をめぐって国体論が大きく争点化したことは、それがたんなる抽象的次元の問題ではなく、宮中から政治の世界、そして民間右翼・国民をもまきこんだ大きな政治的争点になりうることを、あらためて示すことになった。

しかもその際、右翼・国家主義者たちが大きな政治的役割を果たしたことは、彼らが国体にかかわる大義名分をかかげて強力な政治運動を展開する大正末年以降の先駆けをなしたものといえるのであり、その意味で「右翼運動に一つの転換を与え」(67)ると同時に、その後の天皇統治の安定性に暗い影を投げかけるものとなったのである。天皇機関説的政治運用と「デモクラシー」状況に適合的な皇室像とにたいする彼らの攻撃が、井上哲次郎の不敬事件や統帥権干犯問題など、やがていくつもの事件として表面化することとなる。

こうした天皇統治の安定性という視点から宮中某重大事件を考察するとき、元老山県有朋の政治的影響力の後退という側面にも言及する必要がある。事件により大きな政治的痛手を負った山県は、約一年後に死去したが、その点も含めて彼の政治力の後退は、たしかに元老政治の大きな節目をなすことになったからである。

ただし原や西園寺にしてみれば、皇太子の外戚となる久邇宮や薩派の台頭にたいする懸念もあり、政治的均衡を崩すような山県の政治力の急激な後退は望まなかったものの、すでに山県没後の政治運営と皇室のあり方に思いをめぐらしていたこともあり、そのきっかけが予想外であったとはいえ、山県の政治的影響力の減退そのものは、政治日程としてはいわば織り込み済みのものであったといえる。

原はもうひとりの元老である八六歳になる松方正義のことを、政治的力量が劣ると認識しており、その意味で、山県没後の日本政治における原と元老西園寺の二人の手になる天皇機関説的政治運用の確立には、相応の自信をもっていたのである。したがって宮中某重大事件をひとつの伏線にすると思われる原首相の暗殺は、西園寺にとっても、重大な政治的パートナーの喪失を意味していたのであった。原首相の突然の不慮の死は、原と西園寺の主導による安定的な天皇機関説的政治運用と

「デモクラシー」状況に適合的な皇室の確立、それらを前提とする節度ある天皇シンボルの活用という彼らの構想の実現をきわめて困難なものとしたのである。

さらにその際、見逃すことのできないのが、牧野伸顕の宮中入りである。原にとって牧野宮相は、必ずしも御し易い人物ではなかったと思われるが、原敬没後、牧野が宮内大臣から内大臣へと栄転し、宮中における影響力を増大させていくことは、その後の天皇統治の安定性を考えるうえで、きわめて大きな意味をもつことになったものと思われる。なぜなら原や西園寺と異なり、牧野は天皇機関説的政治運用の枠を超えうる可能性をもつ天皇シンボルの積極的な活用、つまり天皇の政治的役割をより能動的なものとして構想することになったからである。のちの張作霖爆殺事件の責任者処理の過程にみられるように、昭和初期におけるそうした牧野の積極的姿勢が、昭和天皇の政治行動に大きな影響を及ぼしたことを考えるとき、大正後期以降の天皇統治の安定性にとって、ある意味では牧野の宮中入りこそが、もっとも大きな問題であったといえるのかもしれない。

牧野と親しく、彼を首相候補と考えていたこともある西園寺ではあるが、彼が原や山県らと共有していた天皇統治安定のための構想を実現するという課題は、残された西園寺ひとりの肩には、いささか荷の重いものであったといえるのである。(68)

(1) 吉村道男「『労農露国』承認の思想的前提」(近代外交史研究会編『変動期の日本外交と軍事』原書房、一九八七年）参照。

（2）「寺内正毅関係文書」中の「秘首相意見書」綴所収（国立国会図書館憲政資料室所蔵）。

（3）上杉慎吉『暴風来』（洛陽堂、一九一九年）三五―三六頁。

（4）この点については、主に以下の文献を参照した。利谷信義「明治憲法体制と天皇」（『法学新報』第八三巻第一〇―一二合併号、一九七七年）、渡辺治「天皇制国家秩序の歴史的研究序説」（『社会科学研究』第三〇巻第五号、一九七九年）二〇四―二〇五頁、鈴木正幸『近代天皇制の支配秩序』（校倉書房、一九八六年）。

（5）『日本憲政基礎資料』（議会政治社、一九三九年）五七頁。

（6）利谷「明治憲法体制と天皇」六二頁。

（7）本章での引用に際しては、原奎一郎編『原敬日記』第五巻（福村出版、一九六五年）を使用し、引用頁の注記は省略した。必要に応じて本文にも注記を織り込んだ。なお原との会談の様子を伝える箇所が本文中に多く含まれるが、引用年月日が明らかかと思われる場合には、注記を省略したところもある。

（8）波多野澄雄・黒沢文貴・波多野勝責任編集『侍従武官長奈良武次日記・回顧録』第四巻（柏書房、二〇〇〇年）一一五頁。

（9）同右、一一五頁。

（10）同右、一一五頁。

（11）田中宏巳「昭和天皇の帝王学」（『THIS IS 読売』一九九二年四月号）参照。なお後掲の『時事新報』の記事に関しても、同論文一〇二頁を参照。

（12）波多野ほか責任編集『侍従武官長奈良武次日記・回顧録』第四巻、一一五頁。

（13）同右、一一六頁。なお波多野澄雄・黒沢文貴責任編集『侍従武官長奈良武次日記・回顧録』第一巻（柏書房、二〇〇〇年）三六頁も参照。

（14）波多野ほか責任編集『侍従武官長奈良武次日記・回顧録』第四巻、一一五頁。

（15）同右、一一六頁。

(16) 同右、一一六頁。
(17)『原敬日記』一九二〇年一〇月二八日条。この話を原がはじめて聞いたのは、同月二一日の山県との会談においてである。なお同日記一九一二年一二月二日条は、皇太后の「先帝の御戒に女は政事に容喙すべきものに非ず」との言葉を伝えており、皇后等の政治不関与がある種の慣例として成立していたものと思われる。
(18) 伊藤之雄「昭和天皇と立憲君主制」(伊藤之雄・川田稔編『二〇世紀日本の天皇と君主制』吉川弘文館、二〇〇四年)一〇三頁。
(19) 波多野ほか責任編集『侍従武官長奈良武次日記・回顧録』第四巻、一一八頁。
(20) 同右、一二七頁。なお入江貫一『山県公のおもかげ 附追憶百話』(偕行社編纂部、一九二二年、増補再販一九三〇年)中の宮内官二荒芳徳の回想(三一二—三一三頁)も参照。
(21) 平沼騏一郎回顧録編纂委員会編『平沼騏一郎回顧録』(平沼騏一郎回顧録編纂委員会、一九五五年)一一七頁。
(22) 宮中某重大事件に関しては、主に以下の文献を参照した。伊藤之雄「原敬内閣と立憲君主制(一)(二)(三)(四)」(『法學論叢』第一四三巻第四、五、六号、第一四四巻第一号、一九九八年)、渡辺克夫「宮中某重大事件——杉浦重剛の役割」(『日本学園高等学校研究紀要』第六集、一九九二年)、同「宮中某重大事件の全貌」(『THIS IS読売』一九九三年四月号、これは前掲渡辺論文を一般向けに書き改めたもの)、前掲田中「昭和天皇の帝王学」、苅田徹「宮中某重大事件の基礎的史料に関する研究——松平康国手記『東宮妃廃立事件日誌』の解題ならびに紹介」(『拓殖大学論集』第一九〇号、一九九一年)、同「宮中某重大事件に関する基礎的史料の研究——牧野謙次郎『披雲秘記』の解題と紹介」(『政治・経済・法律研究』第六巻第二号、二〇〇四年)、同「宮中某重大事件に関する基礎的史料の研究——佃信夫の手記『皇太子妃廃立事件日誌補遺』の解題と紹介」(『政治・経済・法律研究』第八巻第一・二号、二〇〇六年)、坂本一登「新しい皇室像を求めて——大正後期の親王と宮中」(近代日本研究会編『年報・近代日本研究』第二〇号〈宮中・皇室と政治〉、山川出版社、一九九八年)、大野芳『宮中某重大事件』(講談社、一九九三年)、工藤美代子『香淳皇后と激動の昭和』(中公文庫、二〇〇六年)、高倉徹一編『田中義一伝記』下巻(原書房、一九八一年)、立命館大学西園寺公望伝編纂委員会編『西園寺公望伝』第三巻(岩波書店、一九九三年）第九章、同『西園寺公望伝』第四巻（岩波書店、一九九六年）第一章第一節。なお本章は、利谷「明治憲法体制と天皇」の宮中某重大事件は「山県有朋の薩摩閥に対する権力闘争であるという見方もあるが、大正天皇の病弱にこりた山県の心配から出たものと私は考える」（六二頁）との指摘および伊藤之雄「原敬内閣と立憲君主制（二）」における山県陰謀説への懐疑（一八頁）とを、基本的に継承するものである。

(23)「山県公封事」（高倉『田中義一伝記』下巻、二五七頁）。

(24) 渡辺「宮中某重大事件」五八頁。波多野宮相は、久邇宮家の色盲遺伝問題を婚約手続き当初より承知していた。西園寺によれば、「最初久邇宮王女を皇太子妃に御内定の相談ありし時、波多野宮相に御病気御血統のことを十分に取調べたるやと念を押した」が、「波多野宮相何等其辺に御欠点なしと言ひたるが図らずも今回の問題を生じたり」ということなのであった（『原敬日記』一九二一年二月四日条）。

(25)『原敬日記』一九一九年一〇月一五日条。

(26) 高倉『田中義一伝記』下巻、二二六頁。

(27) 保利博士の意見書は一九二〇年一〇月に提出されるが、仮に六月に調査依頼がなされたとすると、四か月近く間が空くこととなり、他の鑑定依頼の例に比してあまりにも時間がたちすぎている。したがって中村の調査依頼そのものは、九月下旬以降におこなわれたものとも考えられる。ただしその場合、三元老が色盲問題の重大性を認識してから九月までの期間、何も動きがなかったことになり、それ自体がある種謎である。

(28) 渡辺「宮中某重大事件」五九頁、大野『宮中某重大事件』一六三―一六四頁。なお保利博士の名前を「保科」としている文献もあるが、「保利」が正しい名前である。

(29) 久邇宮が一一月二八日に皇后に拝謁しているので、西園寺の辞退勧告はそれ以前におこなわれたものと思われる。

(30) 渡辺「宮中某重大事件」六二頁。

(31) 同右、六三―六四頁、大野『宮中某重大事件』一八一―一八三頁、高倉『田中義一伝記』下巻、二二八―二二九頁。

(32) 一二月一〇日には山県が久邇宮邸を訪れ、直接辞退勧告をおこなっている。
(33) 『原敬日記』一九二一年二月四日、一〇年八月一〇日条。
(34) 一九二〇年一二月一四日に、山県は松本剛吉にたいして「己は密に宮家に伺つて御断りになつたら如何にやと申上げた処が、宮家では迚も己の申上げた位では御聴入れにはならない」(岡義武・林茂校訂『大正デモクラシー期の政治――松本剛吉政治日誌』岩波書店、一九五九年、以下『松本剛吉政治日誌』と略記)と述べている。
(35) 高倉『田中義一伝記』下巻、二三〇―二三三頁。
(36) 同右、二三五―二三八頁。
(37) 同右、二三九頁。ただし『原敬日記』一九二一年二月一〇日条は、中村宮相の話として「久邇宮より御辞退ある事と信じ居たるに、其事なきは、本件に付松方に宮より御下問ありたるに、杉浦の意見御尋ねありたしと云ふに付、杉浦に御下問ありたる処、絶対に御辞退を不可となしたるもの、由にて、夫より久邇宮御態度一変したる趣なり」という異説を伝えている。
(38) 『原敬日記』一九二〇年一二月八、一〇、一四日条。
(39) 同右、一九二一年二月一三日条。
(40) 同右、一九二一年二月一六日条。
(41) 「浪人会宝刀献納祈願式」(今井清一・高橋正衛編『現代史資料4　国家主義運動1』みすず書房、一九六三年)四七二頁。
(42) 岡・林校訂『松本剛吉政治日誌』一九二一年二月一〇日条。
(43) 「山県公封事」(高倉『田中義一伝記』下巻、二五九頁)。
(44) 岡・林校訂『松本剛吉政治日誌』一九二一年二月一〇日条。
(45) 同右、一九二一年二月一五日条。
(46) 同右、一九二一年六月九日条。
(47) 『原敬日記』一九二一年五月二〇日条。

(48)　伊藤隆・広瀬順晧編『牧野伸顕日記』（中央公論社、一九九〇年）一九二一年七月五日頃。
(49)　入江『山県公のおもかげ　附追憶百話』二四六頁。
(50)　たとえば『原敬日記』一九二一年七月五、一〇日、九月一六日、一〇月五日条参照。
(51)　伊藤・広瀬編『牧野伸顕日記』一九二二年六月九日条。同二一年五月一四日条には、伏見宮の「父宮の御辞退は当然の事なり、神様の御血統に不純分子の混入は甚だ宜からず」との、やはり血統を重んじる発言が記されている。
(52)　同右、六月九日条。同二二年五月一六日条は、「今更再び昨春の出来事を繰り返す事は皇室、国家の為めにならず」と、皇太子の結婚についての了解を取り付けようとする牧野にたいして、竹田大妃殿下が「何卒皇后様の方も既往の行掛りを離れて御親しみになり」「将来皇后様と東宮妃殿下との御間柄は是非円満にあるべきものなれば、御結婚も何等わだかまりなく御済せ遊ばされ度ものなり」と語ったと伝えている。
(53)　同右、六月九日条。同二一年九月六日条は、皇太子が外遊中に随行の沢田節蔵に「久邇宮とは自分意見の違ふ事あり。殿下は自分の妻の父君に渉せらるゝに付、他日意見の合はぬ事もありて困まる場合も生ずべし。然しそふ云ふ時は公私の区別を立て処置すれば差支なかるべし」と語っていたと伝えており、皇太子が久邇宮との関係にある種の懸念を抱いていたことを示している。また山県も原にたいして「兎に角近来何もかも皇后陛下に申上ぐる様になり、斯くては或は将来意外の弊を生ぜずとも限らず甚だ憂慮し居れりと」（『原敬日記』一九二〇年一二月八日条）と、久邇宮の皇后への上奏にたいする批判を口にしていたが、こうした山県の態度が杉浦ら久邇宮家側からみれば、山県陰謀論に通じるものとも映じていたのであろう（渡辺「宮中某重大事件」七九―八〇頁参照）。なお工藤美代子『香淳皇后と激動の昭和』は、在日イギリス大使館から英国外務省への電文史料を取り上げ、婚約内定変更騒動は山県と皇后がこの縁談を嫌ったためであるという大使館の分析を紹介している（八五―八七頁）。
(54)　他に『原敬日記』一九二〇年九月二二日条も参照。
(55)　渡辺「宮中某重大事件」九七頁。

(56) 岡・林校訂『松本剛吉政治日誌』一九二一年一一月五日条。
(57) 長文連『原首相暗殺の真相』(三一書房、一九七三年)参照。なお原が残した遺書の日付は、宮中某重大事件の余韻のまだ冷めやらない一九二一年二月二〇日付であった。したがって遺書を認めたことについては、原の当該問題にたいする態度の継続性という観点からも理解してみる必要があろう。
(58) 波多野ほか責任編集『侍従武官長奈良武次日記・回顧録』第四巻、一一七頁。
(59) 「山県公封事」(高倉『田中義一伝記』下巻、二五八頁)、「白仁武への山県公の返書」(『田中義一伝記』下巻、二五四頁)、一九二一年二月四日付「山県公が押川に与へし返書」(『田中義一伝記』下巻、二五六頁)。
(60) 伊藤・広瀬編『牧野伸顕日記』一九二二年五月一六日条の竹田大妃殿下の言葉。
(61) 渡辺「宮中某重大事件」六五―六六頁。
(62) 鈴木正幸『近代天皇制の支配秩序』一九六―一九七頁、渡辺治「一九二〇年代における天皇制国家の治安法制再編をめぐって」(『社会科学研究』第二七巻第五・六号、一九七六年)参照。
(63) 渡辺「宮中某重大事件」六六頁。
(64) 同右、七四、七三、六〇頁。
(65) 伊藤・広瀬編『牧野伸顕日記』一九二二年六月九日条。
(66) 利谷「明治憲法体制と天皇」八一頁。
(67) 「資料解説」(今井・高橋編『現代史資料4 国家主義運動1』)X1iv。
(68) この点に関しては、筆者と視点を異にするものの、西川誠「大正後期皇室制度整備と宮内省」(近代日本研究会編『年報・近代日本研究』第二〇号)も参照。

第2章　裕仁親王の結婚に躊躇する貞明皇后——宮中某重大事件のその後

1　結婚の勅許まで、なぜ長い時間がかかったのか

皇太子裕仁親王（のちの昭和天皇）と良子女王との婚姻をめぐる、いわゆる宮中某重大事件については、これまでにも少なからぬ研究が積み重ねられている。そこにおける事件の語りのクライマックスは、一九二一（大正一〇）年二月一〇日夜、宮内省と内務省が「皇太子妃内定に何等変更なし」との談話を各新聞社に通達し、事態の収束をはかった点におかれている。

それによって事件は、婚約内定の変更を唱えていた元老の山県有朋が敗北し、その政治的影響力に決定的なダメージをうけた、大正政治史上の一大事件として描かれるわけである。

そもそも事件の構図を山県の陰謀とする見方、つまり良子女王の父親である久邇宮邦彦王にたいする悪感情や反感、さらに久邇宮妃の実家が島津家であることからくる反薩派の立場などから、島津家の色盲遺伝の疑いという「微細」な理由をかかげて婚約内定の辞退を迫った、山県の宮中支配

実現のための陰謀とする見方は、事件当時からあり、研究の流れもそうした見方を反映する傾向が多分にあったといえよう。

この点に関しては、史料的には、久邇宮家側の史料に比して、山県側の史料が少ないことも影響しているかと思われるが、他にも、山県にたいする後世の評価や評判の悪さ、また良子女王を皇太子妃にと望まれたのは貞明皇后であり、それゆえ皇后も久邇宮家側にたっていたという理解がなされてきたことなども、事件を私的利害にもとづく山県の陰謀、その凋落のエピソードとすることにつながったものと思われる。

ただし、そうした見方にたいしては、これまでにも異論がなかったわけではない。かつて利谷信義氏は、宮中某重大事件は「山県有朋の薩摩閥に対する権力闘争であるという見方もあるが、大正天皇の病弱にこりた山県の心配から出たものと私は考える」(1)と述べられていたし、最近では伊藤之雄氏が、渡辺克夫「宮中某重大事件の全貌」(2)の説く、山県の宮中支配の回復・維持との関係から宮中某重大事件を理解しようとする構図に疑問を呈され、さらに事件の責任をとって辞任した山県系の中村雄次郎の後任の宮内大臣となった薩派の牧野伸顕の残した記録でさえも、「事件を山県の宮中支配の陰謀との見方をとっていない」(3)と指摘されている(4)。

そこであらためて事件関係の歴史的事実を振り返るとき、大きな疑問として浮かびあがるのは、事件が落着したと思われる一九二一年二月一〇日から、実際に結婚の勅許が下された一九二二年六月二〇日までの間、なぜに約一年四か月もの長きの歳月を要したかということである。

もちろんその間、皇太子の欧州外遊や一九二一年一一月の皇太子の摂政就任という重大な政治的出来事があったことは考慮しなければならない。しかし、摂政就任から数えても約七か月かかっている。ましてや婚約破棄を唱えた山県は一九二二年二月一日に死去し、それを支持した原敬首相も前年の一一月に暗殺されており、正式な結婚決定への障害はなかったのではないかと思われるからである。

そうした疑問から、これまでの史料を読み直してみると、少なくとも二つの点において、あらためてその重要性に気づかされるのである。第一が、山県の主張した純血論の正当性ということであり、第二が、貞明皇后の久邇宮邦彦王にたいする強い懸念と心証の悪さである。

2　純血論の正当性

まず、皇室の血統にいささかなりとも「瑕疵」をいれることは断じて不可であり、病患の遺伝の恐れがあることを知りながら婚儀を進めるのは、臣下として不忠であるとする純血論（血統論、皇統論）については、これまで山県陰謀説の影に隠れて、きちんとした評価や理解がなされてこなかったのではないだろうか。

現在判明している純血論の支持者のなかに、山県系が多いことは事実であるが、しかし西園寺公望、松方正義内大臣の両元老をはじめ、原首相や倉富勇三郎帝室会計審査局長官、白鳥庫吉東宮御学問所御用係主任など、山県系ではない多くの人々も含まれているのである。

さらに『牧野伸顕日記』(5) 一九二一年五月一四日条の伝えるところによれば、牧野が伏見宮貞愛親王にたいして、今後の婚儀の取り扱い方について申しあげたところ、伏見宮が、良子女王の「父宮の御辞退は当然の事なり、神様の御血統に不純分子の混入は甚だ宜からず」という、血統を重んじる発言をした旨が記されている。

このように、皇族のなかにも純血論への支持があったことに留意しなければならない。

そして、その点でもっとも注目すべきは、実は貞明皇后自身も純血論の立場にたっていたということである。『牧野伸顕日記』一九二二年六月九日条によれば、結婚勅許への同意を求める牧野にたいして、皇后がつぎのように述べたと伝えている。

不純分子の皇統に混入する事の恐れ多き事、自分も近眼なるが為め皇子殿下方が御遺伝被遊、実に安き思を為せず、昨年皇太子殿下には御詫したり。昔は種々欠点もありたる事ならんが、已に調べの方法今日の如く明確となりたる以上は知りつゝ黙認する事は心苦しき事なり。乍去已に熟議を遂られ御進行の外なしとの事なれば涙を呑みて勅許被遊止むを得ざるべし。(中略)又一方皇太子殿下も皇統の純潔云々に付ては未だ相当之御心懸なきが如し。此れは今後是非御留意ある様致度し。

我々が此位地を汚し奉るは実に恐多き事にて皇統は不窮にて出来る丈け純潔ならざる可からず。其位にあるものは一時其御位地を御預り致す様のものにて、決して我々の私有にあらず、実に大切に考ふべきものなり。何卒皇太子殿下も此の御心懸けは御怠りなき様御修め被遊度御願致度し。

そもそも国体論の観点からいえば、帝国憲法第一条の「万世一系の天皇之を統治す」と密接にかかわる純血論は、伝統的な正当性をもつ議論である。それゆえ通例であれば、純血論の正当性は揺るがないものであったと思われる。しかし、第一次世界大戦の衝撃による天皇統治の不安定化と大正天皇の病気による事実上の天皇不在という状況においては、「抽象的な国体論やその基礎をなす家族制度論がつよく主張されざるをえない」(6)のであり、そこに家族制度を中核とする社会的道徳的秩序の維持を求める人倫論が、大きな支持を集めた理由の一端があったといえよう。

したがって純血論と人倫論とは、まさに当時の国体論の二側面をあらわすものであったのであり、それゆえいったん両者が対立するとなると、きわめて激しいものとならざるをえなかったのである。まさに純血論の立場にたつ浜尾新東宮大夫が、人倫論を主導した杉浦重剛に述べたように、「倫理問題モ重ケレドモ、血統問題モ亦軽カラズ」(7)なのであった。

いずれにせよ、山県の唱えた純血論には、広く支持される国体論としての正当性があったのであり、皇后自身も個人的にはその立場にたっていたことは、より重視されてしかるべき点だと思われる。

それゆえ工藤美代子氏が『香淳皇后と激動の昭和』のなかで、在日イギリス大使館から英国外務省への電文をとりあげ、婚約内定変更騒動は山県と皇后がこの縁談を嫌ったためであるという、当時の大使館報告の分析を紹介されているが(8)、一件奇異と思われるこの分析が、ある意味では正鵠を得ていたといえるのかもしれない。

3 貞明皇后の久邇宮邦彦王にたいする強い懸念と心証の悪さ

つぎに重視すべきは、やがて皇太子の義父になる久邇宮邦彦王にたいする貞明皇后の強い懸念である。たとえば、一九二一年三月二八日に皇后に拝謁した下田歌子が原首相にたいして、「〔皇后――筆者注〕陛下には色盲云々御心配ある事の外、妃殿下皇族より出らるゝ事なれば、将来の御折合等に付ても御心配の様に拝察したり」と伝えていたが、さらに『牧野伸顕日記』五月九日の条に、皇后に拝謁した波多野敬直元宮内大臣の、つぎのような牧野にたいする興味深い談話が残されている。

皇后様へ拝謁の時御婚儀の事に談及し、久邇宮より直書を御手許に進呈なされたる事に付御話しあり、あれは大夫を以て御返へしする事に取計らひたるが、あゝ云ふ風にては他日皇太子様が御困まりなさる事もあるべし、久邇宮様が御自分様が勝つたと云ふ御態度では宜しからず、皇太子様が御立前に御告別の為め御対顔なされたいと云ふ事もあつた、未だ表向きの発表、御約束にもなつて居らぬのに穏かでないと思ふ、未だ真の御内約であるから御取り消しになれぬ分けでもない云々、と仰せられたるに付、勅許もあつての後の事と存ずるが故に今更御変更の余地はあるまいと思ひますと申上げたるに、皇后様は御勅許のありたる次第ではない、大臣から電話で葉山へ報告の形で中村の発表したるを通知して来たまでの事であると御話しあり。子爵は御勅許はなかつたとしても、中村が彼の時御変更あらせられずと発表した以上、今日之を御止めになる様の事は宜からず、そうなれば此度は国民は陛下に直接其御処置の不当を訴ふる様になり、甚だ憂慮すべき事になります、兎に角御婚儀の事に付ては何れ宮内大臣より適当の時機に申出致すべきに付、夫れまでは何も御話しのない方が御宜かるべし、と申上げたるところ、皇后様は左様かと仰せられたる由。

すなわち、皇后は良子女王との婚約内定の取り消しを考えるほど、宮中某重大事件等における久邇宮の一連の態度を不適当なものとし、快く思っていなかったのである。とくに前年一一月二八日におこなった婚約内定辞退の事実上の拒絶を伝える皇后への久邇宮の異例の上奏が、皇后の心証の悪さの決定的なきっかけとなっていたのである。

それゆえ一九二二年六月九日に、正式に皇太子との婚約を認めるに際しても、「久邇宮殿下の御態度今少し御謹慎被為べきものと考ふ。愈々御進行被為候以上は此点に付十分御自覚あり度切に希望す」との思いを、再三牧野宮相に伝えていたのであった。牧野自身が「此御思召は再三御言及遊ばされ深く御念慮を奉煩居る事を拝す」と記していたように、皇后自身の久邇宮にたいする懸念と心証の悪さには、このようにきわめて強いものがあったのである。

しかも、そうした皇后の思いは、他の皇族方にも察知されていたようである。たとえば、一九二二年五月一六日条の『牧野伸顕日記』は、「今更再び昨春の出来事を繰り返す事は皇室、国家の為めにならず」と、皇太子の結婚についての了解を取り付けようとする牧野にたいして、人倫論に理解を示す竹田大妃殿下が「何卒皇后様の方も既往の行掛りを離れて御親しみになり」「将来皇后様と東宮妃殿下との御間柄は是非円満にあるべきものなれば、御結婚も何等わだかまりなく御済せ遊ばされ度ものなり」と語ったと伝えているのである。

他方、皇后にみられる久邇宮にたいする懸念は、角度こそ違うものの、原や西園寺にも共通する思いであった。すでに一九二〇年一二月一八日に、久邇宮の挙動は穏当でない旨、松岡均平に注意していた原であったが、さらに婚約変更反対運動が激しさを増していた一九二一年二月四日に、西園寺と会談した際、「皇室の将来を考ふるに久邇宮外戚を以て何かに干渉なきを保すべからず、而して又之に所謂薩派が跡押をなす様のことありては、皇室国家の為めに由々しき大事を生ぜんも知るべからず」と、皇族である久邇宮が将来皇太子の義父となり、大きな影響力をもちうることにたいする懸念と、同時に背後に控える薩派の政治的影響力の増大による憲政上の弊害への危惧とを、

「杞憂に過ぎたることながら如何にも心配の次第なり」と物語っていたのであり、西園寺もそれにたいして「極めて同感」を示し、「杞憂に過ぎざれば夫迄なれども痛心の至りなり」と応じていたのである。

なお『牧野伸顕日記』一九二一年九月六日条は、皇太子が外遊中に随行の沢田節蔵にたいして「久邇宮とは自分意見の違ふ事あり。殿下は自分の妻の父君に渉せらるゝに付、他日意見の合はぬ事もありて困まる場合も生ずべし。然しそふ云ふ時は公私の区別を立て処置すれば差支なかるべし」と語っていたと伝えており、皇太子も久邇宮との関係については、ある種の懸念を抱いていたようである。

4　婚約破棄を模索する原首相

ところで、原が事件後も、婚約の破棄を模索していたことは知られているが、原のそうした姿勢の背景には、もとより純血論の正当性にたいする確信のみならず、以上に述べてきた貞明皇后の、皇太子と良子女王との結婚へのためらいという事実があったことを指摘することができる。

皇太子外遊中の七月三一日に、原は山県に「本件〔結婚問題――筆者注〕は何等決定したる事あるに非ず、故に之が解決は他日必要ならんが、果して殿下摂政となるゝものとせば其上にて裁断を仰ぐべく、又皇后陛下の思召を承りて解決する事至当の順序なり」と語り、それにたいして山県が

「皇后陛下の思召は如何」と尋ねると、原は「判然承知せざれ共、御賛成には之なき様なりと拝察す」と答えていたのである。

したがって政治的影響力を後退させた山県に代わり、宮中某重大事件後は原首相が婚約の破棄を模索していたのであり、それは皇太子の摂政就任とも絡む、たんなる婚姻以上の意味を内包する問題でもあったのである。

皇太子の結婚勅許には、このように事件後も大きな障害が横たわっていたのであり、少なくとも原首相の存在と摂政就任問題、貞明皇后の純血論へのこだわりと久邇宮への心証の悪さなどが、皇太子の正式な結婚の勅許を長引かせる大きな要因となっていた。宮中某重大事件は、たんなる山県の陰謀論を超えた、より大きな広がりをもつものとして理解する必要があるのである。

(1) 利谷信義「明治憲法体制と天皇」(『法学新報』第八三巻第一〇―一二合併号、一九七七年)六三頁。
(2) 『THIS IS 読売』一九九三年四月号所収。
(3) 伊藤之雄「原敬内閣と立憲君主制(二)」(『法學論叢』第一四三巻第五号、一九九八年)一八頁。
(4) 比較的最近の文献としては、浅見雅男『闘う皇族』(角川書店、二〇〇五年)を参照。
(5) 伊藤隆・広瀬順晧編『牧野伸顕日記』(中央公論社、一九九〇年)。
(6) 利谷「明治憲法体制と天皇」八一頁。
(7) 猪狩史山、杉浦重剛校閲「申酉回瀾録」。
(8) 工藤美代子『香淳皇后と激動の昭和』(中公文庫、二〇〇六年)八五―八七頁。

第3章　昭和天皇の二度にわたる田中首相叱責と鈴木貫太郎

――満州某重大事件をめぐって

はじめに

筆者は先年、「昭和戦前期の鈴木貫太郎」と題するお話を、千葉県の野田市役所においてさせていただいた。貫太郎自身は、父親の仕えた関宿藩（千葉県）の飛地和泉国（大阪府）久世村の生まれであるが、明治維新の変動にともない、幼少時の一時期を家族とともに郷里の関宿町で過ごしている。そして戦時の宰相として日本を終戦に導いたのち、貫太郎が終焉の地としたのが関宿町であった。その関宿町が、二〇〇三（平成一五）年に野田市に編入されたため、現在では野田市が貫太郎終焉の地ということになる。

ところで、その講演を機に(1)、あらためて貫太郎の侍従長としての仕事ぶりに興味をもち、引きつづき関連史料を読みすすめたが、その過程で、一九二九（昭和四）年六月末に、田中義一首相が昭和天皇の叱責を受けて辞職に追い込まれた著名な事件をめぐり、これまでの研究ではあまり注目されてこなかったある事実に気がついた。それは、田中首相への叱責が、実は二日にわたって、二度おこなわれていたという事実である。

すなわち、六月二七日の昭和天皇による直接的な叱責だけでなく、その翌日になされた鈴木貫太郎侍従長をとおしたいわば間接的な叱責を含めると二度あり、これまでの研究では、そうした事実そのものに重大な関心が寄せられてこなかったのではないかということである。

それでは、六月二八日に何が起きていたのか。本章では、この点をめぐる関係史料の検討をおこない、それをとおして事実経過の確認と鈴木侍従長の果たした役割について明らかにすることにしたい。

1　田中義一首相にたいする二度の叱責——六月二七日と二八日

まず、田中叱責事件を伝えるこれまでの代表的な史料である『小川平吉関係文書』には、田中首相が小川鉄道大臣に語った、六月二八日の鈴木侍従長と田中首相とのやり取りが、つぎのように記されている。(2)

今日〔二八日――筆者注〕宮中にて侍従長に面会す。侍従長聖旨を伝へて曰く、昨日の上奏は前の上奏と矛盾せり、それのみならず他にも矛盾の事少なからず云々と。（中略）依て予（首相）は拝謁の上御説明申上たき旨を要求せるに、侍従長は、陛下は御説明は聴し召されずとの思召なりと答へたり。依て予（首相）は事此に至ては最早御信任の欠乏なり、又何をか云はん、予は謹んで辞職すべきのみと述べて退出し、直ちに電話にて閣議開催を命じ、其足にて西園寺公を訪ひ、宮中の顚末を述べ、辞職の決心を告げたるに（後略）

また昭和天皇の逝去後に公表された日記（六月二八日条）で、河井弥八侍従次長も当日の様子を、つぎのように伝えている(3)。

一時三十分、首相は侍従長の求に依り来訪す。侍従長、陛下の御真意を伝ふ。首相は又、其苦衷を述ぶ。（一）処置変更の已むを得ざるを上奏せざりしを遺憾とす。（二）首相の初志変更の事由を述べ、遺憾とす。（三）昨日、陛下の御真意を拝察せり。（中略）尋で西公を訪ひ、且、四時臨時閣議を召集す。

このようにこれらの史料からは、六月二七日に張作霖爆殺事件（以下、満州事件と表記）の責任者処分問題を奏上して昭和天皇の叱責を受けた田中首相が、翌二八日に鈴木侍従長からわざわざ呼びだされて、あらためて天皇の「御真意」（「聖旨」）を伝えられ、さらに直接ご説明申しあげたいという田中の願いも前日同様、ふたたび「思召」として拒否されていたのであり、それを受けて田中首相が即座に辞意を固めたという重大な事実関係が明らかとなるのである。つまり田中は、天皇からの直接的叱責を受けた二七日に、ただちに辞職を決意し、元老や閣僚等に告げていたわけではなかったのである。

さらに田中首相が辞意を表明したことを受けて、二九日に元老の西園寺公望と面談した小川平吉鉄相が、つぎのように語っていた点にも注意すべきであろう[4]（傍点筆者、以下同様）。

予は昨日〔二八日――筆者注〕首相に対して輔弼の重責を竭す為めに飽まで問題の御説明を申上ぐべきやう切言したれども、首相も説明の希望を述べたるに、首相に対し、再度まで説明を聴かずと仰せありてはもはや首相としては是非もなき事なり

すなわち小川も、首相の説明を聞く必要なしとする昭和天皇の田中不信任の意志表明（叱責）が二度にわたりなされていたとの認識を、西園寺に示していたのである。

このように、六月二八日の鈴木と田中との面会は、田中内閣瓦解の経緯を考察するうえで、すこぶる重要な意味をもつ出来事であった。いうまでもなくそれが、田中首相に辞職を決意させる、直接的かつ最後のきっかけとなったからである。もちろん田中は二七日の叱責後、内々には辞職の覚

悟をしていたが、二八日の面会によって、まさに止めを刺される格好になったのである。

しかしこれまでの研究では、二八日の鈴木・田中の面会に言及するものはあったものの、その意味するところの重大性にまでおよんだものはなかった。それは、なぜであろうか。

2　六月二八日の叱責の重要性が見過ごされてきた理由

その点を考えるうえで、ここで注目したいのは、まず当該事件を伝える史料の問題である。たとえば、従来もっともよく使われている史料である『西園寺公と政局』は、どのように伝えているのであろうか。引用がやや長くなるが、それはつぎのとおりである(5)。

陛下には最初に「この事件の犯人は日本の陸軍の者であるやうでございます」と申上げたので、「国軍の軍紀は厳格に維持するやうに。」といふ意味のお言葉があつたのだが、その後各方面の情報によりますく〳〵犯人が帝国の軍人であつた事実即ち当然軍法会議にかけられるべき性質の内容を有する事件であつたことが明瞭になつて来た。それにも拘はらず、この事件を犯人不明としてその責任者を単に行政処分で終らせたといふことは、帝国の陸軍の綱紀を維持する所以でないといふことを御軫念になり、田中総理に対し、「お前の最初に言つたことと違ふぢやないか。」と言つて奥に入られてから、鈴木侍従長に向つて、「田中総理の言ふことはちつとも判らぬ。再びきくことは自分は厭だ。」と言はれたのを、侍従長もまだ就任早々で慣れないから、その陛下のお言葉をそのまま総理に言つたので、田中総理は涙を流して恐懼し、即座に辞意を決して総辞職を決行し、田中内閣は遂に倒れた。

また鈴木自身はその回顧録のなかで、つぎのように述懐している。これもやや長いが、引用する。(6)

田中内閣の辞職の問題は私が侍従長になる前からの起こりで、あの事情は、田中総理大臣から張作霖を殺したのは日本の陸軍の将校がやったので、これに対して厳格な処置を軍法会議に付さなければなりませんということを上奏している。

その事柄を西園寺さんや牧野さんにも話してあった。ところがそれを実行することに対して田中総理は非常に骨を折ったのであるが、当時の内閣諸公が、そうすると日本陸軍の名誉を傷つけるということになり日本の国辱になるから荒ら立てずに片付けねばならんと、田中君の決心に対して反対された。そのために田中総理大臣の意見は陸軍および内閣諸公によって阻まれて実現することができないでいた。そのうちに反対党の民政党から張作霖事件の実情を話せとしきりに迫った。そこで白川陸軍大臣は、いわばあれは支那人がやったので日本の陸軍がやったのではない、しかしその駐在軍の権域内で起こったことであるから、ここの駐在武官は行政処分するといったようなことでもって議会に臨もうとした。そしてそのことを、陛下に、白川君からその事情を上奏した。

そこで陛下は、先に総理大臣が上奏したこととまったく違った上奏を陸軍大臣がしたので、田中総理の拝謁の際にその両人の上奏の喰い違いを詰問されたので、田中さんは恐懼して御前を退下してから、そのことを私に話された。そして自分は辞職するということをいわれたけれども、それに対して、ただ侍従長としてなんら返事することはできない。真に気の毒なことと思っておったのです。もちろん総理の上奏に対しては、侍従長は侍立したのではない。陛下と総理とのご対談の様子は自分には少しも判らん。ただ総理の決心の事実を内々に私に話されたのであった。

このように、二つの史料に共通するのは、天皇の直接の叱責から田中首相の辞職の最終的決断にいたるまでが、事実としては二日にわたるにもかかわらず、あたかも一日の出来事のように記されているということである（なぜそうなのかという問題については、ここでは触れない）。研究者はおそらく、いわばその語りに幻惑されて、結果として『小川平吉関係文書』の先の記述に、さしたる注意を払ってこなかったのではないかと思われる。

またそれは、それらの史料をもとに形成されてきた田中叱責事件に関するかつての通説、すなわち、「不用意」な叱責という若き昭和天皇の「若気の至り」と、就任後間もない鈴木侍従長の「不慣れ」な取次ぎという二つの側面に重きをおく、ある種偶発的な事件として理解されてきたこととも無関係ではないように思われる。

仮に偶発的な出来事とするならば、天皇の叱責が二日間にわたり二度おこなわれ、しかも侍従長をとおしてわざわざ止めを刺しにいったなどということは、およそありうべからざることになるからである。

さらに昭和天皇自身も、その逝去後に公表された「昭和天皇独白録」において、事件をつぎのように回顧しており、それ自体はこれまでの通説に整合的な語りでもあったのである。(7)

この事件の首謀者は河本大作大佐である、田中〔義一〕総理は最初私に対し、この事件は甚だ遺憾な事で、たとへ、自称にせよ一地方の主権者を爆死せしめたのであるから、河本を処罰し、支那に対しては遺憾の意を表する積である、と云ふ事であつた。そして田中は牧野〔伸顕〕内大臣、西園寺〔公望〕元老、鈴木〔貫太郎〕侍従長に対してはこの事件に付ては、軍法会議を開いて責任者を徹底的に処罰する考だと云つたそうである。

然るに田中がこの処罰問題を、閣議に附した処、主として鉄道大臣の小川平吉の主張だそうだが、日本の立場上、処罰は不得策だと云ふ議論が強く、為に閣議の結果はうやむやとなつて終つた。

そこで田中は再ひ〔び〕私の処にやつて来て、この問題はうやむやの中に葬りたいと云ふ事であつた。それでは前言と甚だ相違した事になるから、私は田中に対し、それでは前と話が違ふではないか、辞表を出してはどうかと強い語気で云つた。

こんな云ひ方をしたのは、私の若気の至りであると今は考へてゐるが、とにかくそういふ云ひ方をした。それで田中は辞表を提出し、田中内閣は総辞職をした。

しかし他方、「昭和天皇独白録」以外にも、昭和天皇の逝去後に元側近奉仕者の日記（たとえば牧野伸顕内大臣の日記、岡部長景内大臣秘書官長の日記、河井弥八侍従次長の日記、奈良武次侍従武官長の日記・回顧録）が数多く公表され、史料状況が一変したことによって、実は今日では、これまでとは異なる事件像が浮かびあがってきている。

すなわち、昭和天皇と鈴木侍従長の言動は、けっして個人的レベルの偶発的なものではなく、天皇側近のほぼ一致した合意、つまりこの事件を機に内閣が倒壊してもやむをえないという明確な意志にもとづくものであったという事件像である。「ほぼ」というのは、最後の局面において、いったんは了承していた元老の西園寺公望が実際にとられた対応に難色を示し、しかも後日、牧野と鈴木を批判さえしていたからである。

いずれにせよ、元側近奉仕者の史料が新たに公表され、宮中内の様子がいっそう詳らかになることによって、田中叱責事件の本質が、たんなる食言や責任者処分の是非を問うという側面よりも、むしろ昭和天皇と牧野内大臣たちの田中首相にたいする積りつもった不満と不信感、すなわち以前から天皇への言上に際して「違変」の多かった田中首相の言動への不信感と首相としての資質そのものへの疑念に根ざすものであったことが明らかとなったのである。

そして、そうした観点からあらためて史料を読み直し、事件を再考してみると、とくに最後の局面で果たした鈴木侍従長の役割の大きさが、あらためて浮かびあがってくるのである。

3 二度目の叱責の背景と鈴木侍従長の役割——天皇・侍従長・内大臣の合意

それではなぜ、昭和天皇と牧野や鈴木たち側近は、田中首相の息の根を止めるという異例の行動に走ったのであろうか。小川鉄相が「抑も陛下が寸分の隙間なく、かくまで急速に首相を追窮せられたるは、宮中に如何なる力の如何に働らきたるや(8)」と宮中の倒閣の動きを鋭く喝破し、批判していたように、彼らが当初より、そこまでのあからさまな行為にでることを考えていたかどうかはわからない。しかし少なくとも、六月二七日の拝謁後の田中首相の言動が、そうした行為に彼らを駆り立てたことは、ほぼ間違いのないところかと思われる。

なぜなら、二八日の田中にたいする鈴木の言動は、実はその日午前になされた昭和天皇と鈴木侍従長、そして牧野内大臣という三者の間の、天皇の「御真意」を再度伝えるという合意を受けてのものであったからである。

すなわち、河井日記によれば、二八日午前、鈴木は天皇に拝謁し、「昨夕陸相の訪問に接し、首相が陛下の御意思を誤解せるが如き点を指摘したる旨を奏上」し、かつ「侍従長より首相に対し、陛下御真意の存する所を通ずべく（其方法は内大臣と協議す）、陛下の御内諾を得」、その後ただちに牧野との協議がなされていたのである。(9)

ではなぜ、そうした三者による合意がなされなければならなかったのであろうか。それは詰まるところ、先の河井日記の伝えるところによれば、拝謁の際に示された「陛下の御意思」を、田中首相が「誤解」しているのではないかと、鈴木が疑念をもったためであった。

その点をさらに理解するために、拝謁後の基本的な事実関係を、鈴木を軸にあらためて整理することにしたい。

まず田中首相は二七日の拝謁直後、控室で鈴木侍従長と会談している。そこで田中は「憂色を帯び拝謁の不始末を洩(10)」らし、「懇々之を弁明」している。そして「陛下に間接に説明申上げてくれとの依頼(11)」を鈴木にするとともに、「陸相よりの言上不十分なりし為め陛下の御納得を得ざりしを遺憾とする口気を発」し、「陸軍側に責任あるやの意向(12)」を述べ、「何れ又委細は陸軍大臣より奏上さすべし(13)」と述べたうえで、宮中を退出している（したがってこの時点では、田中は鈴木にたいして辞意を告げておらず、『鈴木貫太郎自伝』の語りは不正確である）。

ところがその晩、鈴木は訪れた白川義則陸相から、陸相の言上が不十分なためお聴き届けになれなかったと、白川が田中首相より非難されたと聞かされ、それにたいして鈴木は、つぎのように答

えている。(14)

夫れは田中総理の誤解なり、陸軍の問題にあらず、本件に関する田中の前後に於ける態度の豹変、其れに付是迄一回も止むを得ざる事情を上聞したる事さへなく、突如陸軍の事として申上げたる事、又最近宮田警視総監の進退に付、直ちに処分致しますと傷が附きますからすぐには致しませんと申上げ乍ら、内部の事情に迫られ手の腹を返へすが如く依願免官を内奏し、其外類似の事例重さなり来り、陛下には固より寛容に御看過被遊たるも、満州問題は重大なる事件にて前後の事情余まり顕著なる杜撰さに叡慮の一端も洩れたる事なるべく、首相誤解ありとすれば之を解け置く可然(後略)

すなわち鈴木は、それは「田中総理の誤解」であり、「陸軍の問題」ではない。満州事件の処理に関する田中首相の「前後に於ける態度の豹変」があり、それについてはこれまでにも「止むを得ざる事情を上聞」する機会があったにもかかわらず、それをせず、「突如陸軍の事として申上げたる事」が問題なのであって、天皇はもとより「寛容」であるが、「満州問題は重大なる事件」であり、首相のあまりにも「顕著なる杜撰さ」に「叡慮の一端も洩れた」のである、と述べたのであった。

こうした鈴木の説明に陸相は驚愕し、翌二八日午前の閣議前に田中首相にその話を告げたところ、田中は「自分も或は然らんかと恐察し居りたり」とあらたまった調子で述べ、さらに「総辞職の決心なりと断言」したのであった[15]。

このように、鈴木としてはおそらく、白川陸相から田中首相へと伝わることを念頭におきながら、天皇の言葉の「御真意」を白川に説いたものと思われる。そして白川の話は鈴木の思惑通り、田中の辞職へ向けての心の動きを後押しすることになったのであり、その意味で、鈴木の白川への説明は、田中叱責事件上、きわめて重要な意味をもっていたのである。

しかし、天皇の「御真意」を田中に伝えることに関して、鈴木はさらに思いをめぐらしていた。先に述べたように、翌二八日午前、鈴木は天皇に拝謁し、昨晩の陸相の訪問に際して、田中首相が「陛下の御意思を誤解せるが如き点」を陸相に指摘した旨を奏上し、さらにあらためて侍従長より首相にたいして「陛下御真意の存する所を通ずべく（其方法は内大臣と協議す）、陛下の御内諾を得」たのであった。

そして午前一〇時半に、鈴木は牧野と河井に面会し、やはり陸相来訪時の対談の要領などを話している。おそらくこの時か、もしくは河井が退席した後に、鈴木は天皇に内諾をえた件を牧野にはかり、協議を遂げたものと思われる。

以上みてきたように、田中首相の「誤解」を知らされた鈴木は、白川陸相をとおして天皇の言葉の「御真意」を田中に伝えようとしたが、田中の性格等を考えるとそれだけでは不十分で、「御真意」が正確に伝わらない恐れがあるため、鈴木みずからが直接田中首相に伝えることをさらに決意し、天皇と牧野の了解をえたうえで実行しようとしたのである。

このように田中の「誤解」（後述の奈良武次によれば「解せざりしか或は解せざる風を装ふてか」）を深く憂慮した鈴木は、きわめて能動的に動こうとしていたのである。

他方、こうした鈴木の動きを、さらに加速させる事態が起きた。それが、同じ二八日午前一一時二〇分に、白川陸相によりおこなわれた満州事件の行政処分関係の人事奏上にたいする昭和天皇の激怒であった。奈良武次侍従武官長はその日記に、この間の経緯をつぎのように記している。(16)

元来前日〔二七日——筆者注〕田中首相該事件発表に関し奏上の際、陛下より責任を取るにあらざれば許し難き意味の御沙汰ありし由、然るに首相は解せざりしか或は解せざる風を装ふてか、白河〔白川〕陸相に勧め責任者処分の件を内奏せしめたるため逆鱗に触れ、事頗る面倒に立至れり。

また奈良は、その回顧録において、さらに詳しくつぎのように述べている。(17)

六月二八日白川陸相拝謁（中略）処分を内奏せり、陛下は之に対して御咎めあらせられざりしも田中首相此前の本事件処理内奏のとき関東軍司令官のみの責任に帰し之を行政処分せんとする曖昧なる態度に付き陛下は大に御不満を抱かせられ、軍司令官以下法的処分を行ひ関係上司も其責任を明にするやう仰せられたる由なるも、首相は之を理解せざりしか或は理解せるも尚理解せざる風を装ふてか関係上司たる自らは責任を取らず白川陸相にも責任を取らしめず唯軍司令官以下の行政処分を内奏せしめたるより逆鱗に触れたり

すなわち天皇は、田中首相に前日、首相と陸相の責任を明示するよう求めたにもかかわらず、その要求がなんら反映されないまま行政処分案のみが奏上されてきたことに、あらためて怒りをあらわにしたのである。

こうして昭和天皇の「逆鱗」を受けて、鈴木侍従長は「恐懼措く能はず」となし、すでに天皇・内大臣との三者間で合意されていた鈴木による田中首相への「御真意」の伝達が、さらに急がれることになったのである。そこで前日の田中の拝謁時間と奇しくも同じ時刻である午後一時半、(18) 鈴木はさっそくに田中首相の参内を求めて「陛下逆鱗の旨」を伝え、(19) 小川鉄相いうところの「寸分の隙間なく、かくまで急速に首相を追窮」することになったのである。

おわりに

こうして、鈴木侍従長から天皇の「逆鱗」の様子とその「御真意」を聞かされた田中首相は、辞職の決意を即座に固めたのであった。すでにみたように、田中は二七日に拝謁の際、「責任を取るにあらざれば許し難き意味の御沙汰」[20]をすでに受けており、そうした天皇の叱責と合わせると、本章の冒頭で指摘したように、田中は二度にわたって天皇の叱責を受けていたのである。一度目は、二七日に直接天皇から、二度目は二八日に、鈴木をとおして間接的に。そしてさらにいえば、その間に、田中は天皇の言葉の「御真意」を、鈴木の説明を受けた白川陸相からも聞かされていたのである。

六月二九日、田中首相から鈴木侍従長にたいして、内閣総辞職の決心が電話で直接伝えられた。それを聞いた牧野内大臣たち天皇側近は、一同「喜色」に包まれた。その喜々とした様子を伝える史料には、これまで田中首相の言動に悩まされ、辟易としてきた牧野たちの晴れ晴れとした心情が如実にあらわれていたのである[21]。

ただし、先にも触れたように、元老の西園寺公望はその立場を異にしていた。彼はまず二九日に、訪ねてきた小川鉄相にたいして、田中内閣が「悪政なりと断ずるは何を以て標準とするや、何人が之を決定するや、危険なることなり。然れども彼等は予の説の如きには耳を仮さゞるなり。予は力足らざりしなり」[22]と、牧野と鈴木の倒閣の動きを痛烈に批判した。

さらに七月九日には、岡部長景内大臣秘書官長にも、つぎのように牧野と鈴木にたいする批判を展開した[23]。

内閣更迭の件に及ぶや、公爵は御下問に奉答して自分より間接に総理に勧告する途もありたるに、過日の行方はまづかりしが此様なことは度々ありては大変にて、今度のことは侍従長が御言葉を其儘総理に内話したる訳にて総理が之れを閣僚に漏らすとは心外のことなるが、内府、侍従長等の人物はあれ位のものなるべしと可なり酷評までして居られた。

すなわち西園寺は、「御下問に奉答して自分より間接に総理に勧告する途もありたる」と、田中へのより穏便な対処の仕方があったと述べたうえで、「過日の行方はまづかりし」「内府、侍従長等の人物はあれ位のものなるべし」と、牧野と鈴木にたいするかなりきびしい批判を展開していたのである。

ただしその際、とくに注意すべきは、「今度のことは侍従長が御言葉を其儘総理に内話したる訳にて」と、天皇の言葉を伝えた鈴木侍従長の取次ぎの仕方に批判の矛先を向けていたことである。すなわち、先に引用した『西園寺公と政局』の事件の語りが、いち早くここに示されているのである。

このように西園寺は、一方では、牧野と鈴木の倒閣を意図した動きを痛烈に批判しながら、他方では、田中辞任の原因を「侍従長もまだ就任早々で慣れないから、その陛下のお言葉をそのまま総理に言つた」という不慣れな鈴木侍従長の取次ぎに帰する、いわば鈴木の失態による偶発的事件という言説を流布させていたのである。なぜ西園寺がこのようなかたちで田中叱責事件を語ったのかについては、さらなる検討が必要であるが、ここではその事実のみを指摘して、ひとまず稿を閉じることにしたい。いずれにせよ、後世の歴史家が、老練な西園寺の語りに幻惑されたことも、故なしとしないのである。

(1) 鈴木の侍従長就任までの半生については、黒沢文貴「鈴木貫太郎——その人と生涯（上）」（『野田市史研究』第二〇号、二〇〇九年）参照。なお本章に密接に関係する文献として、同「鈴木貫太郎——その人と生涯（2）」（『野田市史研究』第二一号、二〇一一年）も併せて参照されたい。
(2) 小川平吉文書研究会編『小川平吉関係文書』1（みすず書房、一九七三年）六二二—六二三頁。他に同書、六三七頁も参照。
(3) 高橋紘・粟屋憲太郎・小田部雄次編『昭和初期の天皇と宮中』第三巻（岩波書店、一九九三年）一一一頁。
(4) 小川文書研究会編『小川平吉関係文書』1、六三三—六三四頁。
(5) 原田熊雄『西園寺公と政局』第一巻（岩波書店、一九五〇年）一〇—一一頁。
(6) 鈴木一編『鈴木貫太郎自伝』（時事通信社、一九六八年）二五四—二五五頁。
(7) 寺崎英成、マリコ・テラサキ・ミラー編著『昭和天皇独白録　寺崎英成・御用掛日記』（文藝春秋、一九九一年）二二—二三頁。
(8) 小川文書研究会編『小川平吉関係文書』1、六三三頁。
(9) 高橋・粟屋・小田部編『昭和初期の天皇と宮中』第三巻、一一〇—一一一頁。
(10) 伊藤隆・広瀬順晧編『牧野伸顕日記』（中央公論社、一九九〇年）三七七頁。
(11) 尚友倶楽部編『岡部長景日記』（柏書房、一九九三年）一四二頁。

(12) 伊藤・広瀬編『牧野伸顕日記』三七七頁。『昭和初期の天皇と宮中』第三巻、一一一頁。
(13) 尚友倶楽部編『岡部長景日記』一四二頁。
(14) 伊藤・広瀬編『牧野伸顕日記』三七七―三七八頁。
(15) 同右、三七八頁。
(16) 波多野澄雄・黒沢文貴責任編集『侍従武官長奈良武次日記・回顧録』第三巻（柏書房、二〇〇〇年）一四〇頁。
(17) 波多野澄雄・黒沢文貴・波多野勝責任編集『侍従武官長奈良武次日記・回顧録』第四巻（柏書房、二〇〇〇年）一五二頁。
(18) 六月二七日の田中首相の天皇への拝謁も、二八日の鈴木との面会も、ともに午後一時半である。この事実が、当該事件の語りや考察に関係するのかどうかについては、さらなる検討が必要である。
(19) 波多野・黒沢責任編集『侍従武官長奈良武次日記・回顧録』第三巻、一四〇頁および同右第四巻、一五二頁。
(20) 昭和天皇が六月二七日に、田中首相にたいして実際にどのような発言をしたのかについては、必ずしも明らかではない。「昭和天皇独白録」が「辞表を提出してはどうかと強い語気で云つた」と伝えるような、首相の責任云々にかかわる発言をしたとする記述は、他の史料としては奈良武次の日記と回顧録だけであり、牧野や岡部の日記にはそこまで踏み込んだ発言をうかがわせる記述はない。しかし、満州事件をめぐる昭和天皇の田中首相への発言如何のそもそもの発端が、天皇の「責任を取るか云々の御反問」（『牧野伸顕日記』三五九頁）を首相にしたいという思召からはじまり、牧野のそれを「御尤も」とする考えが鈴木侍従長の内聞として天皇に伝えられ（『牧野伸顕日記』三六二―三六三、三六五頁）、その後も牧野たちがその方針を堅持したという事実関係からすれば、首相の責任云々の発言を天皇がしたとみるのが妥当であろう。ただし、そうした事実が宮中外に洩れることには、事が重大であるだけに注意しなければならず、そうした点から牧野と岡部はその日記に、天皇が責任云々の発言をしたことを、あえて記さなかったという推測も成り立つかもしれない。それはある意味では、西園寺が鈴木の不慣れな取次ぎを強調する発言をしていることと符合するのかもしれない。

しかし、六月二七日午前におこなわれた牧野、鈴木、一木喜徳郎宮相の首相拝謁へ向けての三者協議の結論を、仮に『岡部長景日記』（二四一頁）が過不足なく伝えているとすると、天皇の「責任を取るか云々の御反問」の記述がないため、責任発言を可とする従来の方針が、土壇場で取り止められたとみることもできよう。もし仮にそうだとするならば、それは西園寺の突然の反対を考慮してのことであったと思われる。ただ、（一）天皇の対応によって田中内閣が倒壊しても構わないという牧野たちの方針に変化はなく、実際に天皇の叱責を受けて内閣が総辞職していること（つまり、もし西園寺の反対を考慮したのならば、政変も辞せずとの方針そのものの変更になるということ）、（二）「昭和天皇独白録」と奈良武次の日記・回顧録の記述が虚偽ということになるが、少なくとも奈良には、わざと間違った記述をする理由がまったくないこと（むしろ、そうした機微にわたる事項は、人によっては記述しない可能性が高い）などの諸点を考慮するならば、やはり天皇による責任云々の発言があったとみる方が自然なのではないかと思われる。岡部日記は、その点を正確に伝えていないのである。

なおその場合でも、実際の天皇の発言がどうであったかについては定かではない。しかし「昭和天皇独白録」に従えば、「責任」云々の意味内容が、発言した昭和天皇にとっては、直接「辞表」という表現を使わなかったとしても、少なくとも辞表の提出を意味していたということはいえよう。つまり、天皇が発したのは、「辞表」という直接的な言葉ではなく、「責任」云々という言葉であったろうが、少なくとも天皇にとってそれは、「辞表」の提出を意味する強い言葉であったと思われる。

(21) 尚友倶楽部編『岡部長景日記』一四二—一四三頁、伊藤・広瀬編『牧野伸顕日記』三七八頁。

(22) 小川文書研究会編『小川平吉関係文書』1、六三四頁。

(23) 尚友倶楽部編『岡部長景日記』一四五—一四六頁。

第4章　昭和天皇の浜口首相にたいする好意的思召
――官吏減俸問題をめぐって

1　浜口雄幸首相による官吏減俸案の提議

一九二九（昭和四）年七月二日に成立した浜口雄幸内閣は、外相に復帰した幣原喜重郎の国際協調外交と、井上準之助蔵相の財政緊縮政策とを内外政策の柱とする内閣であった。内閣は翌一九三〇年一月を期して金解禁を実施し、日本経済を金本位制に復帰させて国際経済に直接リンクさせ、それによる為替相場の安定をとおして国際収支の均衡をはかることをめざしたが、そのためにも必要なのが、英米との協調と財政緊縮であった。そこで後者の一環として、組閣後早々にもくろまれたのが、官吏の一割減俸案であった。

すなわち政府は、財政上の難局を乗り切るため、まず緊縮方針にもとづく一九二九年度実行予算を作成して相当額の削減をおこなったが、さらに一九三〇年度予算の編成にあたり、官吏俸給の減額を企図したのである。年額一二〇〇円以上の高等文武官の俸給の一割減、月俸一〇〇円以上の判任文官の若干の減俸、そして在勤俸の減額を、一九三〇年一月からおこなうという案を、一〇月一五日に閣議決定し、ただちに首相がその理由声明を発したのである。

浜口首相や井上蔵相にしてみれば、そうした官吏の減俸をおこなうことによって政府が財政緊縮の範を国民に示し、国民もまたそれにこたえて消費節約に邁進し、財政経済の建て直しに協力してもらいたいという意図を込めてのものであった。そして浜口は、その決意のほどを示すかのように、翌一六日、「官吏減俸実行ノ旨」(1)を昭和天皇に言上したのである。

2　減俸案への激しい反対と撤回

ところが、減俸案が公表されると、たちまち司法官や鉄道省官吏、海軍軍人をはじめとする各省官吏からのはげしい不満や反対運動が巻き起こった。また、浜口内閣を擁護していた財界有力者の間でも、「今回の官吏の減俸実施時期尚早にして、しかも他になすべきことをなさず国民経済上に多大の悪影響を及ぼすものなり」(2)と非難する声が大きく、さらに貴族院においても、「国民の多数は未だ浜口内閣に望みを嘱し、綱紀粛正及び金解禁のごとき意義ある大問題を解決せしめんと希望しているだけに、将来の政治運行に大障碍と成るべき減俸案を撤回すべしとの意見が有力」(3)となっていたのである。

いずれにせよ減俸案は、さまざまな方面から「頗ル不評」(4)であり、浜口首相に撤回を直接勧告する民政党系の有力者が数多くいたほどであった。

そうした世情を受けて、政府は一週間後の二二日の定例閣議において、「世論の趨向に顧み」(5)として、ついに案を撤回したのである(6)。

このように国民や政財界のみならず、昭和天皇や牧野伸顕内大臣ら天皇側近たちからも大きな期待を受けて船出した浜口内閣ではあったが、その重要政策の遂行にあたり早くもつまずくことになってしまった。では、そうした事態の推移を、昭和天皇と天皇側近たちはどのようにみていたのであろうか。

3　昭和天皇の気遣いと鈴木侍従長による説得工作

『牧野伸顕日記』において、減俸問題の記述が登場するのは、一〇月一九日のことである。すでに浜口首相らの予期に反して、減俸案の発表と同時に、さまざまな方面から反対論が巻き起こっていたが、そうした状況に直面して、一八日の定例閣議でも減俸率の軽減については話し合われたものの、減俸の根本方針そのものには変更を加えないことが了承されていた。

そこで一木喜徳郎宮内大臣と鈴木貫太郎侍従長は、「今日の事体となりては何等かの方法を講ぜざれば容易ならざる局面に陥るべし」(7)との懸念から、牧野内大臣の宮中への出仕をうながし、一九日は土曜日であったにもかかわらず、午後四時過ぎに参内してきた牧野を交えて、一木、鈴木との三者による話し合いの場が急遽もたれたのである。

そこで一木宮相が宇垣一成陸軍大臣等と内談した様子が報告され、また鈴木侍従長が前日の一八日に、財部彪海軍大臣に海軍軍人の動向について「注意」し、財部からは「十分考慮すべし」という答えがあったことなどが披露された。

海軍部内においても一八日午前、山梨勝之進次官や堀悌吉軍務局長ら関係者による緊急省議が開かれ、航海加俸の除外や下級士官の減俸率の緩和などを、大臣が閣議で強硬に主張することが決められており(8)、鈴木の注意も、おそらくそうした海軍の動きを受けてのものと思われる。

さらに鈴木侍従長からは、つぎのような減俸問題に関する昭和天皇の浜口首相にたいする好意的な思召が、牧野と一木に伝えられたのである(9)。

陛下に被置、減俸問題に付深く軫念遊ばされ、浜口の境遇にまで御推察あらせられ、自分に対する内奏の行掛りより今更再考を難ずる様の事ありては不本意なり、其等の気兼には及ばず、折角種々尽力中の事故、此際蹉跌するは惜しゝとの誠に難有御思召を伺ひたる由なり。

昭和天皇は、浜口が減俸案を重要施策として内奏したが、それが問題の解決をむずかしくしているのならば自分としては不本意であり、それにこだわる必要はない、と減俸案の撤回に理解を示すともに、浜口が「蹉跌」するのは惜しいと、きわめて温情味あふれる態度をみせたのである。

そこで牧野、鈴木、一木の三人は相談の結果、天皇の許可をえたうえで、同じ海軍軍人として旧知の間柄にある財部海相に、鈴木侍従長から天皇の思召をそれとなく伝えることによって、事態の収拾をはかることになった。『牧野伸顕日記』は、つぎのように記している[10]（傍点筆者）。

> 前日侍従長の伺ひたる御思召は、時局に最も適切なるも、之を直接有りのまゝに当局者へ伝達する事は穏当ならず、去りとて事体愈々険悪、御思召を其まゝに流し去る事も考慮すべき事なればとて、相談の結果侍従長より夫れとなく特別の関係にある財部海相へ了解出来る様に密談する事に話合ひたり。
>
> 最〔尤〕も此手段を取るに付ては、侍従長より拝謁の上御許しを拝受する方可然申合ひ、侍従長は伺候したる〔に〕陛下には御満足に思召され、尚ほ金解決〔禁〕其他重要の政務輻輳の際、政変抔来す如きは好ましからず、井上も忍耐するを希望すとの重而の御諚を拝したる由にて実に感激の至りなり。

なお、そうした昭和天皇の思召は、岡部長景内大臣秘書官長が伝えるところによれば、「御上より減俸案は撤回する訳には行かずや、然し他に重要案件の処理すべきものあるゆへ辞職してもらっては困るとの御意ありし」[11]という、より直截的なものであった。

こうして「政変」、すなわち浜口内閣の瓦壊を好まないという天皇の意を受けて、同一九日、鈴木侍従長がただちに財部海相の私邸を往訪し、思召の内容を「了解」できるように伝えたのであった。

鈴木の来訪を受けた財部は、すぐに浜口首相の中学校以来の友人でもある幣原外相と協議し、その結果、「総理に話して見るべし」[12]ということになった。そこでさっそく、同日夜の一一時頃という異例の時間に、財部と幣原が連れ立って浜口首相を突然訪問し、「減俸問題ニ干連セル某事件ニ付密議」[13]した。「某事件」とは、おそらく天皇の思召のことを指すものと思われる。

その結果、二〇日夜にかかってきた財部海相から鈴木への電話によれば、天皇の意を知った浜口も「充分感得」したようで、減俸案の撤回を「愈々決定し同慶に堪へず」、財部も幣原も「安心」しており、「総理が男らしく撤回したるを賞讃」したのであった。[14]

実は浜口首相は、「不評益々甚」だしい周囲の状況を勘案して、一九日の午後にはその善後策を協議するため、旅行中の閣僚の帰京を電話や電報ですでに促しており、夜七時には井上蔵相と「懇談密議」の結果、両者の間では減俸案の撤回でほぼ意見の一致をみていたのである。[15]それだけに、財部と幣原から昭和天皇の意向を知らされたことは、浜口にとっては誠にありがたく、その決意を揺るぎないものにする、最後のひと押しになったのである。

その後浜口首相は、二一日夜までに撤回へ向けての全閣僚の了解を取りつけ、そうした根回しのもと、二二日の閣議に臨んだのであった。

なお、この財部海相から鈴木侍従長への電話の内容は、週明け月曜日の二一日午後にもたれた牧野内大臣、一木宮相、河井弥八侍従次長、岡部内大臣秘書官長ら宮中側近の会議の席上、鈴木侍従長から土曜日の会合の結果として報告されている。[16]

こうして減俸案撤回の「確報」に接した牧野は、その日の日記に、「暗雲去り日光を望むの思ひせり」と認めたが、そうした強い安堵の思いは、おそらく昭和天皇や鈴木侍従長たちにも共通する思いとしてあったのである。[17]

4　浜口首相の感謝、そして田中前首相との違い

ところで、浜口日記によれば、二二日の閣議決定にもとづき減俸案の撤回を声明した浜口首相は、ただちにその日に、鈴木貫太郎を秘かに一番町の侍従長官邸に訪問し、「某事件ヲ託」した。それにたいする鈴木からの返信は、夜七時半頃速達郵便で届き、浜口は「大ニ安心」している。[18]「某事件」の内容は定かではないが、しかしこれまでみてきた経緯からすると、おそらくそれは、撤回決定のお知らせを天皇に伝え、あわせて天皇の思召への感謝の意を伝えてほしいという浜口の思いを鈴木に託したものと思われる。そして鈴木からの返信は、そうした浜口の思いが天皇に伝えられたことを報じるものだったのではないかと思われる。

このように牧野内大臣や鈴木侍従長たちは、昭和天皇の思召を「直接有りのまゝに当局者へ伝達する事は穏当ならず」と考え、海軍兵学校で鈴木の一期下の後輩にあたる財部海相と鈴木侍従長との「特別の関係」を利用して、天皇の思召を確実に実現させるべく動いたのであった。それは、天皇の「逆鱗」の意をそのまま伝えることによって、前任の田中義一首相を辞任に追い込んだ天皇および天皇側近の行為とは明らかに異なる対照的なものであった。そしてそれは、ひとえに浜口雄幸と田中義一とにたいする彼らの評価の違いを、如実に反映するものであったのである。浜口首相の辞任を望まないがゆえに、昭和天皇および側近からの働きかけは、それが表沙汰になって問題化しないよう隠密裏におこなわれたのである[19]。

いずれにせよ、今回の思召の実現にあたっても、鈴木侍従長の果たした役割はきわめて大きかったが、とくに今回は、海軍軍人としての鈴木の閲歴が、侍従長としての働きをなすうえで大きな意味をもつことを示すことになったのである。そしてそれは、翌一九三〇年に起きた昭和政治史上の一大事件であるロンドン海軍軍縮条約をめぐる紛糾においても、あらためて示されることになったのである。

（1）池井優・波多野勝・黒沢文貴編『浜口雄幸　日記・随感録』（みすず書房、一九九一年）二四二頁。
（2）『東京日日新聞』一九二九年一〇月一六日付。

(3)『東京日日新聞』一九二九年一〇月二〇日付夕刊。

(4) 池井・波多野・黒沢編『浜口雄幸　日記・随感録』二四二頁。岡部長景内大臣秘書官長も一六日付の日記に、「朝新聞を見ると、政府が官吏の俸給一割減の決定声明をして居るので、まづいことをやったものだと悦子と評し合った」と記している（尚友倶楽部編『岡部長景日記』柏書房、一九九三年、二〇六頁）。

(5)『大阪毎日新聞』一九二九年一〇月二三日付夕刊。

(6) 官吏減俸案の公表から撤回までの新聞報道については、昭和ニュース事典編纂委員会編『昭和ニュース事典』第二巻（毎日コミュニケーションズ、一九九〇年）四八―五二頁参照。

(7) 伊藤隆・広瀬順晧編『牧野伸顕日記』（中央公論社、一九九〇年）三八八頁。

(8)『東京日日新聞』一九二九年一〇月一九日付夕刊。

(9) 伊藤・広瀬編『牧野伸顕日記』三八八―三八九頁。二〇日に牧野を訪ねた松岡均平貴族院議員も、「浜口の性格としては不思議に感じ種々考慮したるが、或は本件に付ては予じめ内奏したる行掛りありて、所謂宮中関係のため今更撤回出来ざるにあらずやとの疑念を生じたるに付」と、減俸案の撤回にあたって浜口の内奏がネックになっているのではないかという推測を述べている（同右、三八九頁）。

(10) 同右、三八九―三九〇頁。なお『牧野伸顕日記』によれば、鈴木侍従長の財部訪問という三者による対処方針の決定からその実行にいたるまでのことが、二〇日の出来事として記されているが、本文中でも触れているように、『浜口雄幸日記』の記述では、財部たちの浜口訪問は一九日夜のことである。二〇日が日曜日であったことも勘案すると、おそらく『浜口雄幸日記』の記述のほうが正確ではないかと思われる。

(11) 尚友倶楽部編『岡部長景日記』二一一頁。

(12) 同右。

(13) 池井・波多野・黒沢編『浜口雄幸　日記・随感録』二四四頁。

(14) 尚友倶楽部編『岡部長景日記』二一一―二一二頁。

(15) 池井・波多野・黒沢編『浜口雄幸　日記・随感録』二四三―二四四頁。

(16) 尚友倶楽部編『岡部長景日記』二一一頁。
(17) 伊藤・広瀬編『牧野伸顕日記』三九〇頁。
(18) 池井・波多野・黒沢編『浜口雄幸　日記・随感録』二四五頁。
(19) いずれにせよここでは、昭和天皇および側近が、浜口首相の参内を求めてその意を伝えるというやり方をとっていないことに注意しなければならない。

補遺　書評『昭和初期の天皇と宮中――侍従次長河井弥八日記』第一巻

高橋紘・粟屋憲太郎・小田部雄次編

近年『昭和天皇独白録』や『牧野伸顕日記』など、昭和天皇ならびに天皇側近の言動を伝える重要な資料が相次いで公刊されている。ここに紹介する侍従次長河井弥八の日記も、そうした昭和天皇関係の第一級の資料である。

河井弥八は、一九二六（大正一五）年七月同郷静岡県の先輩で宮内大臣の一木喜徳郎の推薦をうけ、約七年間在職した貴族院書記官長の職から内大臣秘書官長に就任、翌一九二七（昭和二）年三月には天皇の代替りにともなう侍従職首脳の刷新により侍従次長兼皇后宮大夫に転任し、一九三二年九月までその職にあった。その後帝室会計審査局長官、貴族院勅選議員、参議院議員（議長）などの要職を経て、一九六〇（昭和三五）年八二歳で死去した。

河井が昭和天皇の側近に奉仕した大正末年から昭和初期は、天皇の代替りという重要な出来事があっただけでなく、時代そのものがいわゆる「大正デモクラシー」から「昭和ファシズム」への転換点にもあたる大きな変動期であった。若き昭和天皇の登場と新たな天皇側近者たちの形成とがそうした当該期の歴史的変動とどのような関係にあったのか。いいかえれば、「個」としての昭和天皇および天皇側近者たちの動向が当該期の政治過程にいかなる影響をおよぼしたのか、また明治憲法に規定された天皇大権がいかなる意図のもと実際にどのように運用されていたのか、さらに昭和天皇の日常生活や宮内官僚の職務状況の実態如何など、これまで資料的制約などから考察の対象になりにくかった分野（しかし必要不可欠な研究分野）の「実証的」な研究が、不十分とはいえこうした資料状況の変化によって、あらためて求められる段階に入ったといえる。

ところで、河井日記は全体としては、青年時代から死去するまでの長期にわたって存在するようであるが、刊行が予定されているのは、昭和天皇の側近に奉仕した七年間分の全六巻であり、ここに紹介するのはそのうちの第一巻で、一九二六年から二七年の時期にあたる。内容としては、第一次若槻礼次郎内閣から田中義一内閣への交替や金融恐慌などの政治的経済的事件から、大正天皇の崩御にともなう諸儀式、大礼の準備、女官制度をはじめとする宮中関係の制度改革、拝謁、上奏、御進講、行幸啓、御陪食、御田植・稲刈り、久宮の誕生にかかわる乳入選定の過程など多岐にわたるが、いわゆる「オク」に関する情報が多い点に、従来の資料にはみられない本書の特色をあげることができる。

したがって紹介すべき点は多々あるが、ここでは主として河井弥八の職務状況をとおしてえられる若干の情報を指摘して、本書紹介の責を塞ぐことにしたい。

まず天皇側近者内の接触に関していえば、内大臣秘書官長時代は、牧野伸顕内大臣と関屋貞三郎宮内次官との接触が比較的多く、牧野についてはは侍従次長就任後もほぼ同程度の頻度で接触を重ねていることがわかる。しかし関屋との接触回数は次長就任後約三倍となり、そうした両者の公私共に緊密な関係が宮中関係の実務を進めていくうえでの中心となっていたことをうかがわせる。

また一木宮内大臣と珍田捨巳東宮大夫（侍従長）に関しては、秘書官長時代にはさほど接触は多くないが、次長就任後は飛躍的に回数が増えている（珍田侍従長の場合は直接の上司にあたるわけであり当然であろう）。なお元老の西園寺公望や秘書の原田熊雄との接触は、さほど頻度が高いとは思われないが、内容のある接触であったことをうかがわせる記述が多い（ちなみに原田および近衛文麿との三者による会食の記事も目につく）。

つぎに、秘書官長時代に情報蒐集のために接触したと思われるおもな顔ぶれをみると、貴族院議員、貴族院時代の部下や後任の書記官長、衆議院書記官長など、議会関係者とくに貴族院関係者がきわめて多く、その中には、徳川家達貴族院議長や伊沢多喜男（姻戚）をはじめとして、山内長人、岩倉道倶、近衛文麿、井上匡四郎鉄道大臣、久保田譲枢密顧問官などが含まれている。また内閣制度や憲法問題など各種重要問題の調査を貴族院に出向いておこなっており、いずれにせよ河井の主たる人的資源が貴族院関係にあったことが理解できる。

さらに小野塚喜平次や上杉慎吉など、河井の母校である東京帝大関係者に政治上の参考意見を求めている事例も散見される。その他、必要に応じて政府関係機関の次官級や専門家などに接触して情報を蒐集している（たとえば朴烈事件に際しては、富谷鉎太郎元大審院長・貴族院議員の意見を聴取している）。

一方、衆議院議員や政党関係者、経済人らとの接触は意外なほど少ない。したがって「諸般の情況につき適確なるニュースを獲るの必要あるを以て、方面広く交際をなすべし」（牧野内大臣の岡部長景に対する言、『岡部長景日記』一九二九年一月二二日の条）という、内大臣秘書官長の実際上の職掌に照らしあわせてみたとき、「方面広く交際」をおこなっていたかどうかは、本書の記述からは判然としない。なお河井は蒐集した情報を、珍田東宮大夫や入江為守東宮侍従長、奈良武次侍従武官長にも時折報告している。

第三に、記事内容に関していえば、侍従次長兼皇后宮大夫就任後は「オク」関係のものが圧倒的に多くなり、いわゆる「オモテ」関係の記事、とくに情報蒐集関係と思われる人的接触の記事が極端に少なくなる。それゆえ「内大臣秘書官長職には、二九年二月十四日岡部長景が後任となるが、それまでの間は空席であったため、河井が事実上、同職を兼任していた状況であった」という本書解説の指摘（三一五頁）は、少なくとも情報蒐集関係の記事内容からは明確には確認できない。

第四に、内容的にとくに興味深い点は、若くて聡明な、しかも心身ともに健康な昭和天皇の登場によって、天皇側近が明らかに活性化していると思われる点である。それは、御進講や御陪食関係の記事のほか、牧野内大臣と河井との間で「国務大臣は輔弼の為参内すべきの件」（一九二六年一〇月一日）が話し合われたり、参内してきた若槻首相にたいして河井が「国務大臣の国務に関する上奏の頻繁なるべきを要求」（一九二七年四月一四日）したり、田中首相の議会演説の原稿が上奏されたり（一九二七年五月三日）などの政治関係の記事によってうかがい知ることができる。天皇側近者たちは明らかに、昭和天皇にたいして、晩年の大正天皇には求めえなかった天皇大権保持者としての「御聖徳」、すなわち天皇としての能力と自覚と責任感とを「培養」し、かつ首相をはじめとする国務大臣の輔弼機能の制度化を進めようとしていたのである。

彼らのこうした動向は、政党政治の現状にたいする不満に根ざしていたとも思われるが、病弱な大正天皇のもとで充分に機能していないと認識されていた天皇大権を、いわば機能回復させる狙いがあったものとも思われる。しかし、こうした天皇機能の「回復」と国務大臣の輔弼機能の制度化とが、一面では天皇の「政治化」にもつながるわけであり、その意味で、天皇および天皇側近の政治的意図やその動向を、当該期の政治過程のなかで解き明かしていくことが、今後の重要な検討課題のひとつになると思われる。いいかえれば、天皇の「政治化」と「大正デモクラシー」との関係如何という問題として認識することもできよう。ともあれ本書の記事によって、国務大臣の輔弼機能が意外なほど制度化されていなかったことが確認できる。

第五に、内容的にさらに印象深い点は、前述の指摘とも関係するが、牧野や河井らが産婆役をつとめた田中義一首相にたいする評価が峻烈なことである。この点に関する記述が明白になるのは、むしろ第二巻以降のことであるが、その言動からは、天皇側近者としておこなった後継首相の推薦という行為にたいするみずからの結果責任の意識が微塵も感じられない（ただし彼らの職責上結果責任を感じる必要はないのかもしれないが）。彼らの責任感は昭和天皇にたいしてのみ向けられていたのであろうか。田中義一という人物は、せっかく首相に推薦したのに、昭和天皇の「御軫念」を煩わせる一種の不逞の輩でしかなかったのであろうか。そうした極端な印象すらうけるほど、彼らの田中首相にたいする言動はきびしい（この点に関しては、『牧野伸顕日記』と『岡部長景日記』も参照されたい。もっとも彼らの言動は、自責の念のしからしむるところであったのかもしれないが）。

以上、本書からえられる若干の情報を紹介してきたが、もちろん本書の内包している情報はそれに止まるものではない。日本近代に関心をもたれる方は、是非ご自身の目で内容を確認していただきたい。すでに述べたように、本書をはじめとする昭和天皇関係の資料がさらに発掘されることによって、昭和天皇ならびに天皇側近者たちの実態を明らかにする個別実証的な研究が今後大いに進展することを願うものである（ちなみに内大臣秘書官長の職務の実態を明らかにするためには、少なくとも『岡部長景日記』『木戸幸一日記』との比較検討が必要であろう）。貴重な資料の公刊を許可された河井家にたいして深甚の謝意を表するとともに、本書を編集・刊行された編者および出版社の御労苦にたいしても感謝申しあげる。なお本書の「解説」によれば、河井家にはまだかなりの資料が残されているようである。それらの一日も早い公刊を願うものである。最後になってしまったが、本書には高橋紘、粟屋憲太郎両氏の解説が付されている。ご参照願いたい。

第二部　浜口雄幸の虚像と実像

第1章　浜口雄幸——その人と生涯

本書『浜口雄幸　日記・随感録』（みすず書房、一九九一年、以下本書と略記）は、昭和初年に内閣総理大臣を務めた浜口雄幸（一八七〇—一九三一）の日記と随筆とを収録したものである。日記は一九二八（昭和三）年一月から一九三一（昭和六）年六月までを記した一年一冊ずつの四冊と「軍縮問題重要日誌」と題された巻紙一巻分であり、随筆は浜口の遺稿『随感録』（浜口富士子編、三省堂、一九三一年九月）を未発表草稿「自序」とともに復刻したものである。これらの史料が対象とするのは、主として浜口が立憲民政党総裁、ついで首相として活躍した昭和史上の重要な時期にあたる。本稿では、まず浜口の略伝を述べ、つぎに収録した史料について若干の説明をおこないたい。

一　浜口雄幸略伝

浜口雄幸の伝記・評伝は比較的多くみられるが、本になったものをあげれば、戦前には、城巽隠士『首相となる迄の浜口雄幸』（大衆新報社、一九二九年）、加藤鯛一『大宰相浜口雄幸』（文武書院、一九二九年）、藤村健次『浜口雄幸』（日吉堂本店、一九三〇年）、尼子止『平民宰相浜口雄幸』（宝文館、一九三〇年）、関根実『浜口雄幸伝』（同伝記刊行会、一九三一年）、北条為之助『更生――内閣総理大臣浜口雄幸』（大成通信社、一九三一年）、田中貢太郎『少年浜口雄幸』（厚生閣書店、一九三一年）などがあり、戦後には、青木得三『若槻礼次郎・浜口雄幸』（時事通信社、一九五八年、新装版は一九八六年）、城山三郎『男子の本懐』（新潮社、一九八〇年、文庫版は一九八三年）がある。また北田悌子『父浜口雄幸』（日比谷書房、一九三二年）のほか、立憲民政党の機関誌『民政』第五巻第一〇号付録（一九三一年一〇月）も「浜口前総裁追悼号」として浜口の人物像をよく伝えている。

その他に演説集としては、沢本孟虎編『浜口蔵相演説集・雄幸雄弁』（青山書院、一九二五年）、大蔵大臣官房編『浜口大蔵大臣財政経済演説集』（大鐙閣、一九二六年）、大日本雄弁会編『浜口雄幸氏大演説集』（大日本雄弁会、一九二六年）、青年雄弁会編『浜口雄幸氏大演説集』（春江堂、一九二九年）、青年雄弁会編『現代名士浜口雄幸氏名演説集』（春江堂、一九三〇年）、浜口雄幸『強く正しく明るき政治』（春秋社、一九三〇年）、鍵山誠之祐編『浜口雄幸氏大論弁集』（実業之日本社、一九三一年）、関根前掲書所収の「浜口雄幸氏演説選集」などがある。総じていえば、戦前の刊行物が多く、著名なわりには戦後のものが少ないのが特徴である。本稿では、主として以上の文献と『随感録』とを参考にしながら、浜口の略伝を記していきたい。

1

浜口雄幸は一八七〇年五月一日（明治三年四月一日）、高知県長岡郡五台山村唐谷に水口胤平・繁子の三男として生まれた。すでに二人の男児をもつ両親は女の子を期待していたが、雄幸と名づけ、「おさち」（土佐の発音では「おさぢ」）と呼ばせることで女性の名に通じさせることにした。水口家の家系は戦国時代にさかのぼるといわれ、山内一豊の土佐入国後は代々お山方を務め、明治新政府になってからも父胤平は引きつづき山林官に任じられている。母繁子は厳格な勝ち気な人で、浜口にたいしてつねに「男らしい人間にならねばならぬ」と戒めていたという（関根『浜口雄幸伝』二九頁）。しかし、そうした母の願いにもかかわらず、幼いころの浜口は、ホタルがとんできても暗い庭におりて捕まえることができないほど、小心で臆病な子供であった。

また浜口は長兄の義清（一九三〇年四月一一日に死去したが、その時の関連記事が『日記』にも記されている）、次兄の義正とは年齢が離れていたこともあり、一人で過ごすことが多かったが、生地の唐谷が五台山の東南に位置する寒村で友達が少ないこととも相まって、無口でおとなしい性格が形成されることになった。浜口自身も『随感録』のなかで、「余の日常親しんで居つたものは、殆ど読書と周囲の山林原野渓谷とのみであつた」、そのために性格も「自然に寡言沈黙に傾く様になつたのではあるまいか」と述べている（本書、四六五―四六六頁）。なお浜口は後年俳号を「空谷」と称したが、それは唐谷にかけたものである。

浜口は一八八三（明治一六）年に孕尋常小学校を、一八八八年七月には高知中学校をともに抜群の成績で卒業したが、けっして才気煥発の風ではなく、黙々と勉強に励む努力型であった。しかも乱暴を特権とでも考える当時の中学生気質のなかにあっても、相変らず寡黙、謹厳な少年であった。のち一九二五（大正一四）年九月、加藤高明内閣の大蔵大臣として母校の城東中学校（高知中学校の後身）を訪れた浜口は、中学時代を回顧してつぎのように述べている（青年雄弁会編『浜口雄幸氏大演説集』四六七―四六八頁）。

自分の事は自分で申すべきものではありませんが、私は只一つだけ自分の事を皆さんに申上げます、学生としての私は真面目であつたと思ひます、又相当な勉強家であつたと信じます、其れ以上の事に就ては今日自ら考へるに極めて平凡な人間であつた、今日も平凡な人間であります、只自分の力のあらん限り努力奮闘すると云ふだけの信念は持つて居ります。

終生まじめな努力家、勉強家であった浜口の自負心を感じさせるものである。

他方、浜口の中学時代は、後年彼が政治家になるうえでも大きな意味をもつ時期である。すなわち、当時の土佐には自由民権運動の風潮に刺激されて天下国家を論じる気風が中学生の間にあふれていたが、浜口もそうした傾向に少なからぬ影響をうけたのである。「余は政治思想の最も旺盛を極めたる明治十年代の土佐の青年の雰囲気の裡に不知不識の間に政治家たる素質を養成せられ、政治家たる種子を植付けられた」（本書、四六七頁）のである。土佐の生んだ「天下の俊豪」板垣退助、後藤象二郎、谷干城らはいずれも「天下の英雄を以て鳴らし」た人物であり、「当時の青少年の憧憬の的」であったが（本書、四六六頁）、小心で臆病で寡黙な性格の浜口は、おそらくそうした豪気な政治家、硬派の自由民権思想にあこがれ、それと自己とを重ね合わせることによって、性格的な弱さを補完・克服しようとしたのではないだろうか。

浜口は、「人格は努力と修養とに依つて完成せられないまでも少くとも或る程度に於て向上発達せられ得べきものであり、又向上発達せしめなければならぬものである」「不肖ながら余は余自身の性格の短所を相当に自覚して居る積り」であり、「幼少の時代からよく知つて居た」ので「短所の矯正には非常な努力と苦心とを費やして来た積り」であると述べているが（本書、四六七―四六八頁）、いわば政治家を志すことが自分の性格的弱さを矯正するひとつの道であったのかもしれない。

しかし、浜口が他の青年たちと異なるところは、内心においては政治に関心をもちながらも、「まづ学問だ。学問をしつかりやらんか。何事も、それからのことだ」（尼子『平民宰相浜口雄幸』一六七頁）という考えから、まずは学生の本分たる学問第一の姿勢を貫いたことである。物事をするにあたってあらかじめ用意周到な準備をし、そののち行動に移るという彼の行動スタイルの原型を早くもかいまみることができよう（本書、五〇九―五一二頁）。なお当時早くも彼は「国政の基本は経済である。従つて将来政治家たらんとするものは、経済学をやらなければならぬ」（尼子『平民宰相浜口雄幸』一六七頁）と述べていたともいわれている。

さて浜口の中学卒業が近づいたころ、突然浜口家から雄幸をぜひ養子にほしいという話が舞い込んで来た。浜口家は高知県安芸郡田野町にある古い豪家で、当主の義立と妻幾子との間に二男一女があったが、二人の男子は夭折して、一人娘の夏子があるのみであった。夏子は小学校を優等で卒業したのち、女子師範に入学した才女であった。結局、中学卒業時に雄幸は浜口家の養子となり、ここに水口雄幸は浜口雄幸となったのである。なお夏子との結婚は、二年後の一八九〇（明治二三）年九月のことであった。

一八八八（明治二一）年九月、浜口は大阪にある第三高等中学校（翌年京都に移転し、一八九四年に第三高等学校と改称）に入学し、一八九二年七月に同校法科を卒業した。同期生には下岡忠治（のち朝鮮総督府政務総監）、幣原喜重郎（のち外務大臣）、伊沢多喜男（のち台湾総督）らがいる。

さらに同年九月、帝国大学法科大学政治学科に進学し、一八九五（明治二八）年七月に見事三番（一説には二番）の成績で卒業した。一番は小野塚喜平次（のち東京帝国大学総長）、二番は中島滋太郎（のち日本郵船専務）であり、親友の下岡忠治が四番であった。ちなみに卒業論文の題目は「英国国会の起源」であったといわれる（尼子『平民宰相浜口雄幸』一三九頁）。

三高、東大時代の浜口は、相変わらず無口で黙々と勉強に励んでいたが、とくに大学時代には妻帯していたこともあり、老成した雰囲気を漂わせていたという。その一方で、彼は将来の身の振り方についても真剣に考えていた。「絶対の安心」（精神的安定）と「働いた価値が最も効果的である事」（自己の存在を実践的活動によってもっとも確認できること）から宗教家になることを夢みていたともいわれるが（『民政』第五巻第一〇号、二五頁）、やはり性格的な弱さを宗教によって克服し、自己を律しようとしていたのであろうか。

それはともかくとして、人間を救い幸福にするという観点からいえば、政治家ももっともやりがいのある職業であるといえよう（本書、四八六―四九一頁）。こうして浜口は熟慮を重ねたすえに、将来政治家たる決意を固めたのである。彼は卒業式のころ大学構内で出会った小野塚喜平次にたいして、「俺はこれから官界に入るつもりだ。さうして、次第に自己の伸展をはかり、何処までも財政経済の実際の政治家として国家のためにつくさうと思ふ」（尼子『平民宰相浜口雄幸』二四一頁）と将来の夢を披瀝している。

しかし、宗教にたいする深い関心は終生失われることがなかった。克己精励し自己修養を積み重ねた浜口は、後年「神様に近い人」とも評されたが、それは一面、宗教的なものに支えられた「努力と修養」の賜物であったといえるのかもしれない。

なお東大法科の明治二八年卒業組は「二八会」という親睦会を作り、卒業後も親交を深めたが、同窓には前述の小野塚、中島、下岡のほかに、三高以来の幣原と伊沢、さらに土方久徴（のち日本銀行総裁）、俵孫一（のち商工大臣）、上山満之進（のち台湾総督）、菅原通敬（のち東洋拓殖株式会社総裁）、勝田主計（のち大蔵・文部両大臣）、西久保弘道（のち東京市長）、田所美治（のち文部次官）、嘉納徳三郎（のち朝鮮銀行副総裁）、高野岩三郎（のち東京帝国大学教授、大原社会問題研究所長）、矢作栄蔵（のち東京帝国大学経済学部長）などがいる（後年の政党との関係からいえば、非政友会系が多いのが特色）。

浜口は一九二五（大正一四）年、高知高等学校の学生に向かって、「人間は自分の人格、力を自覚すると同時に、欠点を知ることが必要である。自分の弱点を自覚するといふことが必要である。その弱点を自覚して而してその弱点を自ら矯める。これを自覚することが出来なかつたなれば、即ちその弱点によつて倒される。（中略）その短所を知る上においては立派な友人が必要である。僚友が必要である。よつて完全なる人格を作るには、先づ友を選ぶことが必要であります」（関根『浜口雄幸伝』五一頁）と述べているが、たしかに彼の学生時代は人格形成の面からのみならず、その後の人生においても重要な意味をもつ友人、知己をえた時期であったのである。

こうして長いこと学問に精進してきた浜口は、それによって社会人・実際家として羽ばたくための基礎的な力、つまり取捨選択を誤らないための確固たる判断力とそれを支える論理的頭脳とを養成し（本書、五〇六—五〇八頁）、一八九五（明治二八）年七月三一日大蔵属として大蔵省に入省した。

最初の所属は主計局監督課であり、ついで予算決算課（課長は阪谷芳郎）に移った。同年一一月文官高等試験に合格した浜口は、翌九六年六月山形県収税長（同県内務部長にあたる書記官は床次竹二郎）、同年一一月松江税務管理局、九七年八月大蔵書記官兼参事官に任じられ大臣官房会計課長となった。

しかし、在任中大蔵大臣官舎の修繕費をめぐって大臣秘書官早川千吉郎と対立し、以後しばらく地方勤務の不遇な時代がつづくことになる。すなわち一八九八（明治三一）年七月名古屋税務管理局、同年一一月松山税務管理局長、翌九九年七月熊本税務管理局長に任じられたのである。官界に入るまできわめて順調な道を歩み、将来にたいしても大きな抱負と希望とをもっていた浜口にとって、長い間田舎まわりを余儀なくされたことは、強い挫折感をともなうものであった。口にだしてこそ不平をいわないまでも、心のなかではかなり無念な思いをしていたのである。ちょうど熊本県立病院婦人科部長として熊本時代の浜口を知る高知中学、三高の同窓生山崎正薫（のち熊本医科大学学長）は、当時を回想してつぎのように述べている（『民政』第五巻第一〇号付録、五二頁）。

家が粗末な上に室内には装飾一つなく、掃除も行き届かないといふ有り様で、いかにも貧乏臭かつたことを覚えている。身なりや住居はどうでもよいとして、君が何だか以前と違つて元気がなくて意気稍や消沈して居たやうに見受けたのは異様に感じられた。（中略）猶ほ君は家計が豊かでないばかりでなく家族に病人が多かつた。（中略）物質的に豊かならぬ上に自分や家族の健康状態が悪くては誰しも堪へられないが、浜口君は其上に猶ほ精神的に、煩悶があつた様に見受けられた。『千里の駿馬も伯楽に逢はず』の恨み深く、何時迄でも草深き田舎廻りを続けるのかと云ふ苦悩が君の胸裏を常に徘徊して居たらしかった。

このように財政経済の本流に関わる中央勤務から久しく遠ざかり、浜口は地方税務の仕事に埋没したのであるが、しかしその間、ひたすら忍耐強く与えられた自分の職務に全力を傾注したのであった。おそらくこの時の経験からであろう、のちに浜口は若い人々にたいして、つぎのような処世心得を諭していたといわれる（北田『父浜口雄幸』三五頁）。

人生は込み合ふ汽車の切符を買ふため、大勢の人々と一緒に、窓口に列を作つて立つているやうなものである。中々自分の番が来ない。時間が迫つて来て気は急せり出す、隣りの方が空いていそうに見えるので飛び出して見たくなる。しかし一度自分の列を離れたが最後、あつちこつちと徘徊つてみても、そこにもまた順番がある。しまつたと気が付いて元の列に立ち戻つて来れば、自分の前に居た所は、已に他人に占領されていて、遥か後ろに廻らなければならない。結局急いだ為に却つて後れることになる。

一方、他日の飛躍を期して財政経済の勉強も怠らず、『ロンドン・タイムス』を購読して世界の大勢に目を注ぐなど、実力を蓄えることも忘れなかった。後年浜口は「凡て学問をする上に於ても、或は政治を行ふ上に於ても、総べての仕事を致し此の複雑した所の世の中に立つて行く上に於て、最も必要なる所の根本的信念はなんであるか、一言にして申しますれば人間は力を信ぜよ自分の力を信じなさいと云ふ事であります」（尼子『平民宰相浜口雄幸』一二五頁）と述べているが、まさに浜口にとってこの時こそ、自分の力を信じて懸命に「努力と修養」とを積み重ね、固い信念と意志力とにますます磨きをかけた時期であったのである。

またのちに浜口は、専売局長官時代に桂太郎首相兼蔵相より聞いた二つの処世訓、すなわち勇猛果敢に不断の努力をするという「男子事を成すの途」と、早く今の職務に習熟しつぎの職務に備えるという立身出世の秘訣とを「今日迄肝に銘じて忘る、ことの出来ないこと」としているが（本書、五三一―五三三頁）、それも地方勤務時代の経験と考え方とに合致していると思われたからこそ、より深い感銘をうけたのであろう。

さて浜口の熊本生活が長びくにつれて、二八会の友人たちも次第に気がかりになりはじめた。なかでも法制局に勤めていた下岡忠治は、面識はあるがさして親しくもない大蔵省主税局内国税課長の若槻礼次郎に浜口の中央復帰を頼みこみ、その結果、浜口の東京税務監督局長への転任がようやく実現したのである（若槻礼次郎『古風庵回顧録』改訂版、読売新聞社、一九七五年、三七二頁）。一九〇二（明治三五）年一一月のことであり、約四年四か月ぶりの東京勤務であった。

栄転の決まった浜口の喜びようは大変なものであったが、その時の彼の様子を前出の山崎正薫は「これでどうかしなければ駄目である、是れこそ自分の生きるか死ぬかの別れ目であると云ふ様な決心が眉字の間に表れて居た（中略）君の此の時の発奮の様子は今にあり〳〵と目に残つて居る」（『民政』第五巻第一〇号付録、五四頁）と回想している。

こうして新しい職場をえた浜口は、勇躍職務に邁進したのであるが、一九〇四（明治三七）年六月、煙草の製造専売が新たにはじまるのをうけて、煙草専売局書記官兼臨時煙草製造準備局事務官に任じられた。当時の煙草専売局長は同郷の先輩仁尾惟茂であり、浜口の人材を見抜いての抜擢であった。以後彼は一九〇六（明治三九）年一二月煙草専売局事業部長、一九〇七年九月新設の専売局収納部長、同年一二月専売局長官（仁尾の後任）など専売関係の重要ポストを歴任し、とくに煙草、塩、樟脳三専売事業の統一と製塩地の整理とに尽力して多大なる功績をあげたのであった。

なお大蔵省入省以来の浜口の仕事ぶりについては、後年の行動スタイルとの関係から、とくにつぎの諸点が重要であろう。（一）仕事をおこなうに際してまず広く知識や意見を求め、それらを十分に研究・消化・考慮し、「信念」にまで鍛きあげたうえで行動に移ること、そして一度方針を決めたら断行すること、（二）どんな仕事にも「全力主義」で臨むこと、（三）きちんと公私の区別をつけること、（四）万人にたいして同様の態度をとり、私情を交えず先入観を排して「純一無雑」の立場から相手の話をよく聞き、公平に人と物との「真価」をみさだめようとすること、（五）部下を信頼して暖かく見守り、その能力を充分に発揮させせようとすること（北田『父浜口雄幸』三三一―三八、一七二―一八九頁）。

浜口はのちに「信念の人」「意志の人」「熟慮断行の人」「正義の人」「人格の人」「正直な人」「奮闘努力の人」「まじめで責任観念の強い人」「情義に厚く温情に富んだ人」などさまざまな評価を受けることになるが、そうした評価のもとになる行動スタイルは、ほぼこの頃までに確立していたとみることができよう。

ところで、浜口が大学の同窓生に比べて不遇な官僚時代を長く過ごした理由として、性格的な問題を指摘することができる。すなわち浜口の「クソ真面目、無愛嬌、ヌーボー然たる風格は、（中略）一つの出世の妨げとなり、これが為に融通の利かぬ男として、一般に用いられ」なかったといわれている（関根『浜口雄幸伝』七五頁）。この点を浜口の側からいえば、当時の大蔵省には浜口を引きたてる先輩や知己がいなかったし、彼自身も人に頼ってまで栄達を求めるような人物ではなかったということ（つまり「自分から特に親分を捜したり、子分を作つて偏倚するやうなことがなかつた」ということ）であり、さらに非社交的で「口数をきかず、進んで自分を表顕はし、人に認めれやうと努力することは好なかつた」ということであるが（北田『父浜口雄幸』三二頁、『民政』第五巻第一〇号付録、四一―四二頁）、いずれにせよ彼の性格にも起因する側面があったのである。

しかし、そうした「弱点」もいったん実力が認められるようになると、逆に謹厳重厚で公明正大な安心して仕事の任せることのできる人物として、きわめて積極的な意味をもつようになるのである。事実、専売事業における浜口のすぐれた手腕と業績とは各方面から注目されるようになり、ここに浜口は飛躍の時を迎えることになったのである。

飛躍の兆しは、早くも一九〇六（明治三九）年にあらわれた。新しく設立された南満洲鉄道株式会社の初代総裁後藤新平が、浜口に満鉄理事への就任を要請してきたのである（後藤は台湾総督府民政長官時代にも、浜口を台湾総督府財務局長に招こうとしたといわれている）。また同じころ住友の鈴木馬左也も、浜口を総支配人として迎えるべく接触をはかっていた。二度目の飛躍の機会は一九〇八（明治四一）年、またしても後藤新平によってもたらされた。第二次桂太郎内閣に逓信大臣として入閣した後藤は、浜口に逓信次官のポストを用意したのである。

これらの話は、いずれも浜口の現職よりはるかにまさる地位と収入とを約束するものであり、彼にとってきわめて大きな飛躍の機会を提供するものと思われたが、浜口は熟慮のすえにそれらの申し出を辞退したのであった。なぜなら、（一）当時進行していた専売事業の統一と改革とを前にして「名利の為現地位を去るの非難」を受けるのはもっとも潔しとしなかったからであり、（二）後藤新平との性格の相違があまりにもはなはだしかったからであり（本書、四七〇—四七一頁）、（三）将来は財政や政務の立場から国家に貢献しようと考えていたからである（若槻『古風庵回顧録』一九二頁）。

しかし、浜口の力量を高く評価する後藤新平は、彼のことをあきらめなかった。一九一二（大正元）年一二月、第三次桂内閣の逓信大臣に就任した後藤は、再度浜口を逓信次官に起用しようとしたのである。この間の事情を、若槻礼次郎はつぎのように述べている（若槻『古風庵回顧録』一九一―一九二頁）。

この内閣に、私は大蔵大臣として入閣した。そして大蔵次官には、専売局長官の浜口（雄幸）をもってきたいと思っていた。ところが桂公の秘書官が、次官には勝田主計をしてくれと、桂公の意志を伝えてきた。『それはいかん』といえないこともないが、そうすると省内で感情がもつれたり、融和を欠いたりする惧れがある。そこで総理大臣がそういわれるなら、その通り決めますといって、勝田を大蔵次官にした。するとこんどは、逓信大臣の後藤（新平）から、浜口に逓信次官になってくれといってきた。（中略）ところで、後藤からの招きは、これで三度目である。浜口も大に感謝した。そこで私は、君の抱負を以てして、いつまでも専売局長官として機会を待つよりも、たとえ逓信省でも、次官になって早く頭角をあらわした方がよいと思う。今大蔵省を離れても、機会があればまた大蔵省へ戻って、大に腕を揮うことも出来る。それで一たび逓信省に入って次官になる以上は、いつまでもその省に勤めようと思ってはいけない。後藤が辞める時は、君も一緒に辞めなければならん。その覚悟で行くべきだといった。浜口も『無論だ、自分もそのつもりである』といって、逓信次官になった。

こうして後藤新平の「知遇に感ずると云ふ感情」（本書、四七二頁）を主たる動機として、ついに浜口は逓信次官に就任したのである。しかし周知のように、第三次桂内閣は憲政擁護運動の激しい攻撃を受けた結果、一九一三（大正二）年二月に総辞職をおこない、浜口もまた後藤に殉じて逓信次官の職を辞したのであった。大蔵省入省以来着実に実力を養成してきた浜口は、ここに事実上官僚生活に別れを告げ、長年目標としてきた政治の世界に飛躍することになったのである。

2

浜口が熟慮のすえに選んだ道は、立憲同志会への入党であった。すなわち、官僚政治家としてではなく政党政治家として生きる決意を固めたのである。なぜなら情意投合政治の弊害は政党政治の場合よりもはなはだしく、したがって時代の流れは官僚政治から政党政治へと大きく変化しつつあると認識しえたからであった。かつて大学の卒業論文のテーマにイギリス立憲政治をとりあげた浜口は、イギリス流の政党政治を将来の政治のあるべき姿として確信していたのである。また同志会を選んだ理由は、桂内閣と進退をともにした以上、桂や後藤が組織した政党に入ることが、情理においても当然であると考えたためであった。

ところが一九一三（大正二）年一〇月、桂太郎が同志会の完成をみないうちに病没し、ついで浜口に入党を勧告した後藤新平も党のあり方をめぐって他の幹部と対立し、同志会を脱党する騒ぎが起こった。浜口は後藤の脱党は党のためにも彼のためにもよくないことであるとして党に留まるよう求めたが、ついに入れられず、公人としては後藤と決別することになったのである（本書、四七三―四七四頁）。浜口にとって後藤は自分をひきたててくれたいわば恩人であったが、そうした私情と公人としての行動とをはっきりと区別したわけである。それは元来浜口が親分子分のような関係を好まず、公私のけじめをつけるとともに、つねに出処進退を誤らないように努めていたためでもあるが、しかし最大の理由は、政党政治家になろうとする信念がきわめて強かったからであった。強い意志にもとづく理性的かつ合理的な決断であったのである。

こうして浜口は、みずからの力を信じて政党政治家としての第一歩を踏みだしたのであった。早くも一九一三年三月には長島隆二、江木翼とともに政務調査常置委員の理事に選任されているが、浜口自身の回想によれば、後藤脱党当時の彼は、党内において必ずしも有力な地位を占めていたわけではないという（本書、四七五頁）。それではいったい後藤という有力な後ろ盾を失った浜口が、どのようにして党内に重きをおくようになったのであろうか。

まず理由の第一は、なによりも加藤高明同志会総理の厚い信任をえたことである。この点に関して浜口は、つぎのように回顧している（伊藤正徳編『加藤高明』下巻、加藤伯伝記編纂委員会、一九二九年、七二七頁）。

加藤伯と知己になつたのは、大正二年十月の同志会近畿大会の時からである。その時は、自分も伯と同行し、就中京都では一日嵐山の清遊を共にしたけれども、未だ親しい間柄としては許されなかつた。然るに帰京して間もなく、午餐を共にし度いからと云はれるので番町の伯の家へ行つて見た。差向ひで話が始まつた。すると伯は、外交・内政・財政・経済・労働と、夫れから夫れへと問題を出して私の意見を質すのであつた。途中で、自分は試験をされて居るのだナと感付いたが、結局、五時間程休み無しに受験せざるを得なかつた。遂に、夜食まで共にして帰宅したが、其時初めて伯の該博な知識に驚くと同時に、厳しい試験にも驚ろいた（後略）

さらに一週間ほどして二回目の「試験」がおこなわれ、ここに浜口は加藤の「メンタルテスト」に合格したのである。その後は加藤の態度も目立って親しくなり、機密を要することなども打ち明けるようになったという。加藤は人物採用の規準として、（一）「あの男は使へる。役に立つ」、（二）「あの男は肚がある。信頼が出来る」という二つを区別して用いていたが、さらに後者をつぎのように定義して採用の最後の規準にしていたといわれる。すなわち、（一）「何事にも嘘を言はぬこと」、（二）「何人に向つても『否』と答へ得ること」。加藤は「自己の信念に忠実であり、且つ勇気ある人のみが、権柄に対しても誘惑に面しても『否』と答へ得る。而して（中略）此勇気こそ、正しい政治を行ひ得る根本動力であると信じて、之を最も高く評価」し、また「斯かる人こそ、自分の股肱として真に頼もしい人格であると考へて居たのである」（伊藤編『加藤高明』下巻、七二八―七二九頁）。まさにそれは加藤の性格そのものであり、また浜口の性格でもあったのである。したがって浜口は、人物的にも能力（とくに政策立案能力）的にも加藤に認められたわけである。

他方、浜口の側にしてみれば、加藤は「剛毅にして偉大なる人格」（本書、四七八頁）の持ち主であり、その「強さ」は一種の憧れであったが、その意味で加藤は浜口にとって献身の対象であると同時に、目標として見習うべき政治家でもあったのである。いうなれば浜口は政治家としての理念型のひとつを加藤にみいだしたといえる。なお浜口が加藤に重用された理由として、その他に、（一）政治原則の一体性、つまり「官僚による政権担当を原則的に否認し、政党による政権担当と政党間での政権交替」をめざすという憲政常道論を共有していたこと、（二）ともに東大出身のテクノクラートとして立身出世をしてきたという共通性も見逃すことのできない点であろう（北岡伸一「政党政治確立過程における立憲同志会・憲政会」下、『立教法学』第二五号、二四九、二五一頁。もっとも加藤は当初三菱に入社している）。

さて浜口が党内で重きをなすようになった第二の理由は、加藤高明を通じて三菱系の人物、とくに豊川良平や仙石貢（ともに土佐出身）と親密な関係を結んだことである。岩崎弥太郎の従兄弟で「三菱の伯楽」と呼ばれた豊川良平は、浜口がはじめて衆議院議員選挙に立候補したときの推薦人であり、各方面の人々に浜口の存在を知らせようと努力していたという。また仙石貢がのちに浜口の政治資金を、三菱の政治資金担当者としても個人としても支えたことはよく知られている。

　第三の理由は、第二の理由と重複する部分もあるが、党内で重きをなした土佐系との関係である。同志会に合流した旧国民党改革派の指導者には土佐出身者が多く、一九一五（大正四）年に政界を引退する大石正巳は別としても、片岡直温、富田幸次郎（一九二〇年の総選挙に際し、長年培養してきた自分の選挙地盤を浜口に譲っている）などとの関係は、浜口の党内における政治的位置を考えるうえで重要である（なお国民党改革派と桂太郎とを結びつけたのは、豊川と仙石である）。

　そして第四の理由は、加藤高明のよき相談相手であり、最高幹部の一人であった若槻礼次郎との密接な関係である。大蔵省時代の先輩でもある若槻は浜口を大変高く評価しており、何かにつけて浜口に相談していたといわれている。

　以上のような理由から、同志会内で重要な地位を占めるようになった浜口は、党内においては政務調査会副会長（一九一三年一二月二五日―一四年九月一九日）、政務調査会会長（一九一五年八月一六日―一六年一〇月一〇日）など、その経歴を生かして政策立案部門を歴任し、また第三七議会（一九一五年一二月―一六年二月）では片岡直温、安達謙蔵とともに院内総務として活躍している。

　他方、一九一四（大正三）年四月に同志会を与党として成立した第二次大隈重信内閣では、若槻蔵相の下で次官に起用され、ついで一五年七月には新設された大蔵省参政官（のちの政務次官）に転じるなど、財政経済政策の最高枢機にはじめて参画してその手腕を発揮した。この間一九一五年三月の第一二回総選挙に高知市から立候補して初当選を果たしており、政党政治家としての道を着実に歩みつつあったのである。

しかし参政官に就任してまもなく、いわゆる大浦事件のために加藤外相、若槻蔵相が連帯責任を主張して辞職すると、浜口も彼らに殉じることになった。「勢力に近付くよりも、自分の信じたことをする」（『若槻礼次郎男爵談話速記』第六回、『憲政史編纂会収集文書』七六二、国立国会図書館憲政資料室所蔵）という正々堂々の主義主張を重視する彼ら三人の政治姿勢の同質性をうかがい知ることができよう（なおこのとき、大隈首相は浜口にたいして蔵相就任を要請したといわれている）。ちなみに二八会の同窓で浜口とともに大隈内閣の三羽烏と称された下岡忠治内務次官、伊沢多喜男警視総監も辞職しているが、彼らはそもそも大浦兼武内相系の内務官僚として活躍していた人物である。

さて、その後同志会は一九一六（大正五）年一〇月の大隈内閣崩壊に際し、ともに与党であった中正会、公友倶楽部と合同して憲政会となった。早くから熱心な合同論者であった浜口は、加藤総理の信任の下に合同委員（他に安達謙蔵）、創立準備委員（他に安達と富田幸次郎）として同志会を代表して新政党組織の準備をおこない、一〇月一〇日の結党式においては新党樹立の経過を報告するなど、憲政会設立の中心人物として活躍している。総裁には加藤高明が就任し、浜口は加藤総裁から尾崎行雄、武富時敏、若槻礼次郎、高田早苗、片岡直温、安達謙蔵とともに総務に指名されたのであった。こうして彼は同志会入党後わずか三年半余りにして、最高幹部の一翼を担うことになったのである。

ところで同志会および憲政会内にはもともと官僚系と党人系の二つの人脈が存在したが、憲政会内の状況を伝える一九一八（大正七）年一月二一日付の田健治郎逓相の密報によれば、「加藤総裁ハ何事ヲ相談スルニモ旧官僚系ノ者ニ限ル風アルヨリ、旧国民系ノ領袖ハ日一日ヲ逐フテ不快ノ感ヲ起シ」ており、また「従来総裁ノ親信スル者ハ若槻、浜口、安達、下岡、江木〔翼〕ノ数名ニ止マリ、国民系ノ尾崎、武富、片岡等ハ門外漢ノ如クニ見ラレ、殊ニ箕浦〔勝人〕、河野〔広中〕等ハ殆ント其存在ヲ認メサルモノ、如ク」であったという（山本四郎編『寺内正毅内閣関係史料』下、京都女子大学、一九八五年、六八四―六八五頁、ただし〔　〕内は筆者注）。したがって人脈的にいえば、浜口は元来加藤側近の官僚系として党内に重きをなしていたといえよう。

しかし、若槻や江木ら官僚出身者の多くが貴族院議員に勅選されて安定した地位をえたのにたいし、浜口はあくまでも衆議院にこだわり、衆議院に基礎をおく政党政治家として筋をとおしつづけたのであり、その意味で官僚出身者としては異例なほどに、党人系からも幅広い支持をえることになったのである（ちなみに一九一五年三月七日付『東京朝日新聞』は、「自分は予て政党生活をする以上は衆議院に議席を置くが正当なりと確信して居る」という浜口の談話を掲載している）。またその際、党の要職を占め、党人系にも影響力をもつ土佐系（創立時には仙石貢が顧問、片岡直温が総務、富田幸次郎が幹事長）とのつながりも見落とすことのできない要素であろう。なおその他に「自ラ高ク止マリテ」（一九一七年一〇月二〇日付遁相密報、山本編『寺内正毅内閣関係史料』下、六六三頁）、一般党員とあまり親密さのない加藤総裁に比較して、毎日多くの人と面会し熱心に話に耳を傾ける浜口の態度・人柄も、党内の人望を集めえた理由のひとつとして指摘することができよう（『中央公論』一九一八年三月号、六六、八二―八三頁参照）。

他方、憲政会の設立から第一次加藤高明内閣の成立にいたる在野党時代に、浜口は総務に五回指名されており、これは当該期の幹部中もっとも多い回数である（前述の一九一六年一〇月一〇日をはじめとして、一九年一月二〇日、同年一二月二五日、二二年一月一九日、二四年一月二一日にそれぞれ開催された党大会において加藤総裁より指名されている。他の三回の役員改選に際しては二度の顧問就任を確認しうる）。またこの間、政務調査会委員としても党の政策立案の中心的役割を担っており、とくに一九二一（大正一〇）年五月に設置された行政、財政、税制の三大整理特別委員会（若槻委員長）の特別小委員会委員としての活躍は、憲政会の緊縮財政政策を確立するうえで大きな意味をもつものであった。

さらに議会においても、補欠選挙当選（後述）後の第四一議会以降つねに党を代表して質問にたち、とりわけ高橋是清蔵相との間で繰り広げられた財政経済政策をめぐるはげしい議論の応酬は、財政経済の専門家としての浜口の評価をよりいっそう高めるものとなった（横山勝太郎監修『憲政会史』上・下巻、原書房、一九八五年復刻を参照）。

こうして浜口は人脈的な要素に加えて、官僚出身者としての実務・政策立案能力と、その謹厳実直・公明正大で情義に厚い人柄にたいする信頼感とも相まって、党内に重きをなすと同時に、憲政会を代表する政党政治家となっていくのである。

なお党外においても、彼の実力は早くから注目されるものであった。たとえば、『中央公論』一九一五（大正四）年八月号の「社会各方面の新人物」は、浜口を与党の「参謀」として「最も生彩を発揮する新人物」としてとりあげ、「人物沈着にして、多少の包容力あり。（中略）尋常螺吹の徒とは異なれり」と指摘している。また同誌一九一八年三月号の「将来に注目すべき新進政治家」においては、前田蓮山、鵜崎鷺城、川尻東馬などが、浜口を憲政会切っての「新進後継者」とし、党内の「声望は、実に外間の想像以上である」と評している。

さらに前田蓮山は、「原首相が政府反対者の中で一番将来に嘱望して居る人物は、浜口雄幸氏と湯浅倉平氏」の二人であるという言葉を紹介したのち、「将来の憲政会総裁としては、現党員中彼〔浜口――筆者注〕に最高点を与へたい。加藤総裁よりも利己的でない所に加藤総裁以上の望みがあるやうにも見える」（『政治は人格なり』新作社、一九二四年、二〇七、二一〇頁、ただし評論は一九二〇年秋のもの）と大きな期待をよせている。

しかし周知のように、憲政会成立以降の政治的道のりは、党にとっても浜口にとってもけっして平坦なものではなかった。寺内正毅内閣の成立によって憲政会はいわゆる「苦節一〇年」の時代を迎えるのであり、浜口自身も同内閣下の一九一七（大正六）年の総選挙に落選し（一九一九年三月の補欠選挙に当選）、その後も党人系と同じように選挙に悩まされることになったのである（北田『父浜口雄幸』一四七頁）。したがって「苦節一〇年」の時代は、彼の人生における二度目の逆境の時であったといえよう。しかし、加藤総裁を是非とも総理大臣にしたいという強い思いを抱く浜口は、そうした願いを実現し自己の進展をはかるためにも、みずからの力を信じて努力を重ね、逆境にたちむかったのである。

たとえば落選したにもかかわらず、議会には開会中毎日事務員の徽章をつけて出入りをしたといわれており、また一九一七年一一月三〇日付の逓相密報によれば、野党となって意気のあがらない党幹部のなかで「単リ頑健ナルハ浜口ノミ」（山本編『寺内正毅内閣関係史料』下、六七七頁）と評される意気軒高振りであった。さらに苦手な演説が急速に進歩したのも、落選後の度重なる地方遊説の賜物であった（関根『浜口雄幸伝』一二七頁）。

なお在野の代議士時代の浜口は、毎朝六時過ぎに起きて午前中自宅で十何種の新聞を精読し、調べ物や少なくとも五、六人の来客と面会したのち党本部にでかけて党務に精励、七時過ぎに帰宅して夜は必ず二時頃まで勉強する毎日であったといわれている（北田『父浜口雄幸』一一〇、一三三―一三五頁）。

以上のように浜口は、憲政会とともに長い在野の「苦節」の時代を経験したのであるが、しかし逆にそれが党および彼の政治的立場や主義主張を鮮明にし、また「大正デモクラシー」が急速に進展する状況においては、むしろそれへの適応を比較的容易にしえたのであり、浜口の政党政治家、立憲政治家としての成長を促したともいえるのである。

それではいったい浜口の政党政治観とは、どのようなものであったのであろうか。すでに述べたように、彼は時代の流れが官僚政治から政党政治へと大きく変化しつつあると認識しており、憲政常道論を唱えていたが、それを具体的に示しているのが、衆議院議員初当選後のつぎの談話である（「実行の伴はざる言論を排す」『中央公論』一九一五年五月号、八八頁、ただし〔　〕内は筆者注）。

今日の政界を観て稍慊らなく思つてゐる事は、今迄議会で発表されてゐる議論が余りに無責任な実行の伴はない議論が多かつたといふ事である。これといふのも、従来強大な藩閥内閣が根を張つて居つて、之を倒して、政治を国民的にする為めには尋常一様の手段ではいかなかつたから、実行の出来る出来ないをも考へずに、つひ極端な議論を発表するに至つたのであらうから、今迄としては或は已むを得なかつたでもあらうし、それでもよかつたのでもあらうが、今後の政治はそんな無責任な言辞を弄することは出来ない。入つては政権を掌り、下つては野に戦ふに当つても、其政見は常に堂々として渝るべからざるものである。朝に入つて直ちに実行の出来ないやうな議論は、仮令野に在つても之を唱ふべきではなく、その代り在野当時に主張した主義政見は、政権を握るや直ちに之を実行に移して、其言論の責を果さなければならない。それが為めには調査を緻密にして、明日からも実行の可能な議論をお互に発表するやうにしなければ真の政治は発達しない。今度私が代議士となつた以上は、私自身は素より、一般政党員に向つても空理空論を〔排〕して、責任ある政見を発表するといふことを望んで已まない次第である。

すなわち浜口の理想とする政党政治もしくは議会政治とは、各政党がそれぞれの主義・政策を言論の府である議会で主張しあい、国民に広く訴えて選挙で公正な審判を仰ぎ、その結果多数を獲得した政党が支持された政策を実行するというきわめて合理的なものであり（本書、五五八頁）、そのためには政党および政党政治家は直ちに実行しうる責任ある政策を立案しなければならないというものであった。したがってこうした内容をもつ二大政党制が確立している場合には、たとえ反対党内閣が成立したとしても承認しうるのであり、仮にそうした状況下において野党に甘んじたとしても、それはむしろ「当然の事柄」であり、「苦節でも何でもない」のであった（本書、四七六頁）。またそのような一定の慣行に従った政権交代こそが政治の公明正大さを保証し、ひいては国民道徳・思想にもよい影響を与えうるというのであった（「清浦内閣の四大罪悪」、一九二四年二月一六日、「税制整理の根本義を明す」、一二五年九月二〇日、いずれも関根『浜口雄幸伝』五五二、五七四頁。この点をつきつめると、政治を「国民道徳の最高標準」にするという考えに到達する。本書、五四一、五六〇頁参照）。

このように浜口はきわめて合理的な政党政治観をもっていたのであるが、ただしもちろん、そうした理想の実現を直ちにめざしていたわけではなく、実際政治においては、少なくとも寺内内閣期まで政党主義内閣、つまり政党内閣制にいたる過渡的時期には、政党に理解を示し共鳴する首相と多数の政党出身閣僚によって構成され、かつ政党の主義・政策を実行する内閣でもやむをえないとしている（「寺内内閣の非違を糾弾す」、一九一七年四月六日、関根『浜口雄幸伝』四〇五—四〇六頁）。しかしいずれにせよ、国民に公表し支持をえた政策にもとづいて合理的に政治を運用するのが立憲政治であると考えていたといえよう。

なお浜口の力説する実行可能な責任ある政策の提示という主張は、すでに立憲同志会成立当初から加藤高明が国王陛下の在野党というイギリス流政党政治の観点にもとづき主張していた議論でもあった点に注意しなければならない（伊藤正徳編『加藤高明』上巻、加藤伯伝記編纂委員会、一九二九年、七六三—七六七頁）。したがって憲政会が「大正デモクラシー」状況の進展に比較的容易に対応しえたのも、以上のようなきわめて明快な政党政治論をもつ指導者たちの政治指導に負うところが大きかったといえるのではないだろうか。

ところでそのような憲政常道論の立場からいえば、憲政会の在野時代は明らかに一種理不尽な「苦節」をしいられた時代であった。つまり時勢が政党内閣制の確立へと動き、しかも政権を担当しうる「唯一にして無二の反対党」であったにもかかわらず、結果として政局の変遷に関係がなかったということが、「苦節」の「苦節」たる所以であったのである。しかし「苦節」をしいていた政治的社会的状況、すなわち国民、言論機関、元老政治家などの政治的自覚の欠如や憲政常道の時勢にたいする理解のなさが好転することによって、ようやく憲政会は長い「苦節」の時代を脱することになったのである（本書、四七六―四七八頁）。いわゆる護憲三派内閣の成立であり、ここにおいて憲政会の主張と「大正デモクラシー」という時代の流れとがまさに合致しはじめたといえるのである。

3

さて第一次加藤高明内閣の成立（一九二四年六月一一日）を促した大きな要因は、周知のように、第二次憲政擁護運動であったが、浜口は憲政会の筆頭総務として時局をリードし、憲政会、政友会、革新倶楽部三派の提携維持に腐心して連立内閣の成立に大きな役割を果たした。加藤首相は内務大臣は「政府の中心」、大蔵大臣は「政策の中心」であるとして（伊藤編『加藤高明』下巻、四七九頁）、それぞれに若槻と浜口をあてたが、その間の事情を加藤側近の憲政会最高幹部のひとりで内閣書記官長となった江木翼は、つぎのように述べている（江木翼君伝記編纂会編『江木翼伝』同伝記編纂会、一九三九年、二七一頁）。

顧レバ、大正一三年六月初旬、加藤内閣成ラントスルトキ、加藤子余ニ告ゲテ曰ク、内務大臣ニハ浜口ヲ据エヨウト思フガ如何、余曰ク、此内閣ハ財政内閣也、経済内閣也、政治的ニハ内務ヲ重シトスベケンモ、政策的ニハ大蔵ヲ重シトス。且若槻ハ必ズ内務ヲ欲シ、世亦目スルニ副総理ヲ以テス、若槻内務・浜口大蔵可ナラント。加藤子余ガ言ノ如クス。

ただし浜口蔵相案についていえば、少なくともそれは高橋是清内閣崩壊時（一九二二年六月）以来の加藤の腹案であった（岡義武・林茂校訂『大正デモクラシー期の政治』岩波書店、一九五九年、二三〇頁）。なお蔵相に就任した浜口は、新任式のあと憲政会本部で開かれた祝賀会において、他の閣僚たちと異なり、進んで党員のなかへ入りこみ挨拶をして歩いていたといわれるが、それはいかにも党内の人望が厚い浜口にふさわしい「自然」な姿であった（『東京日日新聞』一九二四年六月一六日）。

こうして念願の大蔵大臣となり、財政経済政策の最高枢機にあずかることになった浜口は、以後の憲政会単独内閣、すなわち第二次加藤内閣（一九二五年八月二日）、第一次若槻内閣（一九二六年一月三〇日）においても引きつづきその職を占め、その間一貫して緊縮財政路線を掲げて行財政、税制の整理と財政の健全化に取り組み、日本経済の建て直しに大きな役割を果たした。在野時代に実行可能な責任ある政策の提示という主張を唱えてきた浜口にとって、不十分ながらも政策の実現にこぎつけたことは、相応の満足感をともなうものであった。そして彼の信念にもとづく政策遂行は、のちに反対党である政友本党の幹部からも、「護憲内閣以来若槻内閣に至るまで何が一番好評であつたかと言へば浜口君の大蔵大臣であつた」（『東京朝日新聞』一九二六年六月二日）と称賛されるほど、高い評価をえたのである。

他方、議会を言論の府と位置づける浜口は、答弁に際して十分に議論を尽くそうとする真摯な姿勢を示していたが、その「恐ろしく具体的」で「いやしくもゴマ化しをやらない。（中略）二に三を足せば必ず五になるやうな答弁」振りも、「初めて責任政治家を見る気がする」と評されるなど、好評を博したのであった（『東京日日新聞』一九二四年七月三日）。

以上のように、強い意志をもって政策の実現に努力する浜口は、信頼するに足る大蔵大臣としてきわめて高い評価をえたのであるが、しかしこの間に政治家としての人生を大きく左右する出来事がおこった。すなわち第五一議会開会中の一九二六（大正一五）年一月二八日に加藤首相が急逝し、後継に若槻礼次郎内閣が成立したのである。「政治家は政策を以て終始し、断じて策略を排斥せねばならぬ」（尼子『平民宰相浜口雄幸』三九三—三九四頁）という加藤の政治信条や人格に多大の影響を受けてきた浜口にとって、加藤の死は大きな衝撃であった。また若槻が首相に就任した関係上、浜口も副総理格と目される内相に転じることになったのである（同年六月二日）。浜口自身は蔵相に留まりたい考えであったといわれるが、将来一国を担う政治家としてよりいっそうの進展をとげるためには、内相はどうしても経験しなければならないポストであった。

なお加藤の死去後、党内には浜口を後継総裁に推薦する声が多かったが、若槻内相が現に臨時兼任首相をしている以上、議会や政友本党、また元老対策のうえからも若槻を後継総裁にするのが自然であるとして決定をみたのであった（『東京朝日新聞』一九二六年一月二九日）。ちなみに浜口の内相就任に関しては、若槻内閣成立直後からつぎのような党内観測がなされていた（『東京朝日新聞』一九二六年二月三日）。

加藤総裁死去後の憲政会が、若槻新総裁の下に陣容を如何に立直してゆくかは、最も興味ある問題であるが、現に議会開会中でありかつ加藤総裁没後日尚浅いことでもあり、今日の憲政会は新総裁の下に一致協力して難局を切り抜けることに努めているけれども、既に党内にはやがて起るべき専任内相補充問題を中心に、一脈の暗影が投ぜられて居る。即ち党内には加藤総裁在世中から各種の系統の暗流があり、第二次加藤内閣成立前後から、特にその色彩を鮮明にして来ている。その中主たる潮流の一二を挙ぐれば、浜口蔵相系と安達逓相系が暗闘を続けて居るやうである。もちろん浜口、安達氏等は表面に立つはずもないが、その取りまき連が将来自己の運命を開拓せんがために頻に躍動して居るのは事実である。先づ浜口系に言わせれば、第一次加藤内閣成立当初、加藤首相は内相、蔵相のイスを最も重要視して、その人選については非常な苦心をなした結果、若槻、浜口両氏をこれに振りあてることに決心して後も、果して何れを内相とすべきかについては余程考慮を費して、緊縮政策を力強く実行してゆく上には、浜口氏が蔵相として適任であるとしたのであつた。

故に若槻氏が総裁となり、総理となつた以上、浜口氏が内相に転ずるのは極めて順当である。殊に党内における世論を見るに、浜口氏は今回新総裁を決する際においても、若槻氏が極力後任総裁たるべしと勧めた程であるにも拘はらず、自ら持すること低く、先輩たる若槻氏に譲り、何等自ら求むる処がない。これが党内に人望ある所以で、氏に対しては党内ほとんど一人の反対者といふものがない。明敏の聞えある若槻氏がこの党内の人望を察して、最も近き機会に総裁を譲らんとすべきこと想像するに難くない。これに反し、安達氏は一定の識見なく、加藤総裁の顔色のみを見て、その使ひ走りをしていたに過ぎず、氏の今日までの経歴を見れば事大主義的進退をしていた人であるから、加藤総裁なき今日、自主独往で政治家として立ちゆくことは出来まい。殊に氏は在野時代からその子分を作ることにのみ熱心で今回もしきりに内相のイスをうかゞつているけれども、露骨にかゝる運動をすることは、却つて党内の反感を増す所以であり、安達氏が選挙に詳しいとはいへ、たゞ地方地盤の関係を多少心得ておるに過ぎないのだから、副総理としての資格はもちろん内相としても極めて不適任者である。これに対し安達系に属するものゝいふ処によれば、浜口氏は蔵相として適任者なることは何人も異論のない処であるが、大蔵省に育ち省内のことはよく知つているかも知れないが、内務省のことについては何等の経綸、抱負も持つまい。殊に内相は地方地盤の関係を熟知して居るものでなければ出来ないが、浜口氏にはその経験も知識もない。安達氏はこの点については、加藤総裁時代から若槻内相と共にその信任最も厚く、これだけでも内相の最適任者である。若槻氏とはかゝる関係で既に以前肝胆相照の間柄であり、恐らく内相の後任についても、両者の間にある種の黙契ありと信ずべき理由もある。いはんや浜口氏は一本調子で、余り人物が単純で、大政党の首領として清濁併せ呑むの大雅量はないから、内相たるは不適任なるのみならず、総裁としても適任であるとはいへぬと極力浜口内相説を排し、両者苦々しい宣伝をやつて居る。

したがって浜口の内相就任は、おのずと彼を副総理格、次期総裁の最有力候補として党内に位置づけることになったのである。

ところで昭和初の議会となった第五二議会は、休会あけの一九二七（昭和二）年一月二〇日に政友会と政友本党から内閣不信任案が提出され、波乱の幕あけとなった。憲政会内には解散を求める声が強かったが、若槻首相は田中義一政友会総裁、床次竹二郎政友本党総裁といわゆる三党首会談をおこない、妥協によって事態を切り抜けたのである。そうした若槻のやり方にたいしては党内から大きな反発が起こったが、その間の事情を若槻自身はつぎのように述べている（若槻『古風庵回顧録』三二一―三二二頁）。

この三党首会談については、私は閣僚にも、その他誰にも相談せずに行ったものであった。だから内閣の大臣たちは、寝耳に水であったろう。それで、こうなったと話したとき、浜口は私に『あまり技巧を弄するといかんぞ』と忠告した。浜口が技巧を弄するといったのは、私のやったことが、小細工に過ぎると見たのであろう。細工が上手すぎる。そんな小細工をやると、結局あとがよくないぞという意味に違いない。（中略）あるいは浜口の肚の中は、そんな事で妥協せず、堂々と議会で争って、正面から解散して、普通選挙をやれば、憲政会は必ず多数を制する。なぜそうしないのかという気持ちであったかも知れない。しかし口に出して、そうはいわなかった。（中略）ただ私の肚の中は、ここで打明けて言うが、当時の私としては、解散をして選挙に勝つということには、あまり望みを持てなかった。（中略）それからもう一つ、露骨にいうと、私は金の出来ない総裁であった。これは世間でも、党員などでも、みな認めていた。選挙というものは、金を使わなければならん。金を持って行けば、大体選挙は勝てるであろうが、その金が出来ない。（中略）だから私は、技巧を弄するなどとはもちろん考えず、正面から両党首にぶつかったのであった。浜口の言った意味もよく判るし、浜口ならばああはやらなかったであろうと思う。また浜口なら金の出来る総裁であって、その点でも、私と浜口とは違うのである。

「行くに径に由らず」という格言を生涯の座右の銘としていた浜口にしてみれば（北田『父浜口雄幸』一二六、一八一頁、『民政』第五巻第一〇号、六一頁）、まさに解散こそが正々堂々の大道であったといえる。

ところで三党首会談を契機にして憲政会と政友本党の提携が実現し、無事議会を終えた若槻内閣であったが、その後周知のように、台湾銀行救済問題をめぐり枢密院と衝突して内閣は瓦解した。

代わって登場したのは田中義一政友会内閣であったが（一九二七年四月二〇日）、憲政会は憲本連盟をさらに新党結成にまで押し進め、対決することになった。新党樹立に際して最大の障害となったのは、党首問題であった。若槻憲政会総裁と床次政友本党総裁、とりわけ若槻が有力候補であったが、彼は三党首妥協劇の当時者として評判が悪く、憲政会内の一部幹部を含む中堅少壮派から激しい反発が起こった。もとより党内には浜口を推す声が強かったが、浜口は健康上の不安に加えて（前年の秋以来体調を崩していた、本書、四九三―四九四頁）、若槻、床次の両先輩をさしおいて就任するのは不本意であるとして、固辞していたのである。

しかし周囲の浜口待望論（そのなかには浜口の政治資金調達能力にたいする期待もあった）をまとめあげ、辞する余地のない状態に浜口を追い込むことによって、ようやく承諾をうることに成功したのであった（この間の事情については、若槻『古風庵回顧録』三三一―三三三頁、幣原喜重郎『外交五十年』原書房、一九七四年、一四〇―一四二頁を、また浜口と政治資金との関係については、升味準之輔『日本政党史論』第五巻、東京大学出版会、一九七九年、一二八―一二九頁、馬場恒吾『現代人物評論』中央公論社、一九三〇年、三―一七頁を参照）。

こうして浜口は一九二七（昭和二）年六月一日、立憲民政党の初代総裁に就任したのである。そして結党式の席上、浜口は議会中心政治の徹底を標榜する民政党の「進歩性」を謳いあげ、将来の政権獲得を期したのであった（『民政』第一巻第一号、一九二七年六月一日、二―三頁）。

さて民政党を率いる浜口が最初に直面した難関は、一九二八（昭和三）年二月二〇日におこなわれた憲政史上初の普通選挙であった。田中内閣は少数与党の拡大をめざして激しい選挙干渉をおこなったが、政友会は第一党に返り咲いたものの二一八議席にとどまり、民政党との差はわずか一議席にしかすぎなかった。二議席の減少にくいとめた民政党の事実上の勝利であった。そこで実業同志会や中立系議員、無産諸派など三〇余名が議会のキャスティング・ヴォードを握ることになり、政民両党の多数派工作が活発に展開されることになったのである。

とくに政友会の野党系・中立系議員にたいする懐柔工作は熾烈をきわめたが、その頂点が第五五特別議会（一九二八年四月二〇日―五月六日）に上程された内相弾劾決議案をめぐる攻防であった。議案の否決に確信のもてない政府は、議会の停会を奏請し、その間に猛烈な買収、切り崩しにでたのである。それにたいして民政党は異例にも議員を「缶詰」にして対抗し、鈴木喜三郎内相を辞任に追い込んだのであった。民政党は浜口総裁の指導の下に団結を保持しえたのであるが、当時の様子を回顧して三木武吉はつぎのように述べている（『民政』第五巻第一〇号付録、二六頁、ただし〔 〕内は筆者）。

〔三木派の寝返りという風評に狼狽した党幹部が、浜口に三木との懇談を要請したのにたいして、浜口は〕「世間が何と宣伝し、党内で如何なる憶測が盛んであつても、三木に限つて左様なことの絶対に生ずべき事を想像する事は出来ぬ、又三木の力の及ぶ範囲内に於て切り崩し等の行はるゝ事はあり得べからざることゝ信ずる、自分は三木を信ずるが故に、三木に対して左様な警告や無礼な注意を加ふることは出来ぬ。」と言下に幹部の進言を拒絶せられたといふことをその当時他の人から聞いた。（中略）この浜口先生の一言を伝聞して、命を的に浜口の城を守らねばならぬといふ悲壮な決心を為さしめたが、夫れよりも此話を多少去就に迷ふて居るのではないかと思はれる同志に物語つたら、其時以来其同志は最も熱烈なる浜口宗の一人となつた。

このように民政党が団結を維持するにあたっては、誠意をもって人に接し、人を信じて疑わない浜口の人格にも負うところが大きかったのである。

しかし政民両党の拮抗による議会運営の不安定化と浜口の健康問題（総裁就任後も健康状態は必ずしも万全ではなかった）は、政界にさまざまな思惑を生じさせ、ついに床次竹二郎民政党顧問の突然の脱党（同年八月一日、のちに旧政友本党系の脱党者とともに新党倶楽部を樹立）と、それにつづく党内「不平組」による動揺（主として安達や江木ら党幹部にたいする不満が原因、のちに憲政一新会を結成）を引き起こすことになったのである。また浜口にたいする個人的中傷もおこなわれたのであった（健康問題や『浜口総裁邸秘聞』と題するパンフレットによる清廉潔白なイメージにたいする誹謗中傷）。

こうした事態に直面した浜口は、党内の動揺が一段落した九月一〇日に、「我が党は百八十余名を有する大政党である、(中略)多少の脱党者を出したとは言ひ、巨然たる天下の第二党である、二大政党樹立の大勢には何等の変化を見ず、従つて政機の移動する時帰着する処は明確である、二大政党として微塵だに動揺なしと確信する」と臨時議員総会において演説し、党の団結と党内掌握力にたいする自信を表明したのであった。また健康問題についても「積極的に活動するに十分である」と明言し、不安の一掃に努めたのである(『民政』第二巻第一〇号、一九二八年一〇月六日、九二頁)。

ところで、こうした一連の騒動はたしかに民政党の政治力を弱めたが、しかし浜口総裁自身の立場からいえば、異分子や不平分子の脱党によって、またそれにたいする断固たる対応を示すことによって、逆に党内指導力を再確立しえたといえるのである。

ところがそれに反して、政党政治の現状、とりわけ田中内閣の政治運営にたいする浜口の憂慮は、ますます深まるばかりであった。「政党内閣制運用の始に於て、若し政府当局の態度と施設宜しきを得ず、其の誠意と能力とを疑はるるに至つたならば、議会政治の信用を失墜し、国民は失望の結果如何なる事態を発生するに至るやも測り難いのである。実に今日は我国民の能力が果して政党内閣制の運用に堪ゆるや否やの試験を受けつゝある最も大切なる場合であつて、政治家の責任極めて重大なりと謂はなければならぬ」(『民政』第一巻第七号、一九二七年一二月一日、二頁)とし、また「政治は最高の道徳であり最高の教育」(『民政』第二巻第一〇号、八七頁)と考える浜口にとって、たとえば政府与党による議員の買収や切り崩し、第五六議会における小選挙区制案をめぐる議場の大混乱は「議会ノ信用ト議員ノ品位トノ為頗ル遺憾トスル所」（『浜口日記』一九二九年三月二一日条）なのであった。政党政治の着実な発展を願い、とりわけ「議会の言論、特に政党内閣制の下に於ける議会の言論は、純然たる政策問題を以て相争ふべきもの」（『民政』第三巻第三号、一九二九年三月一日、一三頁）という浜口の議会政治観からするならば、政策論争以前の問題を問わなければならない状況は、まさに憂うべき事態であったのである。

以上のように、民政党総裁としてはじめての在野時代を経験した浜口は、とくにその前半期、健康状態に不安をかかえながらも、民政党の野党としての統一と党内の掌握とに腐心するとともに、政党政治の現状にたいする強い危機感を抱きながら、田中内閣に対峙していたのである。折しも田中内閣は一九二九（昭和四）年に入ると、内外世論の一段と激しい批判を受けるようになり、結局、張作霖爆殺事件をめぐる昭和天皇の叱責が田中内閣を総辞職に導いたのであった。

ここに憲政の常道にもとづき、反対党の総裁である浜口雄幸に組閣の大命が下り、一九二九年七月二日午後九時、大命拝受後わずか八時間という異例の早さで浜口内閣が成立したのである。明治生まれ初の内閣総理大臣の誕生であった。こうして立憲同志会入党後一六年にして、政界の頂点に昇りつめた浜口は、いよいよ年来の抱負を実現しうる最高位の立場にたつことになったのである。と同時に、「何れ一度は死ねる命だ。国家の為に斃るれば寧ろ本懐」という「相当の決心」のもと、政治の重任にあたる強い決意を固めたのであった（本書、五四八―五四九頁、他に五四〇頁、北田『父浜口雄幸』五頁）。

4

浜口民政党内閣の成立は、おおむね好感をもって迎えられた。合法無産政党の陣営からも「嵐を破つて青天を仰いだ感がある。（中略）健全なる議会政治の発達の為に当然なりと信ずる」（『社会民衆新聞』一九二九年七月一〇日）と評されるなど、その「大正デモクラシー」状況にふさわしい進歩的イメージは広く国民の間にゆきわたっていた。また浜口首相個人にたいしても「国民的歓呼を受くるに充分である」（『報知新聞』一九二九年七月三日）として多大なる信頼が寄せられており、「ライオン宰相」としても親しみをもたれていた。

民政党はすでに在野時代に、財政緊縮・金解禁・協調外交・社会政策という一定の整合性をもつ政策体系を有していたが（伊藤之雄『大正デモクラシーと政党政治』山川出版社、一九八七年、二〇六―二〇九、二四二頁）、組閣一週間後の七月九日、それらを引き継ぐつぎのような一〇項目にわたる施政方針が発表された。（一）政治の公明、（二）国民精神の作興、（三）綱紀の粛正、（四）対中国外交の刷新、（五）軍備縮小の完成、（六）財政の整理緊縮、（七）非募債と国債総額の減少、（八）金解禁の断行、（九）社会政策の確立、（一〇）その他の政策（教育の更新、金融制度の改善など）。

昭和初期の日本をとりまく困難な内外情勢のなかで成立した浜口内閣は、周知のように、井上準之助蔵相の緊縮財政と幣原喜重郎外相の国際協調外交とを政策の柱にしており、施政方針にもそうした観点が貫かれていたが、それらの基礎をなす根本理念が第一項で示された「政治の公明」であった。すなわちそれは、政党政治の現状を憂える浜口の「政治をして国民思想の最高標的」にするという信念から掲げられたものであり、彼自身が「余の内閣は実に此の重大なる問題〔政党政治の弊害——筆者注〕を解決すべく生れたりと余は自任し居れり」（本書、五四二頁）と自負しているように、けっして儀礼的なお題目ではなかったのである。

こうして浜口内閣は「強く正しく明るき政治」をめざすことになったが（『民政』第三巻第一一号、一九二九年一一月一日、六頁、本書、五四一頁、浜口『強く正しく明るき政治』も参照）、それはまさしく「浜口首相の性格そのまゝの政治」とでもいいうるものであったのである（緒方竹虎「後継総裁問題・其の他」『改造』一九三一年一月号、一六二頁）。なおこの施政方針は、上奏裁可を経て発表するというはじめての形式をとっていたが、それは天皇統治下の政党政治家として、政治責任の所在を明らかにするという姿勢を示したものであり（『民政』第三巻第八号、一九二九年八月一日、一五五頁）、いかにもまじめで責任感の強い浜口らしい手続きの取り方であったといえる。

さて浜口内閣が直面した当面の政治課題は、金解禁の実現であった。歴代内閣の頭を悩ませたこの問題は、とくに一九二八（昭和三）年から商工会議所や手形交換所などを中心にその実現を求める声が高まっていたが、田中内閣の積極財政のためにとうてい不可能とみられていた。そこで政府は組閣後直ちに一九二九年度実行予算を組み、金解禁の前提となる財政の緊縮にあたったが、さらにあらゆる機会をとらえて金解禁およびそのための財政緊縮と消費節約の必要性とを国民に訴え、世論の形成に努めることになったのである。

主務大臣である井上蔵相の講演活動をはじめとして、八月九日には安達謙蔵内相を会長とする公私経済緊縮委員会の設置を閣議決定し、その下で公私経済緊縮運動を大々的に推進したほか、浜口みずからも「全国民に訴ふ」というリーフレットを作成したり、「経済難局ノ打開ニ就テ」と題するラジオ放送をおこなうなどしている（八月二八日）。また民政党においても一〇月一〇日、政務調査会があらためて金解禁の決行を決議するなど、政府内外にわたる周到な準備がなされていた。

こうした状況のなかで、一〇月一五日に突然閣議決定されたのが、官吏減俸案であった。財政緊縮の一環として政策を推進した浜口首相や井上蔵相は、当然国民の歓呼を受けるものと信じていたが、予期に反して各方面から猛烈な反対の声があがり、一週間後に撤回せざるをえなかった案である。この問題はのちに浜口自身が認めているように、明らかに「周囲の大勢」の観測を誤ったものであり（本書、五一〇頁、『東京朝日新聞』一九二九年一〇月二四日）、とくにお膝元の司法官をはじめとする官僚層や与党の民政党からの反対は致命的なものであった。もっとも政府が威信や面子にこだわらずに潔く案を撤回したことは、世論を尊重するものとして歓迎されたのであり、そうした浜口の真摯な対応とも相まって大きな失点とはならなかった（『東京朝日新聞』一九二九年一〇月二一日）。

このように財政緊縮にたいする信念が空回りすることがあったものの、金解禁にむけて環境は着実に整備された。その結果、一一月二一日に金解禁をおこなう大蔵省令が公布され、翌三〇年一月一一日に実施されたのであった。一九一七（大正六）年九月に寺内内閣が金輸出を禁止して以来、一二年四か月ぶりに長年懸案とされた難問題がここに解決され、浜口内閣の政策遂行能力を示す大きな成果となったのである。

ただし、前年一〇月二四日のニューヨーク株式市場の大暴落から世界恐慌がはじまっていたにもかかわらず、そのなかで金解禁をおこない、緊縮政策をつづけたことが、国内にいっそう深刻な不況をもたらすことになった点にも注意しなければならない。このとき政府は不況の深刻化を緩和する政策をほとんど積極的にとっておらず、結果としていわゆる昭和恐慌を激化させる一因となってしまったことは否めないであろう。

では、なぜ政府は不況にたいする柔軟な姿勢をもちえなかったのであろうか。浜口首相や井上蔵相が同時代人として世界恐慌への発展を予想しえなかったことや、金解禁と緊縮政策自体のもつ政策的合理性や政治的意図は別に考慮するとしても、柔軟な姿勢を欠いた理由のひとつとして、浜口や井上の緊縮政策の維持にかける強い信念をあげることができるのではないだろうか。

ともあれ、そうした不況が深刻になるのは、株価暴落を指標とすれば、一九三〇年三月以降のことであった。同年二月二〇日の総選挙で、与党民政党は二七三議席を獲得する大勝利をおさめており、謹厳重厚な浜口首相とその下で推進される緊縮財政・国際協調外交にたいし、国民は強い期待と支持とを表明していた（ちなみに、このときの普通選挙は進歩的イメージの浜口内閣にふさわしく、比較的自由で公正な選挙であったといわれている）。こうして浜口内閣は、世論の大きな支持を背景にして、金解禁後の最大の政治課題である海軍軍縮条約の実現にむけて邁進することになったのである。

一九三〇（昭和五）年一月二一日、イギリス上院のロイヤル・ギャラリーに日米英仏伊五か国の代表が集まり、海軍軍縮会議が開催された。ワシントン条約以降激しさを増した補助艦をめぐる建艦競争に歯止めをかけるためであった。会議に臨む浜口内閣の基本方針は、海軍の要求を基礎にした田中内閣時代のものを引き継いでおり、つぎに掲げるいわゆる三大原則と呼ばれるものであった。（一）補助艦の総括対米七割、（二）大型巡洋艦の対米七割、（三）潜水艦の現有所有量の保持、である。

前述のように、政府は軍縮を施政方針のひとつとしていたが、それは緊縮財政（財政の健全化と国民負担の軽減、金解禁の実現）と国際協調外交（ワシントン体制の維持と対中国外交の刷新）との接点に位置し、それぞれの政策を可能にするもっとも重要な課題であった。さらに理念的には、世界は武力に訴える「冒険時代」から相互信頼と共存共栄の「安定時代」に到達したという世界認識にもとづいており、まさに平和にむかう世界の大勢に順応し、「人類の文明に一新紀元を画」する大事業ととらえられていた（本書、五二五頁、伊藤隆『昭和初期政治史研究』東京大学出版会、一九六九年、九三、一〇二―一〇六頁）。したがってロンドン海軍軍縮会議の成功は、内閣にとって必要不可欠なものであったのである。

こうした浜口内閣の軍縮会議の成功にかける積極的な姿勢には、与党はもちろんのこと、大新聞をはじめとする世論の支持があり、また元老西園寺公望や天皇側近（牧野伸顕内大臣、鈴木貫太郎侍従長、一木喜徳郎宮内大臣、奈良武次侍従武官長）からも支持されていた。ただし会議の成功と三大原則の貫徹とが両立しない場合には、多くの困難が予想される状況でもあったのである。なぜなら政府が三大原則を絶対視せず前者を重視したのにたいし、海軍とりわけ用兵作戦計画を担当する海軍軍令部が後者を固守する強い姿勢を示していたからであった。

こうしてロンドン海軍条約をめぐる国内政治の紛糾が、三月一五日の全権委員請訓電（日米妥協案を基礎とする協定成立を請訓）の到着をもってはじまることになったのである。以後、第一段階――回訓の決定（四月一日）から、第二段階――第五八特別議会における討議（四月二一日―五月一三日）、第三段階――軍事参議院の奉答（七月二三日）、第四段階――枢密院の奉答（一〇月一日）を経て、第五段階――補充予算案の閣議決定（一一月一一日）にいたるまで、浜口首相はきわめて困難な道のりを歩むことになったのである（詳しくは、伊藤『昭和初期政治史研究』、小林龍夫「海軍軍縮条約」『太平洋戦争への道』第一巻、朝日新聞社、一九六三年、新装版一九八七年を参照）。

しかし、彼は軍縮会議の成功にたいし、「自分が政権を失うとも民政党を失うとも又自分の身命を失うとも奪うべからざる堅き決心」（『現代史資料』第七巻、みすず書房、一九六四年、三七頁）を抱いており、一貫した強い政治指導力を発揮して事態を乗り切ることに成功したのであった。

たとえば回訓の決定過程をみると、臨時海相事務管理を兼任していた浜口首相は、請訓電の到着を受けて山梨勝之進海軍次官に「海軍部内ノ意見ヲ纏ムルコト」（『浜口日記』一九三〇年三月一五日条）を命じるとともに、岡田啓介軍事参議官にも調整を依頼して反対勢力（加藤寛治海軍軍令部長、末次信正同次長、東郷平八郎元帥、伏見宮博恭王軍事参議官）の「熱の冷めるのを待」った。しかし「もう待つだけのことは待つたし、できるだけのことはしてみた」と判断すると（原田熊雄『西園寺公と政局』第一巻、岩波書店、一九五〇年、二八、三三頁）、少なくとも三月二六日には日米妥協案を基礎とする回訓案の決定を最終的に決意して、翌日岡田、加藤、山梨の三者に告げたのである（『浜口日記』三〇年三月二六、二七日条）。そこで調整役の岡田と山梨は、政府と海軍との対立を回避するために、四月一日の閣議までという限られた時間のなかで部内をまとめざるをえない状況に追い込まれ、結局、政府が兵力量不足の補充の考慮を承認するという条件のもと妥協の成立をみたのであった。

またロンドン海軍条約成立のための最後の関門となった枢密院の審査においても、政府は枢密院の要求した軍事参議院奉答文の提出と加藤前海軍軍令部長（六月一一日に更迭）の喚問とをいずれも明確に拒否する断固たる姿勢を示している。このとき浜口首相は「枢密院が反対しても構はない。勅裁を仰ぐつもりだ。諒解運動はやらない」という決意を固めており、仮に枢密院が審議拒否や条約反対の態度をとった場合には、反対上奏――枢密顧問官の入れ替えという「断乎たる処置をとる決心」でさえあったのである（伊藤『昭和初期政治史研究』一一三―一一四頁）。

事実、政府と枢密院との正面衝突が喧伝されていた九月一五日、再度の奉答文提出要求を「即座ニ拒絶」した浜口は、その日の『日記』に「政府ノ方針態度ハ微動ナシ、自後ノ方策ハ臨機応変也」と述べ、場合によっては「断乎たる処置をとる決心」を記している。したがって九月一七日の第一二回審査委員会において、条約の批准阻止をもくろんでいた伊東巳代治審査委員長が無条件で御批准然るべしとする劇的な態度の大転換をおこなった背景には、少なくともこうした政府の妥協を排する強硬な姿勢があったのである。

以上のように浜口首相は、ロンドン条約の成立にあたって、反対勢力を押さえ込む強い政治指導をおこなったが、それはまさに議会閉会後に彼が語ったつぎの所信に象徴されるものであった（関根『浜口雄幸伝』二九六―二九七頁）。

今や現内閣は、天下の広居に居り、天下の正位に立ち、天下の大道を行つてゐる心算であります。

而して大道の前に横はる一切の障碍は、これを踏み破つて進むの外はありません。古い言葉でありますが、行くに径に由らず、廻り道をしても大道を通るのが、現内閣の方針であり、民政党の信条であります。

なおこうした正々堂々の断固たる姿勢は、浜口首相が直接影響力を行使できない、軍事参議院をめぐる困難な状況に財部彪海相が直面した際にもみることができる。すなわち条約に反対を唱える東郷元帥や伏見宮軍事参議官の強硬意見に苦しんでいた七月八日、財部はひそかに浜口を訪れ「殆ント元帥等ノ緩和ハ絶望ニ陥」ると告げるとともに、「唯一路正道ヲ歩マント意見一致」したが、その際浜口は「御言葉ヲ拝シ奮闘ス、仮令玉砕ストモ男子ノ本懐ナラスヤ」と述べ、財部を激励している（『財部彪日記』一九三〇年七月八日条補記、国立国会図書館憲政資料室所蔵）。

しかし、そうした浜口首相の姿勢が一面、海軍関係者の眼には海軍にたいする配慮不足として映ったことも否めない点であろう。山梨の後任次官となった小林躋造は「若し浜口氏が努めて海軍の巨頭に会はれ、虚心坦懐に我国の当面せる内治外交上の困難を説明されたなら、海軍巨頭も大に諒解されたでもあらふ」と述懐しているし（伊藤隆・野村実編『海軍大将小林躋造覚書』山川出版社、一九八一年、五三頁）、部内のとりまとめに尽力した穏健派の山梨も、浜口は「実に立派な人」とその人格を認めながらも、彼の東郷元帥への接し方とかつての原敬の山県有朋にたいする「上手」なさばき方とを対比して、暗に浜口の「工夫」が不十分であったことを示唆している（山梨勝之進『歴史と名将』毎日新聞社、一九八一年、一七八頁）。

ただし、野党の政友会が特別議会において提起した統帥権問題に「不答弁主義」（本書、四八〇頁）でもって応じたことは、一方では、浜口の「政府部内の詮議振を議会に暴露する」のは「不必要にして且つ有害なりとする信念」（伊藤・野村編『海軍大将小林躋造覚書』五八頁）と、「軍部を相手に妙な関係になると内閣は崩壊」（原田『西園寺公と政局』五〇―五一頁）し条約も成立しないという危惧のためであったが、他方では、海軍内穏健派を支援するための配慮であったということもできる。

いずれにせよ、そうした海軍関係者の見方は謹厳重厚・公明正大で小細工を好まない浜口の性格の一面をとらえたものであり、いみじくも西園寺公望が評したように「浜口総理の欠点であり、また長所」（原田『西園寺公と政局』二〇三頁）でもあったが、他方浜口の側にしてみれば、それだけ人を信頼し十分な能力を発揮させようとする立場からの態度であったともいえるのである。

また制度的には、浜口首相が海軍部内に直接影響力を行使しうる余地は、臨時海相事務管理を兼任していたとき以外にはないことにも考慮する必要があろう（もちろん強い指導力を発揮した場合の政軍関係に与える影響も考えなければならない）。さらに軍縮という海軍にとって死活的な問題に直面した状況で、はたして浜口の「工夫」がどれだけ有効であったのかも検討の余地があると思われる（少なくとも第一次世界大戦後の状況とは異なるのであり、原敬の政治指導と単純に比較することは困難である）。

ところで浜口首相の政治指導の方法について、政治評論家の馬場恒吾はつぎのように述べている（「浜口雄幸の展望」『改造』一九三一年一月号、二五二頁）。

浜口は首相になつて以来、政治上の問題がある毎に、彼れの閣僚或は其他の政治家を呼んで、意見を聞く。よく他人の説を容れる。首相若くは総裁であるからと云つて決して独断専行を敢てしない。これが彼れに対して政府部内と政党の党員が心服する原因になる。

また浜口自身は同様の点を、「成功の秘訣」としてつぎのように述べている（本書、五一二頁）。

第一、信念の鞏固なること。第二、大勢の観測を誤らざること。第三、仕事其のもの、内容に欠点なきこと。第四、脚下と背後とに些の動揺なきを期すること。第五、要処要処の摩擦を予め排除し置くこと。斯くして包囲攻撃の形全く成るに於ては、第六、突入。第七、健闘。第八、最後の五分間の踏張り、（後略）

このように政治指導の方法という観点から政治家としての浜口をみると、信念にもとづく「熟慮断行」型の政治家であり、一度決めたことはあくまでも貫き通そうとする強い意志をもっているが、けっして独断的な指導者ではない。また権謀術数は好まないが、政策の実現にむけて環境を整えたり、いわゆる政治的な根回しをすることにまったく無関心な政治家でもなかった。

では、こうした浜口のロンドン海軍条約をめぐる政治指導を検討すると、それを可能にした要因として、国民の圧倒的な支持のほかに、少なくともつぎの三点を指摘することができよう。第一は、政府与党の支持であり、第二は、軍部穏健派の支持であり、第三は、昭和天皇をはじめとする元老や天皇側近者たちの支持である。

まず第一についてみれば、浜口が対策を協議し相談していた閣僚は、主務大臣である幣原外相と財部海相以外には、主として安達内相と江木鉄相の二人（とりわけ後者）をあげることができる。安達は政府の政務官と与党に大きな力をもつ党人系の総帥であり、したがって浜口は安達のそうした地位を利用して、とくに与党の支持を調達したものと思われる。

一方、江木は内閣成立以来の重要問題につねに携わっており（施政方針の起草、植民地総督人事、総選挙、宇垣一成陸相病気辞任問題、ロンドン海軍条約問題、議会対策、のち浜口遭難後の後継人事問題など）、浜口の信頼の厚さをうかがい知ることができるが、内閣書記官長（三度）と法相を経験している関係上、法制面・実際政治面にきわめて明るく、また枢密院や貴族院など多方面にわたる人脈もあり、浜口の知恵袋としても根回し役としても最適の人物であったといえる。

以上のように浜口は、主として安達と江木の両大臣を通じて政府与党の支持を獲得し、自己の政治的基盤を確固たるものとしていたのである。

つぎに軍部穏健派との関係については、陸海両相との緊密な関係を指摘することができる。日米妥協案の請訓時に態度を決めかねていた財部海相も、帰朝後は「決心頗ル鞏固」となり、浜口と「共ニ所信ニ邁進センコトヲ約」している（『浜口日記』一九三〇年五月一九日条）。財部は六月一〇日、一一日に強硬派の軍令部首脳を更迭したが、それは条約批准のための障害がひとつ取り除かれたことを意味しており、浜口も六月一一日の『日記』に「昨今両日ノ大更迭ニテ軍部問題一段落トナル、愈々軍縮問題ニ付所信ニ向テ邁進スルノ準備成ル」と決意のほどを記している。

また浜口首相を「盟友の一人」とする宇垣一成陸相も政府の方針を支持していたが、それは政軍関係の動揺を防ぎ、条約の成立を期するうえで大きな支えとなるものであった（伊藤『昭和初期政治史研究』一二三、三〇八―三二〇頁）。このように当該期の浜口首相と陸海両相との間には、「協調的」もしくは「相互依存的」な関係があったのである（黒沢文貴「田中外交と陸軍」『軍事史学』第二一巻第三号、のち黒沢『大戦間期の日本陸軍』みすず書房、二〇〇〇年に収録を参照）。

他方、浜口の強い政治指導を可能にした第三の点に関しては、なによりも昭和天皇の支持が重要である。とくに政府回訓案の決定過程において、昭和天皇が直接浜口に「世界ノ平和ノ為メ早ク纏メル様努力セヨ」（『浜口日記』一九三〇年三月二七日条）と明確な意思表示をしたことは、彼の回訓決定への信念を確固不動のものにすると同時に、その後の条約の成立にかける断固たる姿勢を生みだす源泉ともなったのである。前述したような枢密院への対抗措置としての反対上奏という強硬手段も、当然そうした昭和天皇の支持を前提にした構想であったことはいうまでもない。

さらに元老の西園寺公望が終始一貫して浜口首相の力強い支援者として、その影響力を行使したことは周知のとおりである（伊藤『昭和初期政治史研究』一九五―二一四頁）。また加藤海軍軍令部長をめぐるいわゆる上奏阻止問題に関係した鈴木貫太郎侍従長については、奈良武次侍従武官長のつぎの回想が参考になろう（『奈良武次大将回顧録草案』、奈良家所蔵、波多野澄雄・黒沢文貴・波多野勝責任編集『侍従武官長奈良武次日記・回顧録』第四巻、柏書房、二〇〇〇年、一五七頁参照）。

鈴木侍従長ハ海軍大将ナルト現閣僚ノ多クハ大隈内閣当時次官仲間ナリシトノ関係アリ、海軍部内ヨリモ内閣方面ヨリモ運動ヲ受ケ自然隠密ノ干渉ヲナシ回訓当時モ海軍本省側ノ肩ヲ持チ軍令部側ノ抑制ニ努メタリ、是ハ理論上ハ元ヨリ適当ト謂ヒ難キモ侍従長ノ倫敦会議ニ対スル意見ハ穏健ナリ（予モ固有ノ意見ハ大体之ニ同シ）

ちなみに大隈内閣当時、鈴木は海軍次官であり、浜口は大蔵次官であった（内閣書記官長は江木）。

以上のように、ロンドン海軍条約の成立を望む政府内外の大きな支持を背景にして、浜口首相は確固たる信念にもとづく強力な政治指導をおこない、条約の批准に成功したのであった。幼少の頃小心で臆病な気の弱い性格であった浜口が、克己精励を積み重ねることによって、重大な政治問題を引き起こしたきわめて困難な状況に直面しても、自己の信念を貫き国家を指導する力強い政治家に成長したのである。当時浜口は「ライオン宰相」とあだ名され、また「古武士的政治家」「東洋風豪傑の典型」とも評されていたように、きわめて男性的な政治家とみられていたが、その意味で、明らかに彼は自分の「短所」であった性格的な弱さを克服して、意志の強い信念の政治家となったのである。

しかもロンドン海軍条約問題は、明白な政治的反対勢力が存在するなかで、それらを退けて天皇と国民とにたいし提示した政策を達成しえた政党内閣の輝かしい成果なのであり、公約の実現を絶えず念頭においてきた政党政治家としても面目躍如たるものがあった。それゆえ海軍補充問題を含む一九三一(昭和六)年度予算案を閣議決定し、ロンドン条約問題に最終的決着をつけた浜口は、その直後の一一月一四日、東京駅で右翼に狙撃された際、政治家としても一個人としても、大きな仕事をなしとげた満足感に浸っていたのである。

5

浜口内閣は、戦前期政党政治の頂点をなす内閣であった。公に掲げた政策を実行しようとする姿勢はきわだっており、もっとも政党内閣らしい内実を備えていたといえよう。しかしそれは「浜口中心主義」と評されていたように（粟屋憲太郎『昭和の歴史6　昭和の政党』小学館、一九八三年、一五八―一六一頁）、浜口首相の政治理念と指導とに多くを負う内閣でもあった。そして浜口の政治指導は、主として長年の努力と修養とによって養われた人格的側面と、イギリス流の政党政治を理想とする政治理念にもとづくものであり、それらがまた彼の強さの源泉でもあった。したがって明治憲法体制における限られた立憲政治のなかで最大限に政党内閣と議会の力とを行使して、その着実な進展をはかろうとした浜口の試みは、彼の「進歩的」で強力な政治指導ゆえに、それに反発し危機感を抱く「革新」勢力の台頭をうながすことになったのである。その意味で浜口にたいする右翼のテロは、浜口個人にとどまらず、彼に象徴されていた政党政治の進展に大きな暗雲を投げかけるものとなったのであり、激動の昭和史の開幕をつげる事件ともなったのである。

一九三一（昭和六）年四月一四日、浜口は内閣総理大臣と民政党総裁の職を辞した。浜口の遭難後開かれた第五九議会に無理をおして登院したことが（三月一〇日）、病状を悪化させたためであった。登院の前に議会は幣原首相臨時代理の発言をめぐって大混乱に陥っており、病中の浜口の尽力もあって収拾されたとはいえ、その「亡状」は、健全な議会政治の発展を願う浜口にとって、まさに「憲法政治の破壊であり議会政治の蹂躙であつて、実に由々しき大事」なのであった（本書、五五八―五五九頁）。また以前から彼は、もし国民が議会政治に失望したならば、どのような事態が起こるのか予想しがたいという危機意識をもっており、そうした思いが健康状態がおもわしくないにもかかわらず、彼を無理な登院にかきたてた理由のひとつなのであった。

さらに首相としての職務を全うするという強い責任感をもつ浜口にしてみれば、自分自身の『ステーツマンシップ』を擁護」するためにもぜひとも登院しなければならなかったのである（本書、五六四頁）。あるいはそのとき、かつて彼が傾倒していた加藤高明元首相が、やはり体調が悪いにもかかわらず議会に出席してそのまま病死した、政治家としての真摯な姿を思いだしていたのかもしれない。いずれにせよ政党政治家としての使命感が、彼の議会への登院とそれにつづく首相および党総裁の辞任とを導くものとなったのである。

さて四月四日の再入院後、三度にわたる手術をうけ、六月二八日に退院した浜口は、その後久世山の自宅で療養に努めることになった。「心静かに健康の恢復を待つ」彼は、入院中から「若し此の上なほ生くるものならば、そは生の意義に従つて、生きただけの活動を為すべきであ」り、その活動とは「心ゆくまで君国に対する最後の御勤めを果」たすことであると考えていた。ところが、その方法は「必ずしも一にして止まらない、その場合々々によつて異なるべきもの」とも述べており、政党政治家としての政界への復帰には言及していない（本書、五七二―五七四頁）。

実は当時、浜口にたいしては、元老の西園寺公望から健康回復後の内大臣への就任を要請されていたともいわれており（大橋富士子氏の談話）、これらの言葉はおそらくそうした事情を念頭においてのものと思われる。西園寺公望はかつて首相在職中の加藤高明にも宮中入りを求めていたといわれるが（伊藤編『加藤高明』下巻、七三〇—七三八頁）、明治憲法体制の下で、しかも来るべき元老没後の政治状況のなかで、憲政の常道を維持するためには天皇側近の支持が必要であり、それゆえ政党出身者の宮中入りも可能性のひとつとして考えられていたのかもしれない（大橋談話が本当だとするならば、田中首相叱責後の西園寺と牧野内大臣との関係如何があったのかもしれない）。

すでにみてきたように、浜口はロンドン海軍条約問題において昭和天皇、元老、天皇側近の支援を受けて事態を乗り切ることに成功した。それはたしかに明治憲法体制における政党政治のひとつの限界を示すものであったが、仮にそうした勢力の支援を受けたとしても、むしろ憲法体制の制度的制約と明確な政治的対抗関係があるなかで、政党内閣主導の下に政策が実現した事実そのものに大きな意義をみいだすべきであろう。それはまぎれもなく、かつてない政党内閣の輝かしい勝利であったのである。

しかしそうした首相時代の経験は、明治憲法体制下における政党政治の発展のためには、天皇、元老、天皇側近者たちの支持が必要不可欠なことを、浜口にあらためて認識させたものと思われる。したがって彼の宮中入りの構想も、そうした認識の延長線上にあったといえよう。その意味で、浜口はあくまでも天皇統治下の政党政治家であったのである。

ただしもちろん宮中への依存は、政党内閣による責任政治の実現を唱えてきた政党政治家としては、本来「万已ムヲ得ザル場合」のことでなければならない（伊藤『昭和初期政治史研究』一一四頁）。それゆえ浜口は従来から「政治を国民道徳の最高標準にする」という理念を掲げて、政党政治の信用の回復とその進展とに努めてきたのである。すなわち急激な改革が困難な、政党政治にたいする明治憲法体制の制約や弊害を、政治家と国民の政治意識を変革することによって「極力除去」しようとしていたであったのである（本書、五四四頁）。しかし現実には、そうした方向性にかげりがみえていたののであり、ロンドン条約時の経験とも相まって、新たな方法による政党政治の発展を志向させたものと思われる。

だが、そうした夢を果たせないまま、浜口雄幸は一九三一（昭和六）年八月二六日永眠したのであった。無理な登院が病状をさらに悪化させたことを思うならば、彼の死は議会に基礎をおく政党政治家として議会政治に殉じたものといえる。と同時に、長年政党政治の発展につくしてきた彼自身の「信念」にも殉じたのであり、以上の意味において、彼の最後はまさに「男子の本懐」であったということができるのである。

二　収録史料について

1　『浜口雄幸日記』『軍縮問題重要日誌』

本書所収の日記は、市販（博文館）の日記帳にペン書きされた『浜口雄幸日記』（以下『日記』）と、巻紙に記された『軍縮問題重要日誌』（ただし日記本文冒頭の表題は「軍縮問題ニ干スル重要日誌」、以下『重要日誌』）の二つに大別できる。両者の存在が広く一般に知られるようになったのは、一九八〇（昭和五五）年一二月一日から七日にかけて憲政記念館で催された議会開設九〇周年記念の議会政治展示会によってである。

ただし『重要日誌』に関していえば、すでに野村実氏が防衛庁防衛研修所（当時）に所蔵されていたタイプ印刷の写し（請求番号は、①軍備軍縮一七〇）を、「軍縮問題に関する浜口首相日誌」と題して『軍事史学』第一二巻第三号（一九七六年一二月）に全文紹介されており、一部の研究者の間では周知の史料であった。また野村氏がそこで指摘されているように、ロンドン海軍条約が政治問題化した一九三〇（昭和五）年当時に、その存在は海軍当局者の知るところでもあった（おそらくそうしたことから海軍省軍務局が浜口首相の許可をえて転写し、軍務局保管文書として所蔵していたものと思われる。なお伊藤・野村編『海軍大将小林躋造覚書』五六頁も参照）。

その後『重要日誌』は、一部がNHKドキュメント昭和取材班編『ドキュメント昭和・世界への登場（潰え去ったシナリオ）』第六巻（角川書店、一九八六年）に写真掲載されたが（二〇二頁）、同時に『日記』の一部がやはり写真とともに紹介され（一六四―一六五、一七四頁）、あらためてその存在が注目された。

ところで近代日本の歩みに重要な役割を果たした人物の日記は数多く公刊されているが、戦前に首相を務めた政治家の在職時の日記は原敬と寺内正毅の二例しかなく、その意味で浜口雄幸の日記は貴重である。しかも浜口が政権を担当した昭和初期は、政党政治の絶頂期であると同時に、いわゆる「大正デモクラシー」から「昭和ファシズム」への転換期にもあたる重要な時期であり、そうした点からも当該期の政界上層部の動きを伝える史料としてきわめて価値の高いものといえる。

さて『日記』は浜口の寡黙な性格を反映して事実が淡々と記されているが、逆にそれが立憲民政党を率いる政治指導者としての、さらにまた政権担当者としての自信と迫力とをおのずと伝える筆致ともなっている。その内包する情報をどのように整理・利用するのかは、それぞれの関心により異なるであろうが、ここではつぎの諸点を指摘しておきたい。

まず第一は、浜口をとりまく人間関係についてである。『日記』を一覧して最初に目につくのは、きわめて多くの来訪者名が記されていることである。したがってその人名や肩書を調べることによって、浜口の交際範囲をある程度知ることができるが、それは主として四つのグループにわけることができよう。（一）民政党関係者。ここには代議士、貴族院議員、官僚、新聞記者の多くが含まれる。（二）経済人、とくに三菱系関係者。（三）郷里高知の関係者。（四）その他。もちろんこれらのなかには相互に重複する人物も含まれているが、いずれにせよ毎日多くの人と会うことによって、主として情報を収集すると同時に、自己の政治的基盤の確保・育成に役立てていたものと思われる。

とくに政治家関係では、民政党関係の長老の仙石貢（三菱系）、若槻礼次郎（元首相）、山本達雄（旧政友本党系）、党幹部の安達謙蔵（党人系）、江木翼（官僚系）、富田幸次郎（総務・幹事長）、党同調者の伊沢多喜男（貴族院同成会、民政党系内務官僚の総帥）らとの関係が重要なことがあらためて確認できる。

さらに首相在任時についてみれば、井上準之助蔵相、幣原喜重郎外相、財部彪海相、宇垣一成陸相など重要閣僚との関係は当然のこととして、それ以外の閣僚では安達内相と江木鉄相、党内では富田幹事長と原脩次郎筆頭総務との関係が重視されていたことがわかる。党人系の総帥である安達には、政務官（政務次官・参与官）と党において多数を占める安達系のとりまとめを、富田や原には党幹部としての党内の掌握と情報収集とを期待していたものと思われる。

他方、党内で安達に対抗する位置にたつ江木にたいしては、党内問題以上に政策・法制面や政治的根回しの役割が期待されていたものと思われる。事実、浜口は重要な政治問題に際し江木をつねに重用しており、彼が「浜口首相の片腕」「相談役」として大きな役割を果たしていたことがわかる（鈴木宇一「噂に上る後任総裁の顔触」、後藤武男「便法派勝ち、理論派屈するか」、いずれも『改造』一九三一年一月号、一七八、一八二頁）。

以上のように、ここで指摘したのはわずかであるが、浜口周辺の人間関係を整理することによって、多くの知見をうることができよう。なお今後の政党政治研究においては、政党の組織的側面の研究の進展がいっそう求められるが、そうした点にも役立つのではないかと思われる。

『日記』が提供する情報の第二は、浜口内閣最大の政治課題となったロンドン海軍条約問題についてである。これに関しては、伊藤隆『昭和初期政治史研究』（前掲）や小林龍夫「海軍軍縮条約」（前掲）をはじめとする多数の研究・史料があり、それらによって歴史的事実そのものは今日おおかた判明している。

しかし『日記』と『重要日誌』（おそらくこれはロンドン海軍条約が政治問題化したために、浜口が事実関係を明らかにする必要から後日まとめたものと思われる）の記述により、問題の当事者である浜口自身の立場からそうした歴史的事実を検証しうることは、きわめて大きな意味をもつといえる。とりわけ元老・天皇側近の支持が浜口の強い姿勢の背後にあったことや、浜口内閣が昭和天皇の聖断に依拠してまでも条約の成立を期したことが、従来の研究で指摘されているが、本史料によってそれらはおおむね確認しうるのである。

たとえば、これまで必ずしも明らかにされていない昭和天皇の言動に関してみれば、一九三〇（昭和五）年三月二七日に、天皇は浜口にたいして直接「世界ノ平和ノ為メ早ク纏メル様努力セヨ」とはっきりした意志を示しており、感激した浜口は「自分ノ決心益々鞏固トナレリ」と記している（ちなみに天皇は四月一三日にも宮中で開かれた高松宮渡欧歓送午餐会の席上、「陪席ノ英国大使ニ対シ倫敦海軍会議カ特ニ日英米三国ノ協調ニ依リ満足ナル結果ヲ期待シ得ル事態ニ至リタルハ此上モナク悦ハシ」く、また「同会議ノ成功ト共ニ今後益々列国特ニ日英米ノ協力ニ依リ世界平和ノ増進セラレムコトヲ希望スル」との条約を肯定する発言をしている。一九三〇年四月一五日付ロンドン軍縮会議全権宛幣原外相電、外務省編『日本外交文書・一九三〇年ロンドン海軍会議』下、外務省、一九八四年、二五六頁）。浜口首相が条約の成立に強い姿勢を示し、聖断にさえ依拠しようとした背後には、明らかにそうした天皇の条約にたいする確固たる支持の意志が存在していたのである。

また元老の西園寺公望との関係では、秘書の原田熊雄との接触が重要である。『日記』によれば、浜口と原田の接触は内閣成立の前後から目立つようになるが、一九三〇年に入ると回数が徐々にふえはじめ、とくに六月から浜口が狙撃される直前の一一月にかけてひんぱんに会っていることが確認できる。原田熊雄『西園寺公と政局』第一巻（前掲）の記述と照合すると、『日記』には記されていない接触も判明するが、それらをあわせると、とりわけ枢密院での審査が難航した九月には、ほぼ連日のように連絡をとりあっていたことがわかる（なおこの他に浜口は、幣原外相や江木鉄相を西園寺のところに訪問させている)。

以上のように、昭和天皇と元老とが浜口を支持していたことは明らかであり、それが浜口首相の強力な政治指導と天皇側近者たちの動向に大きな影響をおよぼしていたといえるのである。

2 『随感録』

本史料は、浜口が組閣の秋以来亡くなる直前まで書きためていた随筆を、四女の浜口(現姓大橋)富士子氏が編纂したものである(本書、四五七—四五九頁)。氏の書いた「序」に「一部を編纂して本書となし」(本書、四五九頁)とあり、また北田悌子『父浜口雄幸』(前掲)にも『随感録』は「書いたもの、一部」であり、「あるものは未だ未定稿となつて残つてゐたので、発表することが出来ないのは残念である」(二一八、二一九頁)と述べられているように、当時浜口家には他の未発表草稿が残されていたと思われるが(北田『父浜口雄幸』には「人情」「花と人」「正気歌」と題される三篇の一部が紹介されている。二七九—二八〇、二八五、二八六—二八七頁)、それらは大橋家には現存していない。ただ氏の「序」に引用されていた浜口自筆の「自序」が残されていたので、今回お許しをえてあわせて復刻することにした。

さて浜口が随筆を執筆した目的は、「努力と修養」の人にふさわしく、主に学生の精神修養上の参考にすることにあった(本書、四五三頁)。いわば自己修養のモデルとして浜口自身の人間性と経験とを提示しようとするものであるが、そこに浜口の自己の人生にたいする強烈な自負心をみてとることができよう。したがって本史料からは、浜口が直面した政治経済上の重要問題に関する詳細な知見をうることはできないが、彼の人間性、政治観、政治指導の方法などを知ることによって、現実の政治行動の動機や背景についてより深く理解することができるのである。

たとえば、浜口は議会を言論の府と位置づけ、政府も野党も「同様の誠意と勉強とを以て、共に国政を論議すべきが本筋」（本書、四八〇頁）としていたが、第五八議会では統帥権問題で「不答弁主義」を貫いている。この点に関して彼は、「政府方としても、野党の攻撃に対して答弁の出来ない場合、否、答弁をしては悪い場合がある。（中略）統帥権問題の如き微妙なる問題は、議会の様な公開の席上に於て、軽々しく言明の出来るものではない」（本書、四八〇頁）と述べ、理由の一端を明らかにしている。

いずれにせよ、前述の略伝中にも引用したように、本史料は浜口雄幸自身を理解するうえで必要不可欠なものであり、またその意味において、日記の記述を補完するものともいえる。なお本史料に関しては発売当時に、蓑田胸喜『「随感録」に現はれたる浜口前首相の精神分析』（原理日本社、一九三一年）、内ケ崎作三郎「随感録に現れたる浜口前総裁の人格と理想」、菊地茂「『随感録』を読む」（いずれも『民政』第五巻第一〇号付録）などの著作があり、また戦後においては、武田泰淳「思いがけぬユウモア」（『政治家の文章』岩波書店、一九六〇年）が、本史料をとりあげたものとしてよく知られている。

3 補遺

浜口雄幸の史料で今日その存在を知られているものは、さほど多くないと思われるが、ここでは『安達謙蔵関係文書』（国立国会図書館憲政資料室所蔵）にある浜口の書簡を四通紹介し、本書を利用する際の一助とすることにしたい。①～③は、一九二七（昭和二）年一月におこなわれた三党首会談前後の浜口の様子を伝えるものであり、④は、元来田中内閣のときに設置された人口食糧問題調査会に関するものである。

① 昭和二年一月一九日付若槻礼次郎宛浜口雄幸書簡（請求番号、二一—3）

拝啓
御心配相煩し候小生病気も殆んと全快ニ赴き、今ハ唯病後疲労之回復ニ専念致居候場合ニ御座候処、老台を始め各方面の先輩友人之御懇切なる御勧告も有之、主治医之意見をも徴し候結果、数日間熱海ニ転地（熱海ホテル滞在）致候事と相成、本日出発、滞在ハ約十日位の予定ニ御座候。国務多端、特ニ昨今政局之風雲緊張の折柄誠ニ恐縮ニ奉存候へ共、不悪御含置願上候。

扨当面之政局ニ関してハ時節柄或ハ各方面より技巧的ニ政局を緩和せむとする各種之運動を試むるものなきを保せさるべきも、此際ハ先日御内話も有之候通り、政府ハ絶対ニ受働的之態度を厳守し出来得る丈け早き機会ニ於て既定之方針を御決行相成候事肝要と奉存候。若し解散と相成候へハ、政府之態度ニ関し即時声明書発表之必要可有之と被存候。

尚大事御決行之時ハ翰長ニ命せられ、小生ニ御一報願上度、健康之許す限り成るへく早く帰京致すへく候。

以上之趣旨一応出発前拝鳳之上申述度と存候処、不得其意茲ニ以書中御挨拶旁得貴意度如此御座候。

敬具

一月一九日　浜口雄幸

若槻首相閣下

② 昭和二年一月二六日付若槻礼次郎宛浜口雄幸書簡（請求番号、二一―5）

拝啓

過日ハ御懇意を賜り議会停会、三党首会見之経緯ニ付貴見之存する所縷々御来示之趣委細拝承、廿三日ニハ安達君之来訪を受け政局ニ関する説明聴取、種々懇談交換致候。此事ニ付てハ安達君より御聴き取り被下候事と奉存候。

此以上ハ小生帰京拝鳳を得て得貴意可申存念ニ御座候。教育費問題ニ付てハ前議会当時税制案妥協之際ニ於ける小生記臆之存する所ニ依り判断致候へハ、少くとも本年度ハ五百万円程度を以て床次君ハ満足さるへき理由あるものと被存候。此点も安達君へ御話致置候（御承知之通り政府之声明ニ依レハ本年度五百万円之増額も必すしも義務的ニハ無之候）。次テ小生転地療養之義ハ来る廿八日迄の予定を以て御裁可を得居候次第ニ御座候処、病後之疲労案外ニ甚敷来熱以来之経過ニ依れハ此処三五日之静養にてハ疲労之回復覚束なく、昨日東京より来診せる真鍋医師之意見をも徴し候結果、来る二月十日頃迄之静養を必要と被存候ニ付其手続可致候ニ付、御含置被下度実ハ御大喪儀迄ニハ是非全快之運ニ到り度存念を以て専念静養罷在候処、前陳之通りの事情にて洵ニ心外千万ニ候へ共、不得已次第何卒不悪御諒察願上候。

先ハ右用件のみ得貴意度乱筆如此御座候。

敬具

一月廿六日

浜口雄幸

若槻首相閣下

③ 昭和二年一月二六日付安達謙蔵宛浜口雄幸書簡（請求番号、二—4）

拝啓

過日ハ御多忙の折柄遠路御来訪被成下難有奉拝謝候。時節柄内外之形勢不容易御苦心之程拝察ニ余りある次第ニ御座候。何卒万端ニ渉り宜敷御願申上候。

扨小生当地ニ転地以来既ニ一週間を経過致候処、其後之模様ニ依れば疲労之回復必すしも予定之如く進捗せす、最初ハ廿八日迄之期間を以て御裁可を得居候へ共、此処数日之静養にてハ十分之回復覚束なく、昨日東京より来診致呉候真鍋医師之意見をも徴し候結果、二月十日頃迄継続静養の事ニ致度、内外繁劇之場合甚た恐縮千万ニ御座候へ共此義御含置被下度、静養延期方御裁可を仰く手続ニ付てハ中島秘書官より電話ニて内務省秘書課之方へ相運可申、尚若槻首相へハ別途書面を以て挨拶致置候。実ハ御大喪儀迄ニハ是非共活動出来候様専念静養致居候も、事情前陳之如く不得已次第不悪御含置願上候次第ニ御座候。

先ハ右御挨拶旁御迄申上度候。

草々頓首

雄幸

一月廿六日

安達老台侍史

④ 昭和四年一二月一七日付安達謙蔵宛浜口雄幸書簡（請求番号、二―6）

拝呈

先刻御申合致候明日開会之人口食糧調査会之人口部会之件ニ付、唯今藤村義朗男来訪左之希望申出候処、別ニ差支ナカルヘシト存候ニ付、承知之旨返答致置候。何分宜敷御含之上明日御取扱願入候。即ち明日之人口部会ニ於て藤村男より「人口問題ニ関し基礎的調査を継続する為常設機関設置之必要ありと認めらる、之ニ対する政府之所見如何」と発言するニ付（之レより以下ハ小生ト相談之上宜敷かるへしと答へたるもの也）、安達内相より（要領）「常設機関之義ニ付てハ政府ニ於てもよく考慮して見ることゝすへし、此委員会（今日之委員会のこと也）ハ本年度一杯継続して諸君之御調査を願ふ次第ニ付其間ニ試みニ右常設機関之具体案ニ付本部会に於て御考案之上御申出あらば政府は之を参考として考慮すへし」との意味を御陳述を願ひ度との事ニ有之。甚だ突飛之義申出候へ共、右御含之上可然御応酬被下度候也。

草々

十二月十七日

安達内相閣下

つぎに、本書に収録出来なかった大橋家所蔵の浜口のノート三冊について簡単に紹介することにしたい。

一番年代の古い第一ノートには、三点の草稿が残されている。まずはじめは、無題で一九二一（大正一〇）年六月頃に高知市民を相手におこなった演説の草稿と思われる。軍備制限問題、財政経済問題、政治腐敗の問題などを論じたものであるが、財政経済問題については、『憲政』第四巻第五号（一九二一年七月）所収の浜口の記事「現内閣の経済政策」が同趣旨のものといえる。二番目は、川村『潮の華』に寄せた一九二一年七月付の「序」である。三番目は、やはり無題であるが、ワシントン会議への参加について論じており、おそらく一九二一年八月頃に書かれたものと思われる。

第二ノートは、二つに大別できる草稿を収めている。前半の部分は、一九二二（大正一一）年一月一九日に開かれた憲政会の第六回党大会において可決された宣言、決議、政策の草稿と、加藤高明総裁の演説草稿である（『憲政会史』下巻、三六四—三六五、三六八—三七一頁参照）。

まず演説草稿は、実際におこなわれた演説の後半部で、内政面に言及した部分と結論にあたるものである。浜口が加藤総裁の演説草稿を書いていたことを示す史料として重要である。

他方、「決議」の草稿はそのまま採用されているが、「政策」と「宣言」には異動がある。「政策」の草稿は、かなり直しの文字が入ったものと、その確定稿の二種類がある。九か条の確定稿と実際に可決されたものを比較すると、項目数は同じであるが、確定稿の「帝国ノ面目ヲ全フシ其生存発達ヲ保障スルト共ニ華盛頓会議ニ於ケル各種協約ノ精神ヲ恢弘シ世界平和ノ確立ニ努ムヘシ」という部分が、「政策」の第一項では「列国と協調して世界平和の確立に努むると共に帝国の面目を全うし国運の進展を期すべし」となっており、抽象的な国際協調という理念がより強く打ちだされていることがわかる（もっともワシントン会議の閉幕は、同年二月六日のことである）。また確定稿の第四項に掲げられていた「司法及行政ノ制度ヲ改善シ其運用ヲ慎ミ人権尊重ノ実ヲ挙クヘシ」の部分は全文削除されており、確定稿にないものが実際の「政策」には第九項としてあげられている。なおこの「政策」は、党大会の前日に開かれた政務調査会での決定案が、大会当日の評議員・両院議員連合会で原案通り可決され、さらに大会で可決、成立をみたものである。いずれにしても、これらの史料は、当時の憲政会内において浜口がきわめて重要な役割を担っていたことを示すものであろう。ちなみにこの党大会で浜口は、顧問から四度目の総務に就任している。

第二ノートの後半部分は、「横浜国技館演説ノ草稿（七月五日）」と題されたものである。一九二二年七月五日に、浜口は加藤総裁、江木翼、山道襄一とともに地方遊説をおこなっており、そのときの演説草稿である（『憲政』第五巻第五号、一九二二年八月二五日、八七頁を参照）。高橋是清政友会内閣が瓦解し、加藤友三郎内閣が成立した直後であるだけに、内容は政友会の加藤内閣援助にたいする批判、高橋内閣総辞職の一因となった政策（内政問題）の行き詰まりにたいする批判、憲政の常道に反する加藤内閣批判となっている。

第三ノートは、無題であるが、一九二七（昭和二）年一一月二二日に民政党関西大会の席上、浜口総裁がおこなった演説の草稿である。内容は『民政』第一巻第七号（一九二七年一二月一日）に掲載されている浜口の記事「現内閣の失政と我党の態度」とほぼ同じである。ただしノートの最後に草稿の執筆順序が記されており、そこに「中野君起草」とあることから、もとは中野正剛の起草した原稿であることがわかる。なお参考までに、「順序」を紹介しておく。「十三、十四、十五ノ三日間――中野君起草。十六日ノ朝持参ノコト。十六、十七ノ両日――校閲。十八日ノ朝清書ニ廻ス。十九日関係最高幹部ノ内閲ニ供ス。二十日ヨリ二一日清書、印刷。二十二日関西大会演説発表」

以上、大橋家に現在所蔵されている浜口のノート三冊を簡単に紹介してきたが、お許しをいただければ、他日あらためて公表の機会をもちたいと思う。

最後に解題を終えるにあたり、本稿が本史料集の内容を理解するうえで、多少なりとも裨益するところがあれば幸甚である。

第2章　加藤高明、浜口雄幸と土佐

宮内庁書陵部に在職中の一昨年（一九九四年）秋、私は同僚の小林和幸氏とともに、高知県において私的な史料調査をおこなった。小林氏は主として谷干城関係の史料を求めてのことであり、私は人物叢書の一冊として執筆を予定している浜口雄幸関係の調査のためであった。

以前から私は、謹厳寡黙、努力の人といわれる、浜口の人格形成に大きな影響をおよぼしたであろう故郷の高知県、とりわけ浜口の生まれ育った五台山唐谷周辺を訪れてみたいと考えていた。伝記からだけではどうしても理解しえないその風土や生活環境などを、当時とまったく同じではないにせよ、多少なりとも肌で実感してみたいと思っていたからである。

折しもその年の春に、浜口の生家が修築されて「浜口雄幸生家記念館」として一般に公開されるとともに、高知市立自由民権記念館においても「ライオン宰相・浜口雄幸展」が開催されたことを知り、史料調査には絶好の機会の到来と思われたわけである。調査にあたっては幸いにも、高知市立自由民権記念館学芸係の筒井秀一氏と、浜口の生家修築に多大の尽力をなされた地方史研究者で、元「浜口雄幸生家を補修復元する会」常任幹事の谷是氏から多大なるご協力をえることができた。

さて、見学の機会をえた浜口の生家は、山の中腹に位置する奥まった場所にあり、話し声が正面の山にこだまするようなところにあった。生家の復元考証にあたった溝渕博彦氏によれば、「周辺環境は敷地北側の石垣修復、谷の浸食、樹木の伐採以外は明治初年頃とあまり変わらないように思われる」ということであるが（「浜口雄幸生家復元工事を終えて」、浜口雄幸生家を補修復元する会編集発行『ライオン宰相・浜口雄幸――浜口雄幸展解説書』一九九四年三月）、いまでもまわりの人家はさほど多くなく、遊び相手が少なかったという幼少期の生活環境を忍ばせるものがあった。ただし、母屋、蔵、納屋（勉強部屋）、便所、風呂場などからなる生家は、想像していた以上に立派であり、実際に生家を訪ねてみなければわからないことであった。

このように今回、生家をはじめとする浜口ゆかりの場所を、不十分ながらも見て歩くことができたのであるが、それによって伝記などの文献史料のみからではどうしてもイメージしえない部分、あるいは誤って想像していた部分などを多少なりとも補い、また修正しえたように思われる。過去の歴史的事象を再構成するにあたって、文献史料だけでなく、実際に現地を訪問してものを見、肌で感じることの重要性をあらためて再認識したわけであるが、こうした現地調査のもうひとつの意義、もしくは利点としてあげうるのが、新しい史料との出会いであろう。そこで今回この場をお借りして、史料調査の過程でめぐり会えた二、三の史料を紹介させていただくことにしたい。いずれも浜口雄幸、そしてその浜口が政治家として目標にした加藤高明という、両元首相と土佐とのかかわりを示す、これまで学界において知られていなかった史料である（なお史料には適宜句読点を付し、字体は原則として新字を用いた）。

まず最初に紹介するのは、加藤高明から中島気峥、村山渉の両名に宛てた一九〇二（明治三五）年七月二六日付の書簡である。

当時加藤高明は、前年五月の第四次伊藤博文内閣の総辞職によって外務大臣を辞して野に下り、「政治立身」（後掲『加藤高明』上巻、四七九頁）の機会をうかがっていたときにあたる。他方、一九〇二年八月一〇日には、第一六議会の終了をうけて、わが国憲政史上はじめての任期満了にともなう第七回衆議院議員総選挙がおこなわれる予定となっていた。

正伝と呼びうる加藤の伝記『加藤高明』上巻（伊藤正徳編、加藤伯伝記編纂委員会発行、一九二九年）によれば、衆議院議員への立候補の勧誘が、その年の五月以降「夕立のやうに伯に降りかゝつた」ということであるが、具体的にはつぎのように記されている（四八〇頁、傍点筆者）。

五月七日には、郷里愛知の清水市太郎氏から、九日には海部郡（伯の生地）の伊藤義平氏から、引続き名古屋の奥田正香氏から、七日に入つては、松山市の有志から、同八日には原敬氏、及び九日には岡崎邦輔氏の使者から（共に和歌山県立候補談）、おの〳〵熱心なる勧誘が反覆された。更に此間、土佐政友派の片岡健吉及び林有造の両氏は、板垣伯を介して伯の立候補を直談（六月二十三日）させ、之を聞いた反対派は、大石正巳、中島気峥の両氏を通じて猛運動を試みると云ふ始末で、伯は正に勧誘の包囲攻撃を受ける有様であつた。

すなわち、高知県からの立候補についていえば、政友会候補としての出馬を板垣退助から要請されるとともに、その反対派（『万朝報』一九〇二年七月二三日付によれば、「高知県の非政友会派、中立派並に政友会の不平派」）からも勧誘されていたわけである。

こうした動きにたいして加藤自身は、「毫も土佐政界の事情を知らず随て何等の自信も決意もなきに閣下の御勧誘に応ずるは漫然暗中に飛躍を試むるの挙動にして何分良心の許さゞる所に有之候」と、板垣に立候補の要請を謝絶する書簡（六月二五日付）を送っていたように、すべての誘いを断っていたのであるが、そうした加藤の意志とは関係なく、加藤擁立の動きはつづけられていたのである。

『加藤高明』上巻は、さらにつぎのように述べている（四八二―四八三頁）。

然るに七月中旬、高知県の反板垣派は、加藤伯の不承諾を構はず、勝手に伯を推薦して自費で運動を始め、「当選したら受諾を乞ふ」旨の電請を繰返すのであつた。併し、伯は之をも拒み、一方、板垣伯からの反問に対しても、七月二十六日付で明白に、該運動は「小生の毫も関知せざる処に有之候」と答えた。併し乍ら、南海人の熱情と突進とは「当選の場合の受諾」を電稟し乍ら運動を続けた。

今回紹介する七月二六日付の加藤高明書簡は、こうした高知県における加藤擁立運動についての、板垣退助からの「反問」にたいして、加藤が答えたのとまさに同じ日付のものであり、その点で注目されるものである。「反板垣派」の擁立運動を謝絶すると同時に、板垣にたいしては当該運動との関係を明確に否定していたわけである。

なお本書簡に関しては、一九〇二年八月二六日、二七日付の『東京朝日新聞』に掲載された加藤の談話によって、その存在と内容の若干を知ることができるが、その全文が明らかとなるのは、今回がはじめてである。

本月二十四日付貴翰接手致候処、高知県民カ来月ノ総撰挙ニ於テ拙者ヲ衆議院議員ニ推挙スルコトニ決定セシ旨御通知被下敬承致候。実ハ頃日来諸新聞紙上ニ同様ノ記事相見候得共一箇ノ風説トシテ重キヲ置カス看過来候処、御書面ニ因リ少クモ県下一部ノ人民ニ拙者推薦ノ意思アルコトヲ初メテ確聞致候。然ルニ先日中島君拙宅へ御来訪、此事ニ談及セラレ候節ハ一場ノ世間噺ト承流シ随テ右ニ対シ何等卑見ヲ吐露スルニ至ラス候処、此度ノ御書面ニ因レハ其文意ト云ヒ又御署名ノ上ニ在京委員ト御記載相成候事ト云ヒ、恰モ貴台等ハ高知県撰挙人ノ一部ヲ代表シテ正式的ニ拙者推薦ノ事ヲ通知セラル、御趣意ノ如クニ相見候。就テハ沈黙ハ同意ヲ表スルモノナリトノ誤解ヲ避ケンタメ、此場合拙者ハ本件ニ関スル意見ヲ吐露シ、之ヲ御旧里ノ御同志ニ伝致セラレ〔ママ〕コトヲ貴台等ニ請求致度存候。先日来諸新聞紙ニテ略御承知可相成通リ、過日拙者ハ板垣伯ヨリ此度ノ総撰挙ニ於テ高知県撰出衆議院議員ノ候補者トシテ立ツヘキ様頻リニ勧誘ヲ受ケタルコト有之、其節拙者ハ同伯推薦ノ好意ヲ謝スルト同時ニ、主トシテ拙者ハ毫モ土佐政界ノ事情ヲ知ラサルニ付暗中ノ飛躍ハ試ミカタシトノ理由ヲ以テ其勧誘ヲ謝絶シタル次第ニ有之、右ノ理由ハ今日モ尚ホ前日ト同シク存在スルノミナラス新聞紙ノ報道スル所ニ依レハ、高知県ニ於テハ既ニ一旦政友会員其他協議ノ上夫々議員候補者ヲ予定シ了リタル今日、更ニ是等ノ候補者ト競争（仮令拙者自身ハ毫末モ感知セサルコトナルモ）ノ地位ニ立チ撰挙サレンコトハ拙者ノ最モ好マサル所ニ有之候。仍テ拙者ハ高知県ノ某々有志者諸君カ拙者ニ光栄ヲ与ヘラレントスル好意ニ対シテハ誠実ノ謝意ヲ表スルト同時ニ、拙者推挙ノ一事ハ断然思止マレ〔ママ〕候様致度切ニ希望致候。右ノ次第乍憚高知県ノ御同志諸君ヘ相当ノ方法ヲ以テ御伝致被下度及御依頼候。先ハ為夫得貴意候。敬具

明治三十五年七月二十六日

相州大磯ニテ

加藤高明

中島気峥殿
村山　渉殿

このように加藤高明は、いくつかの理由をあげて、中島たち「反板垣派」にたいしてはっきりと謝絶の意志を示したのであるが、それにもかかわらず選挙運動がつづけられた結果、加藤は高知県郡部の定員五名中第四位で当選をはたし、結局八月二三日にいたり当選を受諾することになる。しかしそれが、板垣退助とのいわゆる「絶交事件」（『加藤高明』上巻、四七九頁）を引き起こし、世情を騒がせたことは周知のとおりである。

ところで、第七回衆議院議員総選挙をめぐる加藤高明の動きは、当時どのようにみられていたのであろうか。たとえば、『東京経済雑誌』（一九〇二年九月六日付）は「板垣伯対加藤氏」と題する社説のなかで、つぎのように述べている（〔　〕内は筆者注。以下同じ）。

〔前略〕然るに政友会の離反者は加藤氏が〔板垣〕伯に対して辞退したるを見て機乗すべしとや思ひけん、却て進歩党員なる大石正己《〔ママ〕》氏より加藤氏に談判したり、加藤氏は伯に答へたるの理由を以て之を辞退したり、大石氏は加藤氏に向ひて当選するも尚ほ辞するやと問へば、加藤は其は非常の場合なれば未だ明言するを得ずと答へたり、離反者は之を以て当然せば加藤氏は辞退せざるものと見做し、加藤氏を推して運動を開始し、首尾よく伯の推薦したる候補者を打敗りたるなり、板垣伯の忿怒せし理なきにあらざるなり、（後略）

本社説で言及されている、加藤高明と大石正巳とのやり取りは、板垣退助が八月二六日付の各新聞紙上に発表した「板垣と加藤の交渉顛末」中の、板垣宛て片岡健吉・林有造書簡（七月二五日着）においてて詳しく述べられているが、しかし、その内容自体はすでにそれ以前から流布していたようである（たとえば、『万朝報』七月二四日付参照）。また選挙当選後も、加藤がなかなか当選を受諾せず、議員活動についてのいわばフリーハンドを確保するかたちで受諾した経緯も、当時広く知られていた事実である。

したがって、そうした加藤の言動にたいしては、それを「徹頭徹尾ヂプロマチカル」（「言論」『万朝報』八月二八日付）とし、「術数に長」じ「〔板垣〕伯を翻弄した」という見方と、「加藤氏の議員を承諾したるに就いても余輩は之を以て氏が術数を弄せしとは見る能はざるなり」という、相反するふたつの見方があったようである（「板垣伯対加藤氏」。他に『万朝報』八月二五日、二七日付の「言論」など参照）。

はたしてこれらふたつの見方のうち、いずれがより正鵠を得ているのかに関しては、総選挙当時の高知県の政界状況や、加藤と政友会との関係、「一種特異の選挙」展開（『東京朝日新聞』八月一八日付）、さらには加藤の人間性などをも勘案しなければならず、ここで即断することはできない。ただ、そうした評価の基礎をなす史料状況についていえば、板垣の非難にたいして加藤が本格的な反論をしなかったために、板垣側の公表した関連史料のほうがより多く知られており、そのため一種の史料的偏りがあったことは否めない事実であろう。その意味で、加藤と「反板垣派」との関係を示す本書簡は、前述の加藤評価を考えるうえで、有益な史料になるものと思われる（なお原敬文書研究会編『原敬関係文書』第一巻、日本放送出版協会、一九八四年、に原敬に宛てた加藤高明の関連書簡が数点収録されている）。

とくに本書簡によって明らかとなったつぎの二点、すなわち第一に、「反板垣派」から加藤にたいして「正式的」に衆議院議員候補者としての推挙決定の通知があったこと、第二に、それにたいして加藤が「沈黙ハ同意ヲ表スルモノナリトノ誤解ヲ避ケンタメ」、はっきりと謝絶の意志を表明していたこと、が重要である。なぜなら、それらをめぐる事実の有無が、前述の加藤評価にもつながるものであったからである（たとえば、「板垣伯対加藤氏」、『万朝報』八月二三日付の「言論」参照）。

最後に、本書簡に関係すると思われる、『万朝報』七月二九日付のつぎの記事を紹介しておきたい。

土佐の独立団体が加藤高明を候補に押立て公然板垣老の調停指名を無視することとなれるより板

垣の立腹太だしく、竟に去る廿六日代理の者を大磯の加藤方へ遣はし其の不都合を詰らしめたるに、加藤は無論自身に候補者たるを承諾したること無しと答へたれど板垣は土佐のものが公然加藤を候補者と広告して運動し居ては自然板垣派の不利となり且つ県の平和にも害あれば加藤より候補者たるの意思なきことを公表して世の疑惑を解くべしとまで厳談に及びたれば、加藤は得意の外交的呼吸を遣ひ分け（心中には勿論冷笑したるならんが）先づ表面気安め丈けの手続を為し与へたりとい
ふ

ここで述べられている「表面気安め丈けの手続」が、はたして何を意味するのか、これだけでは定かでないが、七月二六日という日付に着目すれば、それは、「反板垣派」の擁立運動との関係を否定した、同日付の板垣宛て加藤高明書簡（既述）のことを指しているのではないかと思われる。板垣は「候補者たるの意思なきことを公表して世の疑惑を解くべしとまで厳談」したわけであるが、八月三日付の『万朝報』によれば、この手紙を受け取った「板垣は大悦びにて直ちに此往復書翰〔七月二五日付加藤宛て板垣書簡と二六日付加藤書簡〕を高知支部に郵送」したということであり、その可能性はきわめて高いと思われる。

そしてもし、「手続」が書簡のことを意味するとするならば、七月二六日付のもうひとつの書簡、すなわち本稿で紹介した、中島気崢・村山渉宛ての加藤高明書簡が、実はもうひとつの「手続」で

あった可能性もあるのではないだろうか（記事の解釈にしたがえば、たとえ謝絶の意志を示したとしても、それは擁立運動がつづけられることを見越しての行為であったということか）。しかしもちろん、そうであったとしても、はたしてそれらが加藤にとって「表面気安め丈けの手続」であったかどうかはわからないが。

いずれにせよ、議員としての帝国議会とのかかわりの出発点となった、第七回衆議院議員総選挙をめぐる加藤高明の言動の意味を明らかにすることは、政治家加藤、人間加藤、そして加藤の選挙観・議会政治観を考察するうえで重要な研究課題になるものと思われる。

なお、本書簡の受取人である中島気峥について一言すれば、彼は一八六三年四月一〇日（文久三年三月二日）安芸郡土居村に生まれ、高知日報（一八八九年、同時に土佐国民党遊説主任）、日本（一八九八年）、万朝報（一九〇五年頃）などをへて、明治末年に国民新聞に移った新聞記者である。漢詩による宣伝と演説講演に趣味をもち、国民新聞記者として徳富蘇峰傘下にあってその名をうたわれたが（立憲同志会の院外団でもあった）、国民新聞社参事講演主任を最後に一九二八（昭和三）年退社している。一九三六（昭和一一）年九月一四日死去。なお一九一七（大正六）年から一九二二年まで高知市長を務め、その後県教育会長となった中島和三は実弟である（増井潤一郎編『回天窟人　古稀記念録』大日本殉国会本部、一九三二年、黒龍会編『東亜先覚志士記伝』下、原書房復刻、一九六六年、高知県人名事典編集委員会編『高知県人名事典』高知市民図書館、一九七一年ほか参照）。

他方、もうひとりの受取人である村山渉については不詳であるが、一九〇九（明治四二）年八月発行の『土佐名鑑』（東村伝之助・十万達吉編、土佐名鑑編纂部発行）には、「万朝報記者」と記載されている。

さて、つぎに紹介する史料は、同じく中島気峥に宛てた浜口雄幸首相の一九二九（昭和四）年一〇月二一日付の書簡である（封筒の消印は一〇月二二日付）。

拝復　時下益々御清祥大賀之至リニ奉存候。「時局策言」御進言被成下御厚志感謝ニ不堪次第ニ御座候。減俸問題ハ結局高見と同様愈々撤回之事ニ決定致候間御安心被成下度、御懇書ニ対し御礼申上度寸楮如此御座候。

謹言

十月廿一日

浜口雄幸

中嶋気峥殿

座右

［封筒表］〔東京〕市外東大久保四四七　中嶋気峥殿御方へ

［封筒裏］永田町官邸　浜口雄幸

浜口雄幸は、本書簡と同じ年の一九二九（昭和四）年七月二日、田中義一内閣退陣のあとをうけて民政党内閣を組織している。浜口内閣は周知のように、戦前期におけるもっとも政党内閣らしい内実を備えた内閣といわれているが、その当面の政治課題は金解禁の実現にあり、そのために求められていたのが財政の緊縮であった。そして、その財政緊縮政策の一環として、一〇月一五日に閣議決定され、公表されたのが、本書簡にも「減俸問題」として言及されている、官吏減俸案であった。

政策を推進した浜口首相や井上準之助蔵相たちは、当然国民の歓呼をうけるものと信じていたわけであるが、予期に反して各方面からはげしい反対の声があがり、浜口は窮地に追い込まれることになる。

当時の浜口の日記（以下、池井優・波多野勝・黒沢文貴編『浜口雄幸　日記・随感録』みすず書房、一九九一年による）をみると、「各新聞紙上、官吏減俸ニ対スル批評満載頗ル不評ナリ」（一〇月一六日条）、「減俸案不評益々甚シ」（一〇月一七日条）、「減俸案撤回ヲ勧告スルモノ踵ヲ接シテ来訪ス」「減俸案撤回ノ議論新聞ヲ賑ハス」（一〇月一八日条）、「新聞ノ句調（減俸案ニ対スル）少シモ変化セス」（一〇月一九日条）、「主ナル新聞ノ幹部七八名来訪、減俸案撤回ノ勧告ヲ受ク」（一〇月二一日条）等々、最終的に減俸案撤回の声明書を発表することになる二二日まで、連日「減俸問題」に忙殺されていたことがわかる。そうしたなか、中島気崢も「時局策言」を浜口首相に送り、官吏減俸案の撤回を進言していたわけである。

ところで、日記によれば、浜口が「減俸案撤回ニ決意」したのは一〇月一九日のことであり、その後全閣僚に「減俸案撤回ノ決意ヲ告ケ諒解ヲ得」る作業を終えたのが、一〇月二一日のことである。したがって浜口が本書簡を認めた二一日は、各大臣に了解を求め、「明日ノ定例閣議ニ減俸案ノ撤回ヲ附議スルノ準備」に追われるなど、文字通り多忙な一日を送っていたわけであり、そうした最中、しかもいち早く撤回の決定を伝える内容の書簡をだしていたことになる。浜口と中島の親密な関係を推測させるとともに（『回天窟人　古稀記念録』八頁には、「大石正己（ママ）、浜口雄幸、富田幸次郎等の選挙地盤は、実に気崢子の開拓、培養、建設したるところなり」と記されている）、律義に返書を認める浜口の誠実な人柄をうかがわせる史料であるともいえよう。

本稿の最後に紹介するのは、元大蔵官僚竹崎音吉の日記である。まずはじめに略歴を記す。竹崎音吉は一八七五（明治八）年四月二日、安芸郡奈半利村に生まれた。同村は浜口家（養子先の実家）のある安芸郡田野町に近接している地域である。高知県尋常中学校、第五高等学校をへて、一九〇四（明治三七）年東京帝国大学法科大学卒業。一九〇五年専売局属。一九〇七年一一月文官高等試験に合格し、その後徳島、岡山、広島などの各専売局長をへて、一九二七（昭和二）年に東京地方専売局長となる。翌一九二八年一二月退官（「竹崎音吉日記」一九二八年）。ついで日本食糧株式会社嘱託となった。清廉潔白で友情に厚く、高知中、五高で同窓の寺田寅彦とは、とくに親交があった。

一九三五（昭和一〇）年一一月二五日死去（前掲『高知県人名事典』ほか参照）。

今回紹介する日記は、閲覧の機会をえた一九〇六（明治三九）年と一九三一（昭和六）年のうち、浜口に関係する部分のものである。前者はタテ一七・一センチメートル、ヨコ一一・五センチメートルのノート、後者はタテ一五・八センチメートル、ヨコ九・七センチメートルのノートにそれぞれペン書きされたものである。

明治三九年

二月二五日　日曜日　二四日浜口雄幸ヲ訪ヒ大蔵省ニ入ル件ニ付尚依頼ス。（中略）ソレヨリ〔東京小石川区〕原町寺田〔寅彦、東京帝国大学理科大学講師〕ヲ訪ヒ夕刻迄談話、七時帰宅ス。

二月二六日　本日ハ市ノ英国皇甥コンノート殿下招待会ヲ日比谷公園ニ催ス、見ニハ行カズ。履歴書浜口氏ニ送ル。

四月三日　神武天皇祭。好天気、桜花三分の綻。西内君愈々共愛病院ニ入院ス。小野義一〔樺太民政署事務官兼大蔵書記官〕君来訪ス。午后西内ヲ訪フ。少シク刑法ヲ勉強ス。仍小野君ニ大蔵省任官ノ件浜口氏ニ頼ミ呉るル様依頼ス。（後略）

四月八日　自転車ニテ牛込ニ貸家探ニ行ク。小野君留守中来訪ノ由ニ付キ直チニ同氏ノ宅ヲ訪フ。浜口氏依頼の件同氏引受呉れシ由。（後略）

五月一九日　余リ勉強セズ。午后浜口氏ヲ訪フ、不在。（中略）小野君ヨリ浜口氏六日任命取計ノ件確答ヲ得タリト端書来ル。

昭和六年

浜口雄幸先生

昭和六年八月二十六日

浜口先生遂ニ立タズ久世山ノ新邸ニ没ス。先生ニハ専売局入局ヨリズツト世話ニ成リ、小生今日アルハ先生の御陰ナリ、恩人と云フベシ。

先生民政党総裁トナリ、次テ内閣総理大臣ト成リ、末葉家ニハ余リ客人後輩ヲ近ツケズ諸所ニ不満ノ声ヲ聞ケリ。人格正直ニシテ品行方正真ノ君士人ナレトモ積極的ニ後輩ノ面倒ヲ見ズ、為メニ世間一般ニハ非常ニ人望アリシモ近ク接セシ者の内ニハ相当ニ批評スルモノモアリタリ、人間味少シ。併シ土佐ニテハ板垣氏ト並ヒ詔《(ママ)》セラルル大政治家ニテ偉大ナル人物ナリ。

一九〇六年の日記は、文官高等試験の受験に備えていた竹崎音吉が、合格後の大蔵省任官の件を、五歳年上の浜口に依頼していたことを示す記述である。一九三一年の日記には「専売局入局ヨリズツト世話ニ成リ、小生今日アルハ先生の御陰ナリ、恩人ト云フベシ」とも記されており、実際に浜口が尽力したことをうかがわせるものである。

なお一九〇六年前後の浜口は、一九〇四年六月大蔵省煙草専売局書記官兼臨時煙草製造準備局事務官、一九〇六年一二月煙草専売局事業部長、一九〇七年九月専売局収納部長、同年一二月専売局長官と、専売局関係のポストを歩いていた時期にあたる。

また浜口への任官依頼に協力した小野義一は、竹崎とは高知県尋常中学校、東京帝国大学法科大学の同窓生で、一年余の樺太民政署事務官時代を間にはさむ一九〇四（明治三七）年から一九一一年まで煙草専売局に勤務していた同郷人である。一九二四（大正一三）年には高知県選出の衆議院議員となるが、同時に第一次加藤高明内閣の浜口蔵相の下で大蔵次官（一九二四年六月―同年八月）を務めたこともある。

他方、一九三一年の日記は、同年八月二六日の浜口の死去に際し、竹崎が浜口のことを追想した記事である。長年親交のあった人物の証言として、浜口の人間性を考えるうえできわめて有益な史料である。後輩の面倒見が悪く、「近ク接セシ者の内ニハ相当ニ批評スルモノ」もあったようであるが、少なくとも竹崎にとって浜口は、終生お世話になった「恩人」であったわけである。

ちなみに浜口日記には、一九二八年六月一三日、一九二九年一月一〇日、六月一七日の各条の来客者名に、竹崎の名前をみいだすことができる。

以上、加藤高明と浜口雄幸の高知県出身者との関係を示す史料を紹介してきた。これらが今後の日本政治史研究において、なにがしかの史料的貢献となれば幸いである。

本稿の末尾になってしまったが、今回の史料調査にあたり、ひとかたならぬご協力をいただいた筒井秀一氏と谷是氏に篤くお礼を申しあげたい。また史料の閲覧と公表を許可して下さった、それぞれの史料の所蔵者である、谷是氏、中島速夫氏、竹崎邦博氏にたいしても深甚の謝意を表するものである。

（付記）大石正巳の名は、関口栄一「大石正己」（『国史大辞典』第二巻、吉川弘文館、一九八〇年）には「『まさみ』は通称、正しくは『まさき』とよぶ」と記されている。しかしご子息の大石正氏のご教示（一九九四年七月一一日付筆者宛書簡）によれば、本人が「正己《マサキ》」と名乗ったことはなく、名刺も「正巳」と印刷しており、また戸籍謄本も「正巳」なっている、それゆえ「正巳《マサミ》」が正しいとの由である。関口氏の論拠については定かではないが、筆者は大石氏のご教示に従うものである。

第3章　浜口雄幸の「清廉潔白」さ——そのイメージをめぐって

浜口雄幸はなぜ、政治家として大成しえたのであろうか。それが先年、『浜口雄幸　日記・随感録』（みすず書房、一九九一年）の編纂に携わりながら疑問に感じていたことであった。なぜなら、浜口には「信念の人」「意志の人」「人格の人」「正直な人」「まじめで責任観念の強い人」など積極的に評価される側面がある一方、「無口」「無愛嬌」「非社交的」「融通の利かぬ男」「クソ真面目」などおよそ政治家には似つかわしくない評価もあるからである（黒沢文貴「解題」『浜口雄幸　日記・随感録』、本書第二部に所収。ある意味では「人格の人」「正直な人」なども、政治家らしくない評価といえるかもしれない）。

もちろんこれらは、一種コインの裏表の関係にあり、ひとたび浜口の実力が認められるや、謹厳重厚で公明正大な安心して仕事をまかせることができる人間として浜口の評価は定まるのであるが、それにしても権謀術数の世界に生きる政治家の評価としては、いささか違和感を覚えたからである。

とくに面倒見の良さが政治家の一側面をあらわすものだとするならば、いかにも浜口はそれとは縁遠い存在のように思えたのである。しかし、その点に関しては、先に紹介した元大蔵官僚の竹崎音吉の日記（黒沢文貴「加藤高明、浜口雄幸と土佐」『日本歴史』第五八三号、本書第二部所収）によって、若干納得のいくところがあった。すなわち竹崎の日記には、大蔵省任官の件を同郷の先輩である浜口に依頼した事実と、浜口が亡くなった一九三一（昭和六）年八月二六日の条に、「専売局入局ヨリズツト世話ニ成リ、小生今日アルハ先生の御蔭ナリ、恩人と云フベシ」と、浜口を追想する一文がわざわざ記されていたからである。

もちろん竹崎は浜口のことを、「積極的ニ後輩ノ面倒ヲ見ズ、為メニ世間一般ニハ非常ニ人望アリシモ近ク接セシ者の内ニハ相当ニ批評スルモノモアリタリ、人間味少シ」とも評しており、たしかにあまり面倒見のいい政治家ではなかったことがうかがえる。浜口自身、「行くに径に由らず」という格言を生涯の座右の銘にしていたといわれており、まさに人間としても政治家としても、「正々堂々」「公明正大」な人物になろうとしていたのであろう。しかし少なくとも、同郷の後輩のなかには大いに面倒をみてもらった人間もいたわけである。その意味で、彼らからすれば、浜口は「情義に厚く温情に富んだ人」であったといえるのかもしれない。

ところで、そうした面倒見の悪さは一面、政治家的利害関係からは遠い「清廉潔白」という評価につながりやすい。そして政治家の場合、清廉潔白さとはお金にまつわるイメージと切っても切れない関係にある。では浜口の場合、どうであったのか。

その点を考えるうえで興味深い史料がひとつある。『浜口総裁邸秘聞』と題された、一種の怪文書である（『田中義一文書』三三七、国立国会図書館憲政資料室所蔵）。これは一九二八（昭和三）年九月一三日に憲政一新会の名でだされた、二九頁にわたるパンフレットである。副題に「塩水港製糖会社一億円の背任横領罪に絡る怪事実」とあり、目次はつぎのとおりである。

一、清廉潔白の折紙付、二、一億円の背任横領、三、重役遂に泥を吐く、四、秘謀を尽くす元凶、五、眼中政党政派なし、六、陋屋より久世山へ、七、家賃一ケ月六百円

この怪文書は、つぎのような書きだしではじまっている。

「浜口さんはお偉い方だ」「稀に見る清廉潔白の士だ」「綱紀粛正の大鉈を揮ふのは彼より外に無い」「床次の脱党、田中樋口の除名、党内の大ゴタ〳〵と、内訌外患相次いでお気の毒だ」よく世間では斯んなことを云つて居る。此の世間と云ふ奴は、或る場合に於て、比較的公明な大衆批判の声であることが多い。

兎に角、民政党総裁浜口雄幸閣下は、人格なか〳〵高潔、質朴簡素の標本、清廉無比の政治家として、世間から折紙付けられて居るのは事実だ（中略）此際、遠からざる未来の総理大臣候補者として、大政党の大元締たる浜口雄幸閣下の一枚看板は、前にも云つた通り、其の清廉である。其の

簡素である。其の質朴である。其の糞真面目である。所が、清廉潔白を以て、自他共に許せる浜口さん如き大政治家に対し、最近勃発せる塩水港製糖会社の一億円背任横領事件に絡んで、久世山邸宅問題が、喧々として流布せらるゝのは、まことに怪しからぬ話でないか（中略）此の久世山事件たるや金額にしては五十万円足らずの問題だが、若しそれ浜口総裁の命の綱とも云ふべき清廉潔白の一枚看板を裏切ることになれば、実に千万金にも替え難き節義上の重大問題と云はねばならぬ。

（後略）

このように、浜口の「清廉潔白」さを強調したうえで、怪文書は、一、鈴木商店にたいする二〇〇〇万円の貸し付け等で塩水港製糖会社が落ち目になったということ、二、元常務取締役藪田輝太郎ら重役たちに背任横領があったということ、三、その「ピイピイ風車」の会社が「一体全体誰を入れるために、将た何のために」大金を投じて土地を手に入れ、「大べら棒な家」を建築したのかということ、四、その家が藪田と「同じ会社の重役同志、脈絡互に相通じて胸に一物ある」監査役にして民政党総務である原脩次郎の仲介によって、浜口総裁の新しい家として使われるようになったということ、五、世間では二〇〇円といわれているが、その実は六〇〇円の一か月の家賃が、家主である「大疑獄の伏魔殿」塩水港製糖会社に、一九二七（昭和二）年一二月以来一銭も払い込まれていないということ、等を指摘しているのである。そして最後に、つぎのように結んでいる。

陋屋に悠然くすぼつてこそ浜口さんも天下の清廉が偲ばれた。素朴簡明のたて前に立つてこそ、頽廃靡爛せる既成政党に向つて真つ向から、綱紀粛正の巨弾をブツ放すことが出来たものだ。（中略）若し然らずして、塩水港事件の忌はしき臓物たる久世山御殿裡、悠々と自適するが如き事あらば、之れ明かに閣下の清廉無比に対し、万人共に唾棄する道義的自殺であり、人格的欺瞞である。

以上のように、この怪文書は、浜口の「清廉潔白」というイメージに的を絞って攻撃を仕掛けているわけであるが、しかしよく読めば、家賃の事実関係如何を除けば、塩水港事件と浜口とが無関係であり、攻撃がまさに為にするものであることがわかる。もちろんだからこそ、このパンフレットが怪文書たるゆえんなのであるが、実は名前のあがっている憲政一新会（一九二八年九月七日に民政党内の反幹部派である田中善立、樋口秀雄らが創立した議会内小会派）自身が九月一四日に「全然この怪文書に関知せざることを言明」するとの声明書を発しており（九月一五日付『読売新聞』および『東京朝日新聞』参照）、この文書自体は当時の民政党をとりまく政治状況のなかに位置づけてみる必要がある。

しかし、ここにおいて重要なことは、憲政一新会が「温厚なる浜口総裁の身辺に関する而かも不用意より来れる恨事に対し之を高唱しこれをしつ責するが如き吾人の断じて為すに忍びざる処なり」（九月一五日付『読売新聞』）とあえて声明を発しているように、浜口の「清廉潔白」というイメージにはいささかの動揺もなかったということである。
だが、さらにここで注意すべきは、怪文書がつぎのような「連鎖」を指摘して、「疑惑」のイメージを掻きたたせようとしている点である。

震災手形法案―鈴木商店救済―鈴木対塩水港の姉妹関係―二千万円の不当貸付―重役藪田輝太郎百二十万円横領―其の藪田の手より三万円の土地買入れと四十万円の新築費流用―藪田と同穴の狸たる同社監査役原脩次郎の仲介―宏壮なる久世山御殿―一ケ月六百円の総裁邸家賃不払―

周知のように、一九二七年四月に若槻礼次郎憲政会内閣が崩壊する契機となったのは、台湾銀行救済緊急勅令案が枢密院において否決されたからであったが、その台湾銀行の経営を危機に陥れたのが、ほかならぬ鈴木商店であった。したがって、まだ国民の記憶にも新しい鈴木商店の名前を絡ませることによって、憲政会の後身である民政党と浜口総裁のイメージを傷つけようとしていたのである。
ではなぜ、鈴木商店をもちだすことによって、浜口の「清廉潔白」というイメージに傷を与えることができるのであろうか。その点に全面的に応えうる準備はできていないが、もしかしたら鈴木商店の支配人であった金子直吉となんらかの関係があるのかもしれない。なぜなら、浜口総裁の政治資金を支えたのが、同郷の仙石貢であったことはよく知られているが、金子も浜口と同郷の実業家として、政治家浜口を支えた人物のひとりであったからである。たとえば、つぎに掲げる書簡は、その点を明らかにするものである。

拝啓

此節土佐ヨリ「高田君ハ先年総選挙之節ハ浜口氏之遊説ニ努メラレシニ不拘今回ハ致ル処中野氏推考之書面ヲ配布セラレツ、アリ」ト申越候モノ有之候処貴台ガ中野君トノ関係上同氏ヲ援助セラル、事ヲ小生ガ彼是申候訳ニハ無之候得共浜口氏ト小生トノ関係ハ御承知之通リニテ小生ト政府トノ関係ハ如何トモアレ浜口氏ヲ援助セサル訳ニハ参リ兼候間本年モ前回同様援助ヲ与ヘ居次第ニ御座候間何卒苦衷御諒承之上貴台ニ於テモ浜口氏ヲ応援セラル、様相願度尤モ既ニ御書面等御発送済之分ニ対シテハ致方無之候得共今後之処宜敷御配慮賜リ度願上候

拝具

四月初一

金子直吉

高田一二様

〔封筒表〕東京丸ノ内　大正生命保険会社

高田一二様御親展

〔封筒裏〕金子直吉　神戸市東川崎町一ノ一

合名会社鈴木商店

これは、一九一七（大正六）年四月一日付の高田一二宛金子直吉書簡であるが（高知市立自由民権記念館所蔵）、このなかで金子は明確に浜口を支援していることを述べているのである。ただしもちろん、そうであったとしても、「公明正大」な浜口に、金子との関係においてなんらやましいことがあったとは思われないが。

もはや与えられた紙幅もつきてしまった。浜口雄幸の実像に迫るためには、まだまだ多くの史料の発掘が必要なようである。

第三部　大戦間期に躍動した人々

第1章　田中義一――陸軍大将から政党総裁へ、「状況創出」のおらが宰相

1　「決して一介の武弁ではない」

長州閥の実力者である田中義一陸軍大将が、政友会総裁に就任した大正末期は、治安維持法とセットとはいえ普通選挙法が成立し、また政権交代のルールとして「憲政の常道」が叫ばれるなど、政党総裁による政権獲得の可能性が、戦前においてもっとも高まった時期にあたる。

みずからの後任総裁として田中を推薦した高橋是清元首相は、田中のことを「決して一介の武弁ではない、政治家の素質を豊かにもっている人」であり、「古武士的な態度」の人と評している。では、そうした政治家的素質はどのように育まれ、また田中はいかなる抱負をもって、政界入りしたのであろうか。

2 非エリートの学僕から軍人生活へ

田中義一は一八六四年七月二五日（元治元年六月二二日）、長州・萩に足軽の三男として生まれた。漢学者岡田謙堂の塾で学び、村役場の給仕や小学校の代用教員などの職を経て、桂太郎の従弟にあたる石部誠忠（のちの岡山県令）の学僕、さらにその石部の推薦で、のちに大審院判事となる笠原半九郎の学僕となり、『資治通鑑』や『韓非子』などの中国の古典に打ち込んだ。

そして笠原にしたがい長崎、対馬、松山と転居するなかで、やがて軍人を志し、一八八三（明治一六）年下士官養成の陸軍教導団に入り、さらに同年、念願の陸軍士官学校に入学。こうして四〇年以上にわたる軍人生活がはじまることになった。

のちに首相時代の田中は、「おらが宰相」とあだ名され、それにちなんで寿屋（サントリーの前身）からその死後にもかかわらず、「オラガビール」というブランド名のビールが発売されるなど（一九三〇年）、親愛感のある大衆的政治家として人気を博することになるが、そうした庶民感覚の素地は、とくに富も地位ももたない家に生まれ、幼い頃からさまざまな職を経験し、非エリートとして苦労して陸軍士官学校に進学した、その生い立ちのなかに求めることができよう。また六年におよぶ学僕としての勉学と経験が、事物にたいする献身奉仕の精神と骨太な生き方の土台となったともいえよう。

3 状況創出型の改革者として

さて、彼の軍人生活の第一の転機は、日露戦争であった。開戦前の約四年間、当時世界一の陸軍国と謳われたロシア軍の調査研究のためロシアに派遣され、日本軍将校初の隊付としてロシア軍隊の実情を熟知していた田中は、児玉源太郎総参謀長のもとで満州軍の作戦参謀として活躍した。

そこで日露両軍の実態をつぶさに体験した田中は、将来の戦争への強い危機感を抱くことになる。なぜならロシア軍の敗因として認識された諸点、すなわち、将校と兵との精神的結合の欠如や在郷軍人主力の予備師団の脆弱性、また国民の後援の欠如などは、多かれ少なかれ日本軍隊にもみられた現象であったからである。

「良兵を養ふは即ち良民を造る所以」であるという、田中の考案した「良兵即良民」主義は、こうした危機意識の反映であり、すぐさま日本陸軍の大原則として採用されることになった。それにより軍隊内に家族主義と温情主義とが導入され、さらに国民教育と軍隊教育との連携・一致がはかれることになった。いわゆる「軍隊の国民化」「国民の軍隊化」であり、軍隊内務書や軍隊教育令の改正、また帝国在郷軍人会の創設や青年団の再編成など、さまざまな具体的施策で田中の強いリーダーシップが発揮された。

こうして日露戦争の衝撃は、田中をして軍制改革者たらしめると同時に、国民と軍隊との接点にもたたせることになった。それは、最高国策を支える精強な軍隊をどのようにしたら作りだせるのかという、切実な危機感を背景とするものであった。

しかし、ここで注目すべきは、それらが、現場体験にもとづく柔軟な思考と豊かな構想力の賜物であり、さらに田中には、それらを現実のものとするための強い意志と実行力とが備わっていたということである。近代日本にみられる思考様式を、仮に状況追随型と状況創出型とに分類するとするならば、田中はあきらかに後者に属していたのである。

4　政党との対立から接近へ

田中の軍人生活の第二の転機は、第二次西園寺公望内閣下の二個師団増設問題であった。日露戦後の一九〇七（明治四〇）年に初めて策定された帝国国防方針に、原案作成者のひとりとして深く関与した田中は、その後、軍政の中枢である陸軍省軍務局軍事課長（一九〇九年）、さらに同軍務局長（一九一一年）へと栄進する。

こうして山県有朋―桂太郎―寺内正毅につづく長州閥陸軍の正統的後継者としての地歩を固めつつあった田中ではあるが、戦後陸軍の最重要課題であった師団の増設に、軍務局長として取り組むことになる。しかし、きびしい財政状況のもとで行財政整理が西園寺内閣によって唱えられるなか、師団増設を推進した彼は、政友会内閣との対決で一敗地にまみれることになる。

すなわち、増師要求のとおらない上原勇作陸軍大臣の単独辞任が内閣交代をもたらし、それがさらに「閥族打破、憲政擁護」をスローガンとする、革命前夜を思わせる第一次憲政擁護運動へと発展したのである。陸軍が民衆と政党のきびしい批判にさらされるなか、田中も失敗に終わった増師問題の責任を取るかたちで、軍務局長の職を辞することになった。田中にとっては、大きな挫折であった。

しかし、以上の経験は、田中に実際政治の何たるかを教えることになった。つまり、陸軍の政策を実現するためには、いわゆる「大正デモクラシー」状況のなかで政治的力をつけてきた政党勢力との連携が不可欠であることを田中に痛感させ、以後、積極的に政党への接近をはかることになったのである。

こうして増師問題の衝撃は、田中をして政党と軍、いいかえれば政治と軍事の接点にもたたせることになった。挫折をバネにできる力強さとプラスに転化できる前向きの思考様式（反面としての楽天性）、そして現実主義的思考が、田中の武器でもあった。

5　総力戦の衝撃を受けて

さらに第三の転機が訪れた。第一次世界大戦、すなわち総力戦の衝撃である。大戦が長期化し、さらに国力戦、消耗戦、科学戦、宣伝戦などの様相を呈したことは、ただちに日本政府の注目するところとなった。なかでも陸軍は一九一五（大正四）年秋、部内に臨時軍事調査委員という大規模な調査部門をたちあげ、体系的かつ網羅的な調査研究を精力的にすすめることになった。

その結果、将来の戦争形態はこれまでとは一変し、「新しい戦争」のタイプ、すなわち同盟国間の長期にわたる国家総力戦になることが予想された。したがって将来起こりうる戦争に勝ち抜くためには、資源に乏しく、重化学工業の十分に発展していない日本においても、有事における総力戦体制への移行を可能にする諸施策が、平時から求められることになった。

大戦中は参謀次長として、また大戦後は原敬内閣の陸軍大臣として軍の要職にあった田中は、そうした戦争形態の変化を十分に熟知した、いまや陸軍きっての軍政家であった。

そこで総力戦体制構築のためには多くの課題があったが、大きく分ければ、内外二つの解決すべき問題があった。第一は、総力戦遂行のための国家体制の再編成の問題である。そこでは政治、軍事、経済、思想、文化などあらゆる領域が一体化する総力戦状況への対応が求められ、とりわけ田中がつねに留意してきた国民と軍隊、政治と軍事の良好な関係がいちだんとその重要性を増した。いわゆる「国民の国防」「国防の国民化」の実現であり、政治と軍事の一元的指導体制確立の問題であった。

つぎに総力戦が提起したのは、不足資源の補塡と自給自足圏形成の問題であった。総力戦の衝撃は後発資本主義国の日本にたいして、新たな戦争形態にみあう高度な資本主義化を要請し、そこから生産力の拡充を可能にする国内体制の再編成と、従来の帝国主義的権益の獲得とは異なる大陸進出論を構想させることになった。

ちなみに、軍需工業動員に詳しいある陸軍将校は、日本が近代的工業を発展させようとするかぎり、「満州」とはとうてい離れることができないと述べているが、以前から積極的な大陸政策論者であった田中にとっても、中国・満蒙の重要性をあらためて再認識させられることになったのである。

このように、大戦の衝撃は内外二つの課題を中心にして、田中に総力戦体制構築の必要性を痛感させた。そこで、そのためには、もはや軍内部にとどまることはできなかった。「どうしても国防と云ふことは軍人の国防と云ふ観念を廃めにやいかぬ。国防と云ふことは軍隊軍艦と云ふ範囲で終始するものぢやない。国民全体の生活と云ふことが既に国防の一部」であり、総力戦問題はもはや「軍人として軍服を着て御奉公をする範囲を越える」問題なのであった。つまり「軍人として考える所ぢやない、是はどうしても自分が政治界に身を投じて、大政党を背景に」しなければならなかったのである。

こうしてつねに国民と軍隊、政治と軍事の接点にたち、それらを架橋する役割をはたしてきた田中は、「大正デモクラシー」と「総力戦」の両状況下におけるひとつの帰結として、一九二五（大正一四）年四月一三日、長年住み慣れた軍を去り、政友会総裁に就任したのであった。

その際とくに彼は、陸軍の実力者であった自分が政党総裁を兼ねることによって、すなわち制度としてではなく個人として、政治と軍事を一身に体現することによって、明治憲法体制のもつ制度的分断を乗り越え、総力戦体制構築のための一元的指導を達成しようとしたのである。

6　大きな野望を抱いて

こうして一九二七（昭和二）年四月二〇日、幣原外交への非難と金融恐慌の荒れ狂うさなか、田中は大いなる野望を抱いて内閣を組織した。蔵相には前総裁の高橋是清元首相を迎え、みずからは外相を兼任した。

田中内閣の当面の課題は、財界の整理安定と対中国問題の解決にあり、前者はモラトリアムにより成果をあげた。

しかし、内閣の内外政策の基本となったのは、なによりも「産業立国主義」であった。それは元来、大戦の総力戦化、とりわけ産業力が国防の決定的要素となった状況に対応すべく、犬養毅が大戦後に提唱した政党側の総力戦構想ともいうべきものであったが、田中の総裁就任直後に実現した政友会と革新倶楽部との合同（政革合同）以来、政友会の基本政策となったものであった。

田中の総力戦構想は、いうなれば、「産業立国主義」に名を借りてその実現がめざされたのである。そこで国家総動員機関としての資源局のほか、資源審議会など多数の機関が、田中内閣下において設置された。

田中内閣の対中国積極外交は、東方会議をはさむ三度にわたる山東出兵に代表されるが、田中の構想は山本条太郎満鉄社長の対張作霖交渉にみられるように、中国本土を蔣介石に、満蒙を「おらが弟」と呼んでいた張作霖（北京政府の実力者、奉天軍閥）にまかせ、日英米協調体制としてのいわゆるワシントン体制の枠内で中国、とりわけ満蒙との経済圏の設定をめざしたものであった。

この点についてさらにいえば、田中の構想した東アジア国際秩序とは、ワシントン体制という英米との協調による普遍主義的国際秩序をメイン・システムに、北満州における日中ソ提携という地域主義的国際秩序をサブ・システムにするものであったのであり、とくに日中ソ提携の模索にこそ、幣原外交とは異なる独自性があった。

すなわち田中は、「今日の極東に於て日本と支那と露西亜と云ふものは、もう別々には考へられない。日支の関係を顧慮する者は、当然露西亜を考へて置かにやならぬ。日露の関係を考へる者は必ず支那を考へなくちやならぬ」と認識し、公言していたのである。

それゆえ田中の後押しによる久原房之助の訪ソ・訪中ミッションで説明された三国緩衝地帯構想、つまりソ連からザバイカル以東のシベリア、中国から満州、日本から朝鮮を醸出して非武装自治区とし、日中ソ三国の緩衝地帯を作ろうという構想は、その象徴的なエピソードであったのである。

7　慨嘆、そして叱責

しかし、軍や外務省の大陸政策担当者間の思惑は必ずしも一致していなかった。そのため田中積極外交が引き起こした中国の反日運動が激化するなかで、「どうにでもなる」と思われた陸軍の中堅層の離反、つまり関東軍高級参謀を首謀者とする張作霖爆殺事件（満州某重大事件）が一九二八（昭和三）年六月に勃発し、田中の構想は頓挫する。蔣介石の北伐に抗しきれずに、田中の勧告を聞き入れて北京から奉天に帰還する途中の張作霖が、乗っていた列車ごと爆殺されたとの報を受けた田中は、「親の心、子知らず」と大いに慨嘆したといわれている。

そしてこの事件の責任者処分をめぐる食言を直接の要因として、昭和天皇の叱責を受けた田中は、一九二九（昭和四）年七月総辞職に追い込まれることになったのである。

一九二九年三月に竣工した永田町の総理大臣官邸の最初の主は、田中首相であった。そのモダンな建築物を、新聞記者は「カフェー・オラガ」と呼んだといわれている。そのエピソードにこめられた庶民性と大らかさとが田中の持ち味でもあったが、その懐の深さと豊かな構想力とが、政界での統率力には必ずしもつながらなかったといえるのである。

第2章　宇垣一成――総理の座を摑み損ねた「政界の惑星」

1　「政治史そのもの」の経歴

一九五三（昭和二八）年四月二六日付の『朝日新聞』は、「一升酒に祝杯をあげて上きげん」な、八四歳のある老人の写真を載せている。その老人とは、二日前におこなわれた戦後三回目の参議院議員選挙に無所属で立候補し、見事初当選を果たした宇垣一成元陸軍大将のことである。

彼は、全国区選出五三人のなかでただ一人、五〇万票を上回る五一三七五三票の最高得票を獲得したばかりでなく、九人の元軍人の立候補者中唯一の当選者でもあった。

宇垣が参議院選挙に出馬し、しかも最高得票で当選したことは、新聞各紙でも驚きをもって迎えられた。なかでも『朝日新聞』（四月二七日付）は、「旧軍人が衆院、参院両選挙で軒なみ振わない中で、元大将の宇垣氏がトップを切ったのは、元軍人の票を集めたというのではなく、宇垣という人の政治経歴が世人の同情をひいた、そういうのじゃないか」「中年以上の人々は宇垣といえば皆知っている。むかし総理大臣になりそこなったし、老い先が短いし、最後の花を咲かせてやれ、という老年、中年層の思いやりが、積み重なったんだと思う」という見方を紹介し、そうした同情票や「好奇心、昔の著名な人物に対するばくぜんとした期待」などが重なり合った結果として、彼の当選を伝えている。

また『毎日新聞』（四月二七日付）も、「ある時代の日本の政治史そのものともいえる経歴」をもつ人物として宇垣を評したうえで、「五十万という票は古い宇垣宗の生残りが全国にちらばっている証拠であり、同時に民衆が政界に超大もの、または一種の偶像を期待しているからであろうか」と、民衆の宇垣に寄せる思いを推量している。

そのように新聞の紙面を賑わせた宇垣一成であるが、ではなぜ彼は「総理大臣になりそこなった」のであろうか。またいかなる意味で、「日本の政治史そのもの」なのであろうか。そして戦前「政界の惑星」とも呼ばれた「超大もの」宇垣とは、どのような人物であったのであろうか。

2 「帝国の運命盛衰は繋りて吾一人にある」

宇垣一成は一八六八年八月九日（慶応四年六月二一日）、岡山県赤磐郡潟瀬村大内（現在の岡山県瀬戸町）に、農業を営む父杢右衛門、母たかの五男として生まれた。生後三か月のときに父親は病死。以後、「強靭な信念、辛抱強い生活力、深い犠牲愛にみちた献身」を備えた母親のもとで、手塩にかけて育てられた。宇垣の性格を特徴づける強い信念や目的達成に向けての粘り強さ、そして純粋な犠牲心や奉公心は、そもそもそうした母の影響によるものかもしれない。

一八八一（明治一四）年郷里の小学校を卒業し、母校の代用教員となった彼は、正教員の検定試験に合格、やがてその母校の小学校長にもなるが、この時代の経験が、「当面した仕事を真剣にとりあげて、完全に義務を果して行こう」という性格と習慣を身につけるのに役立ったと、後年彼は回顧している。

しかし、一〇歳のときに芽生えていた軍人への夢を実現すべく、一八八七（明治二〇）年に陸軍士官学校を受験し合格（陸士第一期生）、こうして職業軍人としての道を歩むことになった。そして日清戦争後の一八九六（明治二九）年、中尉のときに幼名の杢次を一成と改名した。これは、「精神一到何事か成らざらん」から採ったもので、意志鍛練の目標にするためであったという。しかし、後年世間では、「日本一の男に成るといふ意味から」改名したという説も流布することになった。

ところで、宇垣の軍内における進級は、陸軍士官学校の同期生に比べて遅いほうであった。その原因は、日清・日露の両戦争における華々しい戦闘歴がないことと、「青年将校時代の特異な性格が禍ひした」ためであると、彼自身は述べている。「特異な性格」とは、交際下手で上官におもねることをせず、自分の流儀を押しとおす、「剛毅不屈の気性」であり、それらが扱いにくい傲慢な人物と評価されることになったのである。

しかし、そうした性格は反面、自分が正しいと信じた政策をなんとしてでも実現しようとする力強さとリーダーシップの源泉ともなるのであり、前述した目前の仕事を着実にこなす性格とも相まって、宇垣の軍事官僚としての実務能力の高さを支えることになった。それゆえ、いったん彼の実力が認められることになれば、陸軍首脳にとっても仕事を任せられる、じつに有能な軍人であったのである。

事実、軍事行政の中枢を担う陸軍省軍務局軍事課長に二度にわたって抜擢され、以後も参謀本部第一部長（一九一六年）、教育総監部本部長（一九二二年）、陸軍次官（一九二三年）などの要職を歴任。一九二四（大正一三）年一月には、ついに清浦奎吾内閣の陸軍大臣にまで昇りつめることになったのである。

ときに宇垣一成五五歳。その年元旦の所感として、彼は日記に「光輝ある三千年の歴史を有する帝国の運命盛衰は繋りて吾一人にある。親愛する七千万同胞の栄辱興亡は預りて吾一身にある。余は此の森厳なる責任感と崇高なる真面目とを以て勇往する」と認めている。ここに、彼の自意識過剰とも思える強烈な自負心と自信、さらに使命感、責任感、奉公心の強さを垣間みることができよう。それらは、彼の指導者気質の中核をなすものであり、また強烈な個性の一端をも示しているのである。

3 「宇垣軍縮」で発揮された政治的手腕

ところで、宇垣が陸軍内の要職を歴任しえた大きな要因として、長州閥の実力者であった田中義一との関係を見逃すことはできない。岡山県出身で閥外にあった宇垣を、軍事課長に推薦したのは田中義一であった。また参謀本部の第一（作戦）部長時代、その上司にあたる参謀次長は、田中であった。さらに田中の二度目の陸軍大臣時代に宇垣は次官を務めたが、その後任陸相に、軍内有力者の異論を排して強く宇垣を推薦したのも、田中義一であった。

このように田中との関係から、宇垣は準長州閥とみられるようになった。田中義一自身は、日露戦後の陸軍軍政の大枠を構想し、主導してきた人物であり、軍と国民、政治と軍事との関係につねに留意し、いわば大正デモクラシー時代に適合的な陸軍を創出してきた政治的軍人であった。

さらに第一次世界大戦が世界初の総力戦となったことを受けて、戦後の軍の近代化と総力戦体制の構築をも構想していたのであり、そうした「大正デモクラシー」と「総力戦」という時代状況が、田中をして政友会総裁へと転身させ、一九二七（昭和二）年の総理大臣への就任を後押しすることにもなったのである。

したがって田中の政党総裁への就任は、大正末から昭和初期にかけての、政党と軍との協調的かつ相互依存的な関係を象徴していたのである。

宇垣は、そうした田中の考えをかなりよく理解しており、それゆえ田中にとっては、宇垣は「良い女房役」であった。しかし、人一倍負けず嫌いで、自尊心の強い宇垣にとって、自分を引き立て、さらに自分と似た軍政構想や時代認識を先んじて示す田中は、ある種我慢のならない存在ではなかったかと思われる。宇垣がその日記に書き記す、田中にたいする痛烈な批判の数々は、おそらくそうした心情のあらわれであろう。宇垣にとって田中とは、恩義のある先輩以上に、ある意味で、超えるべきライバルであったのである。

それゆえ大正デモクラシーと総力戦という時代状況は、宇垣一成をも光り輝かせることになった。加藤高明憲政会総裁の率いる護憲三派内閣において引きつづき陸軍大臣を務めた宇垣は、軍近代化と引き換えに四個師団の削減を実現させ（一九二五年）、軍縮を求める政党・財界・国民などから大なる喝采を浴びることになった。それは、強いリーダーシップをもつ彼ならではの大仕事であり、また合理主義的な軍事官僚としての見事な手腕を示すものであった。

そして、この宇垣軍縮で示した政治的手腕や実行力こそが、期せずして宇垣を、政治の世界へと誘う扉を開くことになったのである。ただし他方では、軍縮により職を失ったり、不利益を被った軍人からの不平・不満や、軍縮は陸軍を踏み台にして政界への進出をもくろむ宇垣の政治的野望のあらわれとみる向きも存在していたのである。

4　大命降下されるも、陸軍の反発で拝辞

こうして宇垣は、昭和戦前期におけるもっとも有力な首相候補のひとりとして認識されることになった。キャビネットメーカーである元老の西園寺公望が、彼を首相候補者として意識しはじめるのは、一九三〇（昭和五）年一一月に起こった浜口雄幸首相暗殺未遂事件の直後のことである。彼は浜口の後任の民政党（憲政会の後身）総裁にも擬せられることになった。奇しくも、政党総裁から総理大臣へという、田中義一と同じ道を歩む可能性がでてきたのである。

しかし結局、翌一九三一年四月、第二次若槻礼次郎内閣が成立。宇垣は陸相を辞任し、さらに同年六月軍の現役をも退き、朝鮮総督に就任した。

その後も、宇垣を民政党総裁に擁立する動きは水面下でつづき、さらにまた政友会・民政党の二大政党の連携のうえに宇垣を戴く政権構想もみられた。そうした動きは、いずれも現実のものとはならなかったが、さらに丸五年余におよぶ植民地統治の経験は、首相候補者としての宇垣への政治的期待を、おのずと高めることとなった。

そして、ついに一九三七（昭和一二）年一月、宇垣に組閣の大命が下ったのである。それは、前年の二・二六事件後に成立した広田弘毅内閣の総辞職を受けてのことであった。戦争勃発の危険性を回避し、策動の震源地である陸軍を抑えるべく、宇垣は自信と熱意と不屈のがんばりとをもって、勇躍組閣に取りかかった。

しかし二・二六事件後、陸軍全体の動向を左右する力をもっていた石原莞爾大佐を中心とする陸軍中堅層は、派閥観の強い旧将軍は不適当、粛軍のための全軍統制上絶対に反対、軍縮の前歴をもつ宇垣を首相に迎えることは出来ないなど、いくつかの理由をあげて宇垣内閣の成立を絶対に阻止する姿勢を示した。

その結果、宇垣は陸軍大臣をえることができず、大命拝辞に追い込まれることになったのである。宇垣のみるところ、陸軍の反対理由は結局、「あいつが出たら、我々がわがままが出来ぬ」ということであった。

ただし、陸相をえるために天皇の大権発動（勅命）を考えるなど、足かけ五日間におよぶ彼の粘り強い奮闘振りは、まさに宇垣の真骨頂を示すものであった。そうした彼をなによりも慨嘆させたのは、それまで宇垣を擁立してきた人々や政党・言論界が、憲政擁護のために、陸軍の専横に抗して決然と立ちあがらなかったことである。宇垣が、「憲政とファッショの流れの分岐点に立ち憲政最後の防波堤として孤軍奮闘」していたにもかかわらず。

そしてそれは、たしかに評論家の御手洗辰雄が、「今次の政変を通じて我々の知り得た事は、政治は陸軍によつて動き、陸軍によつて決せられ、その他の勢力はすべて陸軍と合致する事によつてのみその存在を価値づけ得ると言ふ事である」（『改造』一九三七年三月号）と評したほどの、歴史上の分岐点であったのである。

5 国民の期待を背景にした宇垣擁立工作

しかし、宇垣にとっての救いは、大命拝辞後、何千通という激励の手紙が、国民から寄せられたことであった。評論家の室伏高信は、『読売新聞』（二月九日付夕刊）のなかで、「たつた数日の間ではあつたが、宇垣の出現は救世主の出現のやうに思はれ、（中略）彼の一身が全国の人望を全面的に吸ひとつたかのやうに見えた」と述べている。

また民政党幹事長の鶴見祐輔が『中央公論』三月号で、「恐らくは彼の永き軍人並に行政官生活に於て、真の意味に於ける民衆との霊の接触は彼に取つて今回が初めてであつたであらう」と指摘しているように、宇垣はこうして、目に見えぬ大衆の支持を獲得することになったのである。

なお、こうした「宇垣が出馬すれば」という国民の潜在的期待感をひとつの底流として、宇垣擁立工作がこれ以後もおこなわれることになるが、それについては、もはや詳しく述べる紙幅は残されていない。ただし特筆すべき動きとして、駐英大使を辞任したあとの吉田茂が、一九三九（昭和一四）年から一九四三（昭和一八）年にかけて、執拗に宇垣擁立工作を展開していたことを記しておきたい。

自由主義者、親英米派の吉田茂も、浜口雄幸内閣時に陸軍大臣と外務次官であったという、ある種の共通基盤をもつ宇垣にたいしては、軍を抑え和平政策を実行しうる人物として、大きな期待を寄せていたのである。

6 「しゃにむに、機を逸せず、気楽にやるさ」

君は、その人物からしても、経歴からしても、当然政権を担当すべき器であったのであります。昭和一二年、日華事変の始まる直前、君は組閣の大命を受けたにもかかわらず、いわゆる宇垣内閣流産のうき目を見られましたのは、当時、とうとうたるファッショの流れを阻止せんとする君の進出を喜ばず、また、過去の軍縮断行を快しとしない軍部の一部の者の妨害によったものであります。その組閣の不成功は、当時国民をいたく失望せしめたのであって、かかる事実にわが国の悲劇の根源があったと思うのでございます。

これは、宇垣と同じく第三回参議院選挙で初当選した青木一男（元蔵相兼企画院総裁、元大東亜相）が、一九五六（昭和三一）年五月九日に参議院でおこなった、追悼演説の一節である。宇垣首相の誕生が、はたしてその後の戦争の勃発を阻止しえたかどうかは、歴史における大きなイフである。しかし、そうした期待感をいつまでも抱かせるような魅力が、宇垣には、たしかにあったのである。

宇垣は初当選の際、「ただシャニムニ、しかし機を逸せず、しかも気軽にやるさ」と、その抱負を語っている。戦前においても「気軽にやる」気持ちのゆとりがあれば、敵対者に警戒心を抱かせることなく、首相の座を射止めることができたのかもしれない。

第3章　幣原喜重郎——国益を踏まえ、理想の灯を掲げた現実主義者

1　「一身で二生を生きた人物」

昭和天皇は巷間、一身で二生を生きた人物といわれている。戦前の大日本帝国の「統治権の総攬者」「大元帥」の立場から戦後の平和な文化国家日本の「象徴」へと、その役割を劇的に変化させることになったからである。しかし、昭和天皇ほどではないにせよ、多くの日本人にとっても激動の昭和は、その人生を大きく揺さぶられた時代であった。平和憲法の生みの親のひとりとして、昭和天皇の新たな人生に決定的なかかわりをもつことになった幣原喜重郎の場合も、その例外ではない。

一九二〇年代に外務大臣として国内外の信望を集めた幣原も、満州事変後の犬養毅内閣の成立以降、「最早今世の人に非ず」と自嘲せざるをえないほど、世間からは完全に「忘れ去られた人」となってしまった。しかし、太平洋戦争敗戦後の米国占領下において一転、内閣総理大臣として再び

政治の表舞台に登場することになったのである。じつに一四年振りの政界復帰であった。

それでは、幣原の政治的地位の浮沈は、なぜこれほどまでに激しかったのであろうか。また、いかなる理由から戦後日本の骨格にかかわる大きな政治的役割を果たすことになったのであろうか。さらにそもそも、幣原を幣原たらしめた外交理念や国際認識とは、どのようなものであったのであろうか。

2　華麗な閨閥を頼らない清廉さ

幣原喜重郎は一八七二年九月一三日（明治五年八月一一日）、大阪府北河内郡門真村の大地主の次男として生まれた。父親の新治郎はすこぶる教育熱心で、子供のためなら財産の売却もいとわない人物であった。幣原は一八八三（明治一六）年、英語教育で名高い大阪中学校に入学、やがて第三高等中学校と改称され、京都に移転したその三高を一八九二（明治二五）年に卒業、同年東京帝国大学法科大学法律学科に進学し、一八九五（明治二八）年七月に卒業している。なお三高以来の同期生からは、その後多くの人材が輩出したが、のちに外務大臣として仕えた浜口雄幸首相も、そのひとりであった。

当時、法科大学卒業生の就職は引く手あまたであったが、日清戦争や三国干渉を目の当たりにした幣原は、難局日本の国運を打開することが自分の使命と確信し、外交官の道を志すことになった。

ところが、運悪く重症の脚気となり、九月にあった新制度の第二回外交官及領事官試験を受験することができず、そのため合格は、一年先の第四回試験となった。しかし、いずれにせよここに、三五年におよぶ外交官生活がはじまることになったのである。最初の任地は朝鮮の仁川、上司の領事は石井菊次郎（のちの外相）であった。

釜山在勤中の一九〇三（明治三六）年、幣原はその石井の媒酌で、三菱の岩崎弥太郎の末娘雅子と結婚した。雅子の姉は、加藤高明前外務大臣の夫人の春路であり、幣原を結婚相手にと推薦した荒川己次ロンドン総領事は、その読書家で勉強熱心な点や堅実な執務振り、外務次官までは間違いなしといわれた幣原の将来性などを高く買ってのことであった。

こうして幣原は岩崎家と縁組し、加藤高明とも義兄弟となったが、彼はそうした私的関係を公のことに利用しようとはしなかった。清廉潔白さや公明正大さが、幣原の持ち味であった。彼は戦後、外務省研修所の講演で「正直な事こそ、最善の外交政策」と述べているが、その外交姿勢はまさに性格に由来するところがあったのである。

3 「外交官の神髄」を体得

さて日露開戦直後の一九〇四（明治三七）年三月に帰朝した幣原は、その後丸八年におよぶ本省勤務のなかで、外務省顧問のアメリカ人デニソンから、外交官として必要なあらゆる薫陶を受けることになった。省内屈指の英語力とその能吏振りに着目したデニソンは、隣の官舎に住む幣原を誘い、有名な歴史的挿話を交えながら外交上の蘊蓄を傾けた。「凡そ外交官の神髄は教ふべからず、習ふべからず、機微の間に自ら体得するに在り」というデニソンの教えは、刻苦精励、努力修練を怠らないある意味学究的な幣原の胸に大いに響くものがあった。ウエブスターの大辞典を座右の書とするようになった幣原の作成する英文外交文書は完璧とされたが、それはなによりもデニソンの指導の賜物であった。

一九一二（明治四五）年五月、駐米大使館参事官に転出した幣原は、その後駐英大使館参事官、駐オランダ特命全権公使を経て、一九一五（大正四）年一〇月大隈重信内閣の石井菊次郎外相のもとで、外務次官として本省に呼び戻されることになった。幣原四三歳のときのことである。

その間、駐米イギリス大使ジェームス・ブライスとイギリス外相サー・エドワード・グレーからは、高い見識と勇気とをもって、大局的見地から「正しいことを無理押しせず、自然に流して」いくという、のちの幣原外交の基調をなす外交の要諦を感得している。

幣原は結局、外務次官として大隈重信、寺内正毅、原敬という政治的経歴の異なる三人の首相と五人の外相に仕えることになるが、そうした事実こそが、彼がいかに公正無私で高い事務能力をもち、かつ信頼するに足る外務官僚であったのかを如実に示すものであった。それゆえ反対党の党首を務める幣原の義兄の加藤高明を政治的ライバルとする原首相（政友会総裁）も、一九一九（大正八）年九月、対米協調外交の立場からもっとも重要視する駐米特命全権大使のポストに、幣原を起用したのであった。

そして国際協調論者としての幣原の誕生を決定づけたのが、この駐米大使時代の経験、とりわけ一九二一（大正一〇）年から翌年にかけて開催されたワシントン会議での経験であった。

4　外交政治家への飛躍

ところで、そもそも第一次世界大戦後の日本をとりまく国際環境を規定したのは、パリ講和会議とワシントン会議であった。第一次世界大戦という非常に悲惨な戦争体験を経て、それまでとは異なる新しい視点から、平和な世界を作りだすための真摯な努力が模索されることになった。そして両会議をとおして構築されようとした新しい国際秩序とは、つぎのような特徴をもつものであった。

第一は、一般的に「旧外交」から「新外交」へと表現される、外交理念と国家間関係の変化である。大戦前の同盟・協商関係や秘密外交を軸とする帝国主義的な二国間協調から、「正大公明ヲ旨トシ正義人道ヲ重ンスル」多数国間の協調への変化である。国際連盟の設立は、その象徴的出来事であるが、他方、そうした変化の背景には、相互依存的な国際経済秩序の形成が平和な国際社会を生みだしうるとの考えがあったのであり、その点を特徴の第二として指摘することができる。

さらに特徴の第三は、国際紛争の平和的解決や軍縮の推進にみられるように、戦争を違法化する努力がつづけられ、「武力の行使」を前提とする国際社会から「武力の抑止」をめざす平和共存的な国際社会への道が模索されたことである。

そうした諸特徴をもつ新しい国際秩序への志向は、日本国内でも歓迎されたが、なかでも積極的な対応を示したのが、パリ講和会議全権を務めた牧野伸顕や原敬首相、そして幣原喜重郎であった。とくに幣原についていえば、彼が有能な外務官僚として成長してきた時代は、力の政治を軸とする帝国主義外交華やかなりしときであった。それゆえ幣原は当初、そうした新しい外交潮流に全面的な理解を示していたわけではなかった。しかし、アメリカに駐在し、ワシントン会議では日本全権のひとりとして、体調が万全でないにもかかわらず各国代表と交渉を重ね、やがてワシントン体制と呼ばれる日英米三国間の友好協力関係や相互信頼の構築に従事することをとおして、そうした新しい外交理念にもとづく国際協調の精神の、いわば生みの親のひとりとなったのである。同時にそれは、たんなる実務的な外務官僚から外交政治家への飛躍を意味することにもなった。

こうして一九二四（大正一三）年六月、幣原は加藤高明憲政会総裁を首班とする護憲三派内閣の外務大臣に就任した。新しい外交官試験の出身者としては、初めての外相であった。以後、一九二七（昭和二）年四月に退陣する第一次若槻礼次郎内閣までの二年一〇か月と、一九二九（昭和四）年七月に成立した浜口雄幸民政党内閣から一九三一年一二月に退陣する第二次若槻内閣までの二年五か月の、あわせて五年三か月もの長い間、日本外交の舵取りを担うことになったのである。

5　賞賛と試練の幣原外交

幣原は、外相親任後の記者会見で、「今や権謀術数的の政略乃至侵略的政策の時代は全く去り、外交は正義平和の大道を履みて進むにあり」「日本は、巴里講和条約・華盛頓会議諸条約諸決議等に明示又は黙視せられたる崇高なる精神を遵守拡充」すると、その外交理念を高らかに表明し、各国から好印象をもって迎えられた。

たとえば『ニューヨーク・タイムス』は、幣原の主張を「列国間の相互信頼の時代には協調と親善とが、傲慢と暴力とよりも永遠の平和を増進するといふ確信から発したもの」と、賞賛したのであった。

したがって共存共栄をめざす国際協調外交、経済外交、平和外交、そして中国内政不干渉政策として特徴づけられる幣原外交は、まさに新しい国際秩序の形成という時代の流れに沿った合理主義的外交であったのである。外相の名前を冠する外交の呼び方は、「幣原外交」からはじまったといわれているが、それはたしかに、時代の画期性を反映したものであったのである。

ただし幣原は、生粋の日本帝国の、また天皇陛下の外交官であったのであり、たんなる理想主義者ではなかった。それゆえ幣原外相にとっても、満蒙権益を含む「日本の正当なる権利々益を擁護増進するのは政府として当然の責務」（第四九議会における外交演説）であったのである。

「幣原外交の実体は何か」という問いにたいして、幣原は、「一＋一＝二或は『二二が四』といふだけである。（中略）道理に合はないやり方、相手を誤魔化したり、騙したり、無理押しをしたりすることを外交と思つたら、それは大間違」と答えているが、そうした合理主義こそが、幣原外交の真骨頂であった。

それゆえ昭和初年における中国の不平等条約の改正や権益の回復要求に関していえば、中国側の合理的要求、合理的やり方にたいして合理的態度で応対するというのが、幣原の基本的立場であったのである。

したがって第二次外相期において、国民国家形成への動きを加速させた中国が、合理的手順を踏まない革命外交を志向するとき、幣原外交は大きな困難に直面することになった。そして世界大恐慌（一九二九年）に端を発する相互依存的国際経済秩序の動揺が、幣原の経済外交をさらに直撃していたのであり、こうして陸軍中堅層が総力戦の観点からワシントン体制にかわる自給自足圏形成への志向を急速に強め、満州事変を引き起こすなか、平和の渇望から生まれた新しい国際秩序の理念は定着することなく、あえなく時代の後景に退くことになったのである。

幣原は外相在任中しばしば、「世界人類と共に戦争なき世界の創造」をめざすと語っていたといわれているが、満州事変以降の戦争の時代において、幣原はそれゆえ世間から忘れ去られた「水底の没人」となったのである。

しかし、逆にそれゆえにこそ、平和の回復した占領期に、幣原は復活することになったといえる。「アメリカを知悉し、総司令部の要求してゐる政策を進んで遅滞なく果し得る人」（東久邇宮稔彦元首相の幣原評）でなければ、日本の民主化と非軍事化を求めるGHQの占領下において、新生日本の基礎を築きあげることはできなかったからである。

また幣原は、「刻むような記憶力と、常に閃めく機智と和漢洋三面の耽読」に裏づけられた「高尚な方面」の「話術の天才」（伊藤正徳時事新報社長の幣原観）でもあったのであり、それゆえマッカーサー連合国最高司令官の十分な信頼と敬意とをかち得ることができたのである。

なお幣原を首相に推薦したのは、かつて幣原外相のもとで外務次官を務め、かねてよりその人格・識見・力量に傾倒していた、東久邇宮稔彦内閣の外相吉田茂（引きつづき幣原内閣の外相）であった。

6　マッカーサーが寄せた信頼と敬意

ところで、幣原首相にとってもっとも気掛かりなことは、「国体の護持」、つまり天皇制の行方であった。天皇制の廃止や昭和天皇の戦争犯罪人としての訴追などが懸念される一九四五（昭和二〇）年から翌年にかけての政治状況のなかで、「天皇陛下の総理」でもある幣原は、「国体護持」の立場から、天皇の人間宣言と平和憲法の誕生に大きな役割を果たすことになった。

憲法九条の発案者が誰であったのかに関しては、今日においても史料的に定かではない。しかしその平和主義の精神は、第一次世界大戦後の国際連盟規約以来のものであり、幣原にとっても十分首肯しうるものであった。その意味で、憲法草案は、幣原とマッカーサーの合作ともいえるものであったのである。

幣原はかつて「凡そ政治家として最重要なる資格の一つは、実行可能の政策と不可能の政策とを識別する判断力」であり、「唯可能と認めたる範囲内に於いて（中略）着々其の実行に全力を盡すことが実際的政治家の心懸け」と述べ、「時勢の潮流に逆行しては、何等の有益なる目的をも達し得らるゝものでありませぬ」と喝破していた（一九二八年の「外交管見」）。したがって象徴天皇制と憲法の平和主義との両立は、「お国のため」ばかりを考えて「根本に私心がない」（佐藤尚武元外相の幣原観）、幣原でこその、国益を踏まえた政治的決断であったといえるのかもしれない。

幣原喜重郎は、戦前においても戦後においても、理想の灯を掲げた現実主義者であったのである。

第4章　森　恪——実業界から政界へ、異彩を放つ国家本位の政治家

1　東亜新体制の先駆者

森恪という政治家は、今日では、知る人ぞ知る政治家といえるのかもしれない。五・一五事件で凶弾に倒れた最後の政党内閣の首班、犬養毅首相の女房役として内閣書記官長を務めていた彼は、同じ年の一九三二（昭和七）年一二月、十有余年という短い政治家生活に幕を閉じることになったからである。五〇歳の誕生日を目前にした、志半ばでの病死であった。

しかし、政治家としての森は、強烈な異彩を放つ、存在感のある人物であった。かつて親交のあった近衛文麿首相は、のちに森の伝記（昭和一五年刊）のなかで、「革新政治の先駆者」と彼のことを評し、「今日森君が生きてゐたら、必ずや軍官民一体の新体制を確立して、私と同じ方向に歩みを続けてゐたらうと思ふ。熱と行動の政治家森君を要求すること今日より甚しきはない」と称揚したし、さらに身近にいた新聞記者の山浦貫一は、その伝記タイトルに「東亜新体制の先駆」と冠し、

やはり彼の事績を称えていたのである。

それでは、昭和戦前期には、時代を先取りした政治家として脚光を浴びながらも、戦後にはほぼ忘れ去られるか、さしたる評価を与えられてこなかった森恪とは、どのような人物であったのであろうか。

2　親元を離れ、自立心を培った幼少時代

森恪は一八八二（明治一五）年一二月二八日、大阪市西区に弁護士森作太郎の二男として生まれた（ただし戸籍上の出生は、原簿記載の誤りで、翌年の二月二八日）。恪は五人目の子供であったが、先の四人がいずれも早世していたため、生後間もなく京都府八瀬の農家に里子にだされた。さらにその後、一八八六（明治一九）年に神奈川県足柄に住む母方の伯父で、二宮尊徳の門弟であった加藤彦左衛門に預けられ、地元の小学校を経て、一八九二（明治二五）年に東京の慶應義塾幼稚舎に転じた。彦左衛門からは、親の恩や奉仕の思想を教え込まれた。

翌一八九三年四月、森は大阪師範附属高等小学校に進学。以後、北野中学校を経て一八九八（明治三一）年に東京の商工中学校第三学年に転校するまで、初めて親元で生活することになった。一〇歳から一五歳という多感な少年期であった。ただし生母サダは、すでに一八九一年に亡くなっており、共に暮らすことはなかった。また在阪中の彼は、西洋の知識だけでなく、東洋思想や日本古

来の学問精神も学んでほしいという父作太郎の考えで、後妻ノブの実父（和歌山の有数な漢学者）のもとで、漢学を学んでいる。

こうして森は一〇歳まで、両親の深い愛情を身近に受けることなく成長したが、しかしそうであればこそ、彼の両親への思いには人一倍強いものがあった。とくに生母のわずかな記憶は美しく、崇高なものであった。森によれば、母親は「自信が強く、感化力が大きく、決断力のある人」であったが、それはまさに、彼の性格そのものであった。

他方、父親の作太郎は、一八七六（明治九）年に司法省に出仕し、大阪地方裁判所の判事等を歴任したのち、一八八一（明治一四）年から一九一九（大正八）年まで、弁護士として大阪法曹界で活躍した人物であった。恪が生まれたのは、作太郎が弁護士となってすぐのことである。また作太郎は気骨のある国士的風格を備えた人物であり、関西地方の自由党の有力者としても活躍、大阪市会議員（一八九二年から一九〇二年まで市会議長）でもあった。それゆえ森の在阪期間は、ちょうど父親の市会議長時代にあたることになる。

さらに作太郎は、古今東西の書物を渉猟する知識欲の旺盛な読書人でもあり、こうした経歴をもつ尊敬すべき父親から、森は主として手紙や著作物などをとおして、大きな思想的影響を受けたといわれている。それは、徳富蘇峰がのちに森父子を評して、「情は父子にして誼は実に師友を兼ぬ」と喝破したとおりであった。

さて、西郷隆盛が好きな、自尊心の強い、負けず嫌いな餓鬼大将として成長した森の将来の夢は、海軍軍人か実業家になることであった。実業家という夢は、幼少時から親元を離れ各所を転々とした森が、早くにお金のありがたさと必要性を感じるとともに、一人前の独立した大人に早くなりたいという願望のあらわれでもあった。そして近眼であった彼は、海軍兵学校への進学ではなく、東京高等商業学校を受験することになった。

しかし、その受験に二度も失敗。その悔しさからいち早く実業界に入ることを決意し、三井物産上海支店支那修業生となり、中国にわたることになった。ときに一九〇一（明治三四）年（入社は翌年一月）、日清戦争後の日本の大陸雄飛に、みずからを重ね合わせる決断でもあった。

なお、当時の上海支店長は、後年同じく森が所属した政友会の幹事長となる山本条太郎であったが、彼は、三井物産大阪支店の顧問弁護士を務めたことのある父作太郎の友人でもあった。

3　大志の舞台は中国大陸

森の三井物産勤務は、一九二〇（大正九）年に正式に退社が認められ、衆議院議員選挙に打ってでるまでの一八年余であった。もっとも一九一五年には辞表を提出し、そのときには受理されなかったが特定の役職につくことは免除され、以後は中国興業株式会社（のちの中日実業株式会社）取締役の仕事をはじめとする多くの会社を率いて実業界で活躍することになったので、その時点を事実上の退社とみなすこともできよう。

いずれにせよこの間、一九一一（明治四四）年二月から一二月にかけてのわずかなニューヨーク支店在勤期間を除き、彼の活躍の舞台は一貫して中国にあった。中国語と英語に熟達し、三度の上海支店勤務や三一歳という異例の若さでの天津支店長への抜擢（一九一四年）など、その活躍振りには目を見張るものがあった。三井財閥の巨頭益田孝にも見込まれ、一九一三（大正二）年その益田の姪で瓜生外吉海軍大将の三女にあたる栄枝と結婚している。

しかし、かつて少年時代に南洋征服というロマンを夢み、また中国大陸の制覇をめざした豊臣秀吉の伝記をこよなく愛していた森は、やがて「東洋のセシル・ローズたらん」との大望を抱き仕事に精励していたのであり、たんに商才に長けただけの人物ではなかった。その活動の基底には、つねに「俺は国家のために働いている」という高い志があったのである。支那駐屯軍司令官として同時期に天津にいた奈良武次（のち昭和天皇の侍従武官長）が、「三井の一支店長でありながら、支店の業務に屈托せず、もつと大きな、国家的立場から対支政策について常に東西奔走してゐたといふことを後に知つた」と、後年森のことを評しているとおりである。

そうした森の志は、国家と自分とを一体化させ、国家の発展をみずからの夢とするものであったが、それは、日露戦争の際のバルチック艦隊発見のエピソードにもみられる。

しかし、もっとも象徴的なのは、辛亥革命の勃発後、孫文らの革命派を援助し、三井物産との間でいくつもの借款契約を成立させ、さらに日中合弁の中国興業を渋沢栄一や孫文らをまきこんで設立したこと、また中国第二革命のための資金調達などに奔走したことである。満州の買収を孫文との間で約束したとされるのも、亡くなる直前の桂太郎元首相と孫文とを引き合わせたのも、中国第二革命のときのことであった。

また後年、その政友会総裁就任に尽力し、政友会幹事長および内閣書記官長として仕えることになる犬養毅との初めての出会いも、辛亥革命のときであった。

いずれにせよ、そうした彼にとって重要なことは、君主制か共和政かという革命後中国の政体の姿ではなく、あくまでも日本の指導にもとづく日中経済提携と中国の富源開発の実現にあった。そしてそれこそが、彼の大志であった。

しかし、そうした夢の実現を情熱をもって追い求めるためには、もはや生涯を一三井物産社員として過ごすわけにはいかなかった。「三井は到底国家本意なる吾人の自由を許さぬ王国」であり、しかも「国勢支那大陸に伸びんとする現下の気運」が「志を支那に有する吾人の起つべき絶好の機会」である以上、森はみずからの「志に忠ならん」としたからである。

一九一五（大正四）年春、彼は「運命を開拓する」ために、三井に退職願をだした。日頃から古今東西の英雄伝を愛読していた森は、妻にも長男生育の目的を「英雄」にすることと述べていたが、その意味で独立は、まさに彼自身が「英雄」となるための第一歩でもあった。

なお、その決意の背後には、「人生五十、余す処僅か二十有七年」という焦りにも似た思いもあったが、それには兄姉たちが早世し、生母も若くして亡くなったという身内の記憶や、彼自身が喘息もちであったという健康面への不安が、よりいっそう志実現への思いに拍車をかけさせていたのかもしれない。彼は妻にたいしても、「小生をして素志を貫徹せしむる事が、其許の第一の目的」と、常々諭していたのである。

また、そうした大志への献身は、一面では、満たされなかった幼少年期の親子関係の代償行為であったのかもしれない。

4 「政治的権勢」に傾倒し、みずから政界へ

さて、そうした素志の貫徹を、当初、独立した実業家の立場から果たしていこうとした森ではあったが、やがてそのためには「徹頭徹尾、政治的権勢を使用するに非らざれば、到底著しき効果を挙ぐるを得ざる事」と、政治の力をあらためて強く認識するようにもなった。

そして、そうした思いから「今の日本の政治界」を見渡すとき、それは「凡衆の天下」であり、「真実か丶る大志を懐く中心的人物なき」という嘆かわしい状態にあったのであり、それゆえ「此の任務は之れを、吾人自らの上に発見せざるべからざる理」と、みずからの政界への進出を強く意識することになったのである。

ただし、彼のなかでも一時は、「吾人が今より此の社会に入らんと欲する為には、吾人の年齢は其の準備の余裕を与へざるを以て、此の希望は全く不可能事」という躊躇の思いがあったようである。

しかし、ついに一九一八（大正七）年の秋、政友会に入党し、政党政治家としての道を歩むことになった。かつての桂太郎との縁を考えれば、憲政会（立憲同志会の後身）への入党もありえたが、その官僚的体質よりも野性味のある政友会のほうが彼の体質にあっていたこと、また「政治は力なり」をモットーとする原敬の力強い政治指導力への共鳴が、政友会入党の底流にあった。さらにまた、三井の益田孝の姪を妻としていたことも、理由の一端としてあったのかもしれない。

そして一九二〇（大正九）年五月、少年時代を過ごした神奈川県から立候補し、見事衆議院議員に初当選したのであった。ときに森恪三七歳。ここにようやく政治家として、その大志を実現しうる力と可能性とをえることになったのである。

その後の彼は、政友会院内幹事（一九二三年）、同幹事（一九二四年）、同筆頭幹事（一九二六年）などを歴任、貴族院改革などに活躍するが、田中義一陸軍大将を政友会総裁に担ぎあげる立役者となり（一九二五年）、その田中内閣成立とともに外務政務次官に就任（一九二七年）、幣原喜重郎前外相の掲げた国際協調外交に批判的な立場から中国政策を指導し、いわゆる東方会議や山東出兵にも大きな影響力を発揮した。

田中内閣末期からは政友会幹事長に転じ（一九二九年四月）、内閣瓦壊後の田中総裁の急逝を受けて犬養総裁を実現させ（同年一〇月）、浜口雄幸民政党内閣と対決した。

そして満州事変後の一九三一（昭和六）年一二月、犬養毅内閣誕生とともに内閣書記官長に就任し、軍部との連携を強めながら、満州国の承認をめざしたが、それは中国通の犬養首相との溝を深めることになったのである。

5　政党政治家と国家主義者とのあいだで

このように政党政治家として、つねにその第一線で活躍してきた森ではあるが、では彼が、政党政治そのものに主義として賛同し、その発展をめざしていたかというと、それは、必ずしもそうとはいえない。

彼は常々、「元来、立憲政治なるものは時代の最も強大なる勢力を引き来つて是を政治の実際に利導し、以てその能力を発揮せしむるにある」と述べていたが、政党はその「時代の最も強大なる勢力」の反映ではあるが、それを生みだしているのは「国民」であり、そうであればこそ「国民」が政党内閣に希望をもてない時代が来るならば、その政治形態もおのずと変わり、いわば挙国一致的なものを志向することがありえたからである。

彼が考える立憲政治とは、あくまでも天皇を中心とする日本の国体と歴史の今日的姿としての立憲君主制を維持することであり、政党政治の発展を意味していたわけではなかった。機を見るに敏な森は、あくまでも日中提携という大志を実現するために、一九二〇年代には「現実的な政党の力を利用」（山浦貫一）していたにすぎなかったともいえよう。

すなわち彼は、政党や政党政治の発展にみずからを重ね合わせていたわけではなく、むしろ国家本位の政治家であったのであり、その意味で、単純な政党主義者ではけっしてなく、むしろ心底からの変わることなき国家主義者であった。

それゆえ森が昭和期に入り、内外政策の転換をめざして政党と軍部との連携を模索しはじめたことは、当然の帰結でもあった。軍部をひとつの「強大なる勢力」としてみていたからである。その意味で、陸軍大将田中義一の政党総裁への擁立も、一面、そうした文脈からとらえ直すこともできるのかもしれない。

またさらに、森が一九二一年に著した『時事小言』において、すでに西洋思想にたいする盲心を糾し、ふたたび東洋思想に立ち返って確固とした日本精神の昂揚を唱えると同時に、全体主義や統制主義という新しい思想の必要性にまで言及していたことにも注意しなければならない。

6　東洋モンロー主義へと先鋭化

ところで、森が生涯をかけて実現すべきものと考えていた日中関係のあるべき姿には、国際関係の原理原則に大きな転換を迫ることになった第一次世界大戦の衝撃は、大きな影響を与えなかったのであろうか。また東アジア国際関係の新たな枠組みとしてのワシントン体制（日英米協調）は、どのように影響したのであろうか。

結論を先取りしていえば、そうした国際関係の転換や戦争形態の国家総力戦への移行という変化は、これまでの彼の対外論の志向性を否定するどころかますます強め、いっそう拡大する方向で作用したといえる。

森自身はすでに一九一六（大正五）年、「余は東亜連邦を企画し、其の第一歩として、先づ支那の開拓に努力し居れる次第」と述べていたが、第一次世界大戦後に書かれたと思われる「日支経済提携論」では、「日本は支那大陸を離れては自給自足の独立状態、即ち経済的に独立を保つことは出来ない。支那は日本を離れては政治的に立つて行く事が出来ない。二者は一つなるべくして二なるべからざる運命にある」と、日中関係のさらなる一体化への認識を、自給自足圏論に依拠して深めていた（この認識の基底には、「支那の独立は日本の保障によりてその主権を保てるものなり」という、いわゆる中国非国論がある）。

ただし注目すべきは、この段階でその議論をさらに一歩すすめて、「欧州戦前我が国の貿易の六割は亜細亜貿易二割半が欧州貿易一割半が対米貿易であつた。即ち我が国が四割を対亜細亜貿易で増加する事が出来たなら、（中略）海外貿易の途を断たれても飢ゑて死ぬ恐れはないのである。亜細亜内だけの貿易で日本の経済が成立つて行く様にする事が急務である」と、昭和期の大東亜共栄圏構想を彷彿とさせるアジア経済圏の樹立へと、日中関係に止まらない議論を展開していることである。

いずれにせよ、従来のアジア主義的所論と新しい自給自足圏論（総力戦論）とを結びつけているわけであるが、それは一九二五（大正一四）年段階では、「北はシベリア、西は支那、南は南洋、この大なる輪郭の上に我が大日本帝国の存立を考へ、国民生活の安全を保証しなくてはならない」と主張されるようになるのである。

7　見果てぬ夢を追い求めて

そしてこれらの主張は、満州事変と五・一五事件を経て、つぎのようにますます先鋭化することになった。すなわち「欧州大戦の結果九ケ国条約、不戦条約又は国際聯盟規約に依つて我が日本は手枷、足枷をはめられ、亜細亜に於ける自由な活動を封ぜられてしまつた」（「日本外交は何処へ行く」）、それゆえそうした「所謂箍が嵌められて、一室に閉籠められたも同様な状態」を「叩き破る」ことが必要である。つまり「不戦条約、九ケ国条約、これを精神的に叩き破れ、国際聯盟などは日本に何の利益があるか」「一体、国際聯盟などは、世界平和のための聯盟ではなくして、欧州平和のための聯盟である。あんなものから日本は速かに脱退して、亜細亜に帰つて、亜細亜七八億の人間の生活安定のために努力するのが、日本の天職である」(「非常時の非常手段」、一九三二年六月一八日)。

こうして森は、死去直前の時点では、「六十年間盲目的に模倣して来つた西洋の物質文明と袂を別つて伝統的日本精神に立帰り、東洋本来の文明と理想とに基いて、我亜細亜を守る」という、東洋モンロー主義の立場にたって、国民に向けて「亜細亜に帰れ」と絶叫するにいたったのである(一九三二年八月二五日、第六三議会における森の質疑)。

以上みてきたように、森の大志は、日中提携論から東洋モンロー主義へと拡大したが、その実現への焦りにも似た思いをつねに抱きつづけてきた彼は、ある意味で、生き急いだ政治家であったといえるのかもしれない。

しかし、死ぬ間際において彼の思いの一端が、まがりなりにも実現する曙光がみえはじめていたとするならば、森の政治家人生は、本人にとっては志半ばの無念さがあったとはいえ、多少なりとも満足感と幸せを感じるものであったのではないだろうか。

第5章　小磯国昭――国務と統帥の調和を求め、休戦和平を模索した武人宰相

1　重臣会議での消去法による人選

「小磯氏は善良の人なれども、到底戦時下の首相の器でない」

これは、東京裁判で検察側の証人となり、軍内の内幕を暴露して「怪物」とよばれた元陸軍省兵務局長田中隆吉の言葉である。はたしてその評価が当をえているかどうかは別として、たしかにわずか八か月半の短命に終わった小磯国昭内閣が、その前後の東条英機開戦内閣と鈴木貫太郎終戦内閣の間に挟まれて、一般には印象の薄い内閣であることは否めない事実であるといえよう。

では、そもそも小磯国昭陸軍大将は、どのような理由で首相に選ばれたのであろうか。その間の事情を、昭和天皇に後継首班を推薦する役目をもつ、重臣会議の一員であった若槻礼次郎元首相は、つぎのように回顧している。

〔重臣会議の――筆者注〕出席者の意見は、後継首班には陸軍軍人がよいというのが通説であったが、しからば陸軍軍人中のだれを推すべきかについては、ほとんど見当がつかない。そこでこういうことが行われた。現役陸軍大将を任官順に調べて、それで人選を決めるというのである。そこで武官名簿か何かを繰ってみると、上席が寺内寿一だ。しかし寺内は南方の総司令官だから、彼を持ってくるわけにいかんという。その次は畑俊六だが、これも中国方面の総司令官だからいかんという。そういう風に、人物や手腕などということにお構いなしに、総理大臣を推薦するのか、何を推薦するのかわからんようなことをやって、結局三番目に小磯が出てきた。まだその下に大将はたくさんいるが、小磯なら朝鮮総督で、なにも手が抜けんことがないから、小磯がよかろうということになった。そして小磯が特に総理大臣として適任であると発言した人はだれもなかったと思う。（中略）重臣会議は別に決を採ることをしないが、とにかく小磯がよかろうということで、重臣会議は散会した。

もとより小磯内閣誕生の背景には、サイパン島の失陥を機に、東条首相を退陣に追い込んだ重臣や木戸幸一内大臣たちの策動があった。彼らの多くは、和平への思いを胸に秘めていたが、かといって政局転換の主導権をみずから積極的にとろうとするわけではなく、あくまでも戦争遂行の責任を陸軍に負わせることとしかなしえなかったのである。

そこで、「総理大臣として適任」であるかどうかとは関係なく、ただポストの異動が容易な古参の陸軍大将であるという理由から、小磯は首相に推されたのであった。それゆえ、はじめから大きな政治的期待がかけられていたわけでもなく、むしろ小磯の政治的手腕への不安から、近衛文麿らの主張によって、海軍の米内光政元首相との連立という異例のかたちがとられることになったのである。

いずれにせよ、同じく重臣でやはり海軍出身の岡田啓介元首相の言によれば、小磯内閣は「東条以外のものが出てくれば、おのずから戦争に対する批判も生まれてくるだろう」という、漠然とした政局転換への期待から生まれたものであった。

しかし、小磯に与えられた天皇の勅語には、「大東亜戦争の目的完遂に努むべし」とあったのであり、その意味で、重臣たちの政治的援助を期待しえない小磯にとって、閣員の協力とともに、戦争を遂行するうえで軍部、とりわけ出身母体である陸軍とどのように密接な関係を築きうるのかが、その政治的死命を制するもっとも重要な課題となったのである。

それでは、太平洋戦争さなかの重大時局に内閣総理大臣の印綬を帯びることになった小磯国昭とは、いったいいかなる軍人であり、彼なりのどのような思いを胸に、首相としての務めを果たそうとしていたのであろうか。

2　中国通の軍人として

小磯国昭は一八八〇（明治一三）年三月二二日、栃木県宇都宮に山形県（新庄藩）士族小磯進、錦子の長男として生まれた。ただし宇都宮警察署の警部であった父が、その後東京（内務省属）、島根、山形（県郡長・参事官）、群馬、岡山、三重など多くの転勤を繰り返したため（一時期、衆議院議員でもあった）、特定の郷土色をもたない「一種の放浪児」であったと、みずからは回顧している。

また小・中学校の成績は中の上くらいであり、茫洋とした性格であったという。いわば普通のおとなしい子供であった小磯は、山形中学校卒業後の進路を思いあぐねた末、高等学校へはすすまず、幼少時から兵隊が好きで、身体が強健であったこと、体操・教練以外にとくに秀でた学科がなかったこと、雄弁ではなかったことなどから、陸軍を志すことになった。

一八九八（明治三一）年九月士官候補生試験に補欠合格、越後村松の歩兵第三〇連隊に配属された。翌年一二月陸軍士官学校に入校、一九〇〇年一一月に同校を卒業。日露戦争従軍後の一九〇七（明治四〇）年一二月陸軍大学校に入学し、一九一〇年一一月同校を卒業。陸軍士官学校での成績は六五五人中の五〇番代、陸軍大学校においても教官との折り合いがよくなく、成績はさして振るわなかった。しかし、陸軍士官学校同期の一二期生には、後年小磯内閣の陸軍大臣となった杉山元と文部大臣の二宮治重のほか、畑俊六元帥がいて、彼らとは馬が合い、卒業後も「至極明朗快活な交り」をなす仲となった。

一九一二（大正元）年八月から二年間、関東都督府陸軍参謀、その間「帝国の満蒙に対する施策と対露政策」（田中義一少将の意見書）の起草や「満蒙の現状」などを執筆、満蒙の重要性とその施策の必要性とを、早くから痛感することになった。

一九一五年参謀本部第二（情報）部第五（中国）課兵要地誌班で実務を執ることになったが、すぐに東部内蒙古の兵要地誌資源の調査と経済施策具体化のための予備調査を命じられ、現地に出張。さらに引きつづき諜報勤務のため、満州在勤を命じられ、いわゆる宗社党問題（清朝の粛親王らを擁する満蒙独立運動）にも関係することになったのである。

3　総力戦時代の到来に、いち早く着眼

翌一九一六（大正五）年九月中国から帰朝し、兵要地誌班長となった小磯は、第一次世界大戦を戦っているドイツの戦時自給経済を記した書物に触れ、日本の戦争準備の着眼の狭小さと国力を最大限度に発揮する体制の欠如とを痛感した。そこで班全体の業務として、その方策を検討することになり、その結果まとめられたのが、『帝国国防資源』（一九一七年）であった。

国家総力をもっとも有効に発揮・運営するための国家総動員計画の立案や国家総動員機関の設置、社会政策上の各種の改善、平戦両時経済策の調節や大陸資源確保のための対馬海峡海底トンネル計画など、第一次世界大戦が世界初の国家総力戦となったことを受けた、当時の陸軍部内におけるい

ち早い政策提言であり、陸軍内外に配布され、注目された。

大戦末期の一九一八（大正七）年一月、華北・華中における国防資源概観視察のため出張。その後第一二師団参謀としてシベリア出兵に出征。さらに参謀本部第一（作戦）部第二（作戦）課の演習班長と兵站班長を経て、一九二一年八月陸軍航空部部員に補せられ、第一次世界大戦を機に飛躍的にその重要性を増した航空問題に取り組むことになった。そして航空兵力拡張のための四個師団の削減も提唱した。

一九二五（大正一四）年五月、参謀本部第一（編制動員）課長となり、軍動員と国家総動員業務とを担当することになった。また兼務した陸軍大学校兵学教官として統帥権問題を扱い、戦争形態が国家総力戦となった段階における国務と最高統帥との関係について講義した。とくに統帥権の独立を維持しつついかにしたら国力戦の遂行が可能か、その原案として大本営の編制内に首相等を加える案や発言権を有する陪席者とする案などを提示した。

小磯の考えでは、近代戦が国力戦である以上、「戦争指導」は統帥部だけでできるものではなく、国務当局者の参画が当然必要であり、仮に大本営が国務、統帥両者の「戦争指導」機関となる場合には、現行の戦時大本営条例は根本的に改正されなければならず、第一課の業務としても改正案を作成しようとしていたのである。

4　宇垣陸相に疎まれた武人肌

こうして陸軍士官学校を卒業後、与えられた職務に誠実に取り組んできた小磯ではあったが、ときにはみずからの経験と考えにもとづく「自説固執」のきらいもあり、それが「脱線行為」として上官からにらまれることもあった。

たとえば、宇垣一成陸軍大臣がすすめた学校教錬・青年訓練所制度の導入にともなう在営年限の短縮にたいして、前職の第五一連隊長の経験から第一課長として反対意見を表明したところ、宇垣の逆鱗に触れ、そのためその後の進級や昇任にも影響があったといわれている。

しかし、そうした小磯の姿勢は、上官の考えを金科玉条としない、また既存の考えや先入観念にとらわれないものの見方の柔軟性と彼なりの合理性、そしてバランス感覚のあらわれでもあったのであり、そうした側面が、第一次世界大戦を境とする戦争形態の変化と軍をとりまく状況変化とにたいするいち早い、かつ前向きな認識を可能にしたともいえよう。

以上みてきたように、小磯は大戦後の新しい戦争段階にみあう、そして大陸問題にも造詣の深い有能な軍事官僚として、成長を遂げていた。それは、前述の在営年限問題で小磯を忌諱した宇垣陸相が、小磯の陸軍省整備局長への就任（一九二九年八月）を認め、さらに一年後には陸軍軍政の中枢である軍務局長へと栄転させ、むしろ宇垣軍政の担い手として重用したことからも明らかであろう。

小磯は藩閥出身ではないその出自や徒党を組む性格ではないこともあり、もとより陸軍内の派閥関係とは無縁な存在であった。また「連隊長こそ真の軍人である」という強い思いをもつ、そもそもは武人タイプの軍人であり、上司に媚びへつらうことによって栄達をはかったり、政治的思惑や情実で動くような軍人ではなかった。あくまでもその仕事ぶりが認められて、軍務局長にまで昇りつめたのであり、それゆえ一九三二（昭和七）年には、精神主義的色彩の濃い荒木貞夫陸軍大臣（犬養毅内閣）のもとでも、陸軍次官を務めたのである。

しかし、荒木・真崎甚三郎系（いわゆる皇道派）にさしたるシンパシーをもたない小磯は、やがて宇垣系の一員、統制派の将校、そして三月事件（一九三一年の大川周明らによる宇垣擁立のクーデター計画）関係者として誹謗中傷を受けることになった。そこで陸軍中央からは遠ざけられ、関東軍参謀長、広島第五師団長を経て、朝鮮軍司令官（一九三五年）を最後に一九三八（昭和一三）年予備役に編入され、その軍歴を終えることになった。

ただしその後は、平沼騏一郎と米内光政の両内閣で拓務大臣に起用され（一九三九、一九四〇年）、一九四二（昭和一七）年には朝鮮総督になるなど、期せずしてそれまでにない貴重な政治的経験を積むことになった。そしてその米内内閣における米内との出会いが、前述の重臣会議における小磯推薦の伏線ともなったのである。

5　「戦争指導」をめぐる統帥部との確執

こうして小磯国昭は一九四四（昭和一九）年七月二二日、天皇の勅語を受け、戦争の継続を基本方針とする内閣を組織した。しかしもともと、仲裁者のいないこの戦争が長引けば敗戦は必至と考えていたこともあり、一度勝利を収めたのち休戦和平に入るという考えを内心では抱いていた。

その実現のためには、戦争指導にたいする首相の強力な発言権が保障される必要があり、そこで小磯は組閣前に、大本営への首相の参加もしくは同様の効果を発揮しうる権威ある特別の臨時機構の設置を、梅津美治郎参謀総長と嶋田繁太郎軍令部総長に要求したのであった。日中戦争期に制定された現行の大本営令は、構成員を参謀総長、軍令部総長、陸海の両次長、両作戦部長とする「純戦場統帥機関」であり、大本営政府連絡会議は設けられたものの、国務と統帥に一体性はなく、むしろ分裂状態にあったからである。

軍側は大本営令の改正は拒否したが、八月六日、国務と統帥との調和をはかる新たな機関として、天皇の勅裁を経て最高戦争指導会議が設けられることになった。首相、外相、陸海相、陸海軍両統帥部長を構成員とし、重要案件には天皇も臨席するこの会議の場をとおして、小磯首相は今後陸海軍がどこで必勝を期する会戦を予期しているのかを知り、国務と統帥の責任者の合意の下、休戦和平に向けての戦争指導をおこなおうとしたのである。

しかし実際には、統帥部から正確な戦況が伝えられることは少なく、とくに小磯が天王山と見込んでいたレイテ決戦が、彼の知らぬ間に統帥部の独自の判断で変更され、さらにルソン島とフィリピン全土での決戦も放棄されるにおよんで、たまりかねた小磯は、やはり首相が大本営に加わるのでなければ、円滑な戦争指導は望めないと考え、陸海軍の両総長にたいしてその実現方を要求したのであった。その結果一九四五（昭和二〇）年三月、天皇の特旨によって陸海軍大臣とともに、首相の大本営への列席がようやく認められることになったのである。

小磯は前述のように、総力戦段階における戦争指導には、国務と統帥の協力が必要不可欠であると考えていた。しかし、生粋の職業軍人であった彼は他方では、統帥権の独立も当然のこととし、統帥への干渉はできるだけ避けるべきであるとも考えていた。また東条前首相のように陸相を兼ねなかったのも、陸相が大本営の作戦指導に関与しうる有力な構成員ではなかったうえに、新しい機関ができれば戦争指導は事実上可能と判断したからであった。

ただし、そうした期待は、統帥権の殻にこもる軍の非協力的な姿勢によって、淡いものでしかなかったことが次第に明らかとなった。現役の軍人ではない小磯首相の立場では、やはり戦争の実相や軍内部の様子は承知しえなかったのである。

ましてや敵軍の本土上陸をも予期しなければならない状況下においては、陸相を他人に任せて安んじているわけにはいかず、間接的ながらも陸相の職域をとおして統帥部を指導することをめざして、小磯は現役に復帰したうえで陸相を兼任することを決意したのであった。しかし、内閣の命運を賭したその要求も、陸軍によりあっけなく拒絶されたのであり、沖縄戦さなかの四月七日、ついに小磯内閣は瓦解したのである。

6　和平工作への努力と挫折

その前、同年二月末以来、小磯首相は親しい間柄にあった緒方竹虎国務相兼情報局総裁とともに、繆斌工作と呼ばれる対重慶和平工作を本格化させていた。しかし四月二日、工作に同意していたはずの陸海外の三大臣の反対意見を聴取した天皇から、その中止を命じられ、日中和平のもくろみも、あえなく崩れてしまったのである。閣僚が天皇・宮中と連携して首相の施策を批判するというありうべからざる事態が、小磯内閣においても繰り返されたのであった。

実は陸軍は、三月三〇日には、「小磯内閣退陣指導要領」「新内閣組閣要領」「陸軍現役軍人ニ大命降下セル場合ノ措置要領」を策定しており、すでに小磯首相には見切りをつけていたのである。

総力戦という、国務と統帥のみならずあらゆる勢力が一致・協力しなければならない戦争段階にあったにもかかわらず、小磯内閣をとりまく現実は、それにはほど遠い様相を呈していた。戦局が困難を極めるなか、彼らしい誠実さをもって首相としての職責を果たそうとした小磯ではあったが、強い政治的後ろ盾をもたないなか、有効なリーダーシップを発揮しうる余地は、もとよりかなり乏しかったのである。

昭和戦前期の総理大臣の何人が、最高の政治指導者にふさわしい人物であったのかの判断は措くとしても、小磯は孤立無援の状態であったのであり、その意味で、「小磯も有頂天になっただけだった」という岡田啓介の小磯評は、あまりに酷な、そして重臣として無責任な評価であったといえるのではないだろうか。

第6章　竹下 勇——皇太子外遊に供奉した海軍軍人

1　軍令部次長時代（一九一八年六月—一九二〇年九月）

当該期中の最大の出来事は、第一次世界大戦の終結にともないパリに開催された講和会議に、海軍代表随員として参加したことである。一九一八（大正七）年一二月三日、竹下は加藤友三郎海軍大臣から欧州出張を仰付けられるとともに（島村速雄海軍軍令部長よりの内意は一一月七日）、機密費一万円を受領し、一二月一〇日横浜を出発した。途中一二月三一日から翌年一月八日までニューヨークに滞在し（一月四日までは国賓待遇）、リバプール、ロンドンを経てパリに入った。なお六日には、アメリカ駐在武官時代旧知の仲となったセオドア・ローズベルト元アメリカ大統領が死去し、弔問に赴いている。

さて、一月一八日にパリに到着した竹下は、さっそく日本全権団の根拠地たるブリストル・ホテルに投宿した。おりしもその日は第一回講和会議が開催された日であった。会議は周知のように、英米仏日伊の五大国がリードしたが、その中核をなしたのは、五国で構成する最高会議であった。各国の全権二名で構成されるその会議の模様について、竹下はおもに牧野伸顕、珍田捨巳の両全権より聴取し、会議全般の動向に関する情報をえている（西園寺公望全権のパリ到着は三月二日）。

とくに二月一二日以降は、陸軍側代表の奈良武次中将も含め、全権と晩餐をともにすることになり、全権との密接な関係の保持に努めている。もっとも代表団の現状にたいしては、少なからぬ不満をもっていたようである。たとえば、二月七日付栃内曾次郎海軍次官宛電報によれば、「我全権ノ態度ハ仮令種々ノ事情アリトスルモ兎角消極的ニ傾クコトハ御推察ノ通ニテ小官ハ此ノ傾キヲ見テ既ニ種々進言ニ努メツ、アリ」、さらに「尚外務関係者ノ事務処理ハ頗ル混雑ヲ極メ近来稍々改良シツ、アルモ書類ノ閲覧事務ノ疎通等遺憾トスル所少シトセス小官ハ此点ニ就テモ飽ク迄協調ヲ保ツ精神ヲ以テ其ノ改良ヲ督促中ナリ」という状況であった（「巴里平和会議・別冊竹下海軍中将報告集」、外務省外交史料館所蔵、請求番号2・3・1・17、なお本報告集の一部は『日本外交文書』大正八年第三冊上に所収）。

こうした代表団の不手際な点に関しては、後年竹下はつぎのようにも回顧している（竹下勇大将述「日露戦争当時『ルーズヴェルト』大統領トノ交遊其他雑感」、外務省調査部第四課、一九四〇年一月、「諸修史関係雑件・外交資料蒐集関係史話集（一）」、外交史料館所蔵、請求番号N2・1・0・4―1）。

当時巴里ニ集ツタ我ガ大公使等ガ青島処理問題ニ就テ協議ヲ開イタ。互ヒニ意見ヲ交換シテ案ヲ示シ合ツタガ、甲ノ案モ宜カラウ、又乙ガ案ヲ出ストソレモ亦結構ダト云フヤウナ訳デ数箇ノ案が竝ベラレタ儘纏リガ付カナカツタ。（中略）我々ガ考ヘルト一日デ沢山ダト思フヤウナ会議ヲ三日モ続ケテ夜半近ク迄モヤツタ。私ハ海軍側ノ関係者ノ一人トシテ陪席シテ居ツタガ、其ノ有様ニ業ヲ煮シテ珍田氏ニ言ツタ。「アナタ方ノ会議ハ失礼ナガラ小田原評定ノ如キモノデアル。陸軍ヤ海軍ノヤリ方ノヤウニナサツテハドウカ。」（中略）「我々ノ方デハ司令官ガ最初大体ノ方針ヲ授ケテソレヲ若イ者、例ヘバ参謀ニ起案サセル。次ニ参謀長ガソレヲ修正シテ司令官ニ提出スル。司令官ノ許デ最終的ニ決定スレバソレヲ命令トシテ実行ニ移ス。アナタ方ノ所ニハ司令官ガ多数居ツテ各々案ヲ持ツテ居ルカラ纏メ上ゲルノニ困難スル。青島処理ノ大体ノ趣意ハ分ツテ居ルノダカラ、案ヲ作ルノニ何ノ手間暇ガ要リマスカ」ト少シ言ヒ過ギタト思ツタガ、「君ノ言フノモ尤モダ。ソレデハ誰ニ書カセヨウカ」ト言フノデ「松岡（洋右）君ガ宜イデセウ」ト答ヘタ。（中略）外務省ノヤリ方ト云フモノハ如何ニモ手緩クテ急ノ場合ニハ間ニ合ハヌ。私ハ其ノ時些カサウ云フ感ジヲ持ツタ（後略）

したがって全権と晩餐をともにするようになったのも、こうした竹下の不満を同郷の牧野がくんだためかもしれない。なお、このときに竹下がすでに松岡洋右を評価していた点も興味深い。

会議の模様と経過に関しては、主要な公刊史料として『日本外交文書』巴里講和会議経過概要・

大正八年第三冊上下・日本外交追懐録（一九〇〇―一九三五）のほか、牧野伸顕『回顧録』下（中公文庫）、近衛文麿『戦後欧米見聞録』（中公文庫）などがある。また竹下勇所蔵史料のなかに「講和会議経過概要」（防衛省防衛研究所戦史研究センターにも所蔵）があり、参考になる。

他方、竹下の代表団における位置については、三月一〇日の「竹下日記」に西園寺に「講和談判の模様及び海軍の見地より意見を進言す」、同一四日に「国際連盟に就て全権に意見を開陳し、早く当方の腹を据へ置く必要を論ず」など記されているが、詳細は定かでない。また竹下が出席した最高軍事会議、連合海軍将官会議、陸海空軍軍事委員会などについても情報は乏しい（なお外交史料館には「最高軍事会議」全五巻、請求番号2・3・1・13が所蔵されている）。しかしいずれにせよ、竹下の行動は、海軍の方針にそったものであったといえよう。

ところで、竹下は会議の模様をどのように見ていたのであろうか。この点に関しても情報は乏しいが、前掲の海軍次官宛電報において、「小官ノ側面観」として、会議当初つぎのような認識を示していた点が注目される。いささか長くなるが、以下に引用する。

今日ニ至ル迄ノ五国会議ノ経験ニ徴スレハ米国大統領ハ隠然 Dictator ノ地位ヲ占メ諸事英国ヲ高圧シ或場合ニ於テハ之ヲ圧迫シ去ツテ少クトモ英米両国ニ於テスル議事ヲ指導セントスルモノノ如シ仏国クレマンソーノ勢力、地位ヲ以テスルモ必スシモ常ニ内協議ニ加ハルモノトモ思ハレサル節アリ伊日ノ如キハ寧ロ埒外ニ置カルル感ナシトセス米国ガ今日斯クノ如ク重キヲナセルハ（一）其ノ戦時ニ於ケル努力ハ（二）将来ニ於テ各国ノ物質補給其ノ他ノ関係上尚大イニ米国ノ助力ヲ乞ハサルヘカラサル事情ハ（三）従来欧州政界ノ歴史因縁トニ超然タル米国ノ地位ハ反ツテ欧州ノ纏綿紛糾問題ノ解決上比較的公平ノ態度ヲ汚ササルヲ得ヘシトナシ各国ハ往々成ルヲ米国ニ仰カントスルコト並ニ（四）大統領ノ高唱セル正義人道ノ主張ハ一般俗耳ニ好感ヲ与フルノミナラス何人モ正面ヨリ之ニ反対スルヲ憚ルモノアルコト（五）更ニ欧州諸国ノ内情ハ戦乱僅ニ治マリテ精神上経済上将又政治上人心未タ定マラサルモノアルコト等種々ノ事情ニ基因スルモノト解スヘシ然レトモ発令裏面ノ風潮ヲ案スレハ各強国ハウイルソンノ跋扈ニ飽キ足ラサルモノアルハ事実ニシテ今日ハ兎ニ角ウイルソンヲ祭リ上ケ一応其ノ面目ヲ立テ速ニ帰国セシムルヲ以テ得策ナリトシテ之ニ聴従セルノ傾向アルモノト見ルコトヲ得ヘシ尤モ此ノ反感ヲ積ミ将来ウイルソンヲ圧迫スル気運ヲ生スヘシトモ思ハレス大勢ハ依然英米ヲ中心トシ現状維持ノ外ナカルヘキモ会議ノ議事殊ニ其ノ細目ノ協定ニ就テハ或ハ必ラスシモウイルソンノ意ノ儘ニ運ハサルモノモ亦少シトセサルヘシ

なお竹下は会議後、前述したように「講和会議経過概要」をまとめているが、そのなかで「媾和条約は果して予期の如く世界平和を確保するに足るべき乎」と問い、みずからの答えとして「不満不平を持するものは何れにも見る現象なるに加へ、媾和条約其のものは難問の大部を国際聯盟に委し毫も解決せられあらず。此等を統括して之を見るに媾和条約の実行難及実行の暁に之が効果は果して如何なるべき。吾人の戒心すべきは寧ろ今日以後に在るに非ざるか」と述べている。

また後年竹下は、「巴里講和会議ハ真ノ意味ノ講和会議デハナイト我々ハ思ツテ居ツタ」と述べ、「『ヴェルサイユ』会議ハ一方的ニ講和条約ヲ決メテ敗戦国ニ強制シタモノデソコニ非常ナ無理ガアツタ」と回顧しているが（「日露戦争当時『ルーズヴェルト』大統領トノ交遊其他雑感」）、会議を英米中心の現状維持とし、難問を先送りしたとする前述の会議評と考え合わせると、竹下が会議を必ずしも積極的に評価していなかったとみることもできよう。

とりわけ海軍に関わりの深い旧独領委任統治問題を中心に不満が残る結果となったようである。先述の会議評とともにつぎのように述べている。「日本海軍ハアレ程広範囲ニ亘ツテ活動シタノニモ拘ラズ、我方ノ占領地域ハ僅ニ赤道以北ニ限定サレタ。鉄鉱、護謨、燐鉱等多大ノ資源ヲ有スル島嶼ハ何レモ赤道以南ニ在リ英国ハソレ等ヲ日本ニ活動ノ代償トシテ与ヘズ自分ノ手ニ収メテシマツタ」（「日露戦争当時『ルーズヴェルト』大統領トノ交遊其他雑感」）。

しかし、そうした不満を抱いていたとはいえ、竹下が積極的な反ヴェルサイユ体制論者であったとみることは早計であろう。

なお日本の最大の懸案事項であった山東半島問題が決着し（四月三〇日）、さらにドイツにたいする講和条約が提示され（五月七日）、竹下も時間にゆとりをもてるようになったようである。五月中旬には佐藤安之助陸軍大佐、近衛文麿、奈良武次らと盛んにドライブを楽しんでいる。

ところで、六月三日には講和条約にたいするドイツの対案を検討する海軍会議が開かれ、承認しえない旨を英仏米三国首脳会議に復答しているが、六月四日には栃内海軍次官より、条約調印後急ぎ帰朝するようにとの来電があり（六月三日には竹下の報告を受けて、軍備制限問題に関する国際連盟関係事項研究会が海軍内に設置されている）、それにたいして六月一八日、調印後山川端夫と野村吉三郎を先発させ、みずからは西園寺と一緒に帰朝するとの次長宛電報をうっている（なおこのときの電文と思われる文章が、国立国会図書館憲政資料室所蔵「山川端夫文書」に収録されている）。

その後、条約は六月二八日に調印され、竹下は七月二〇日にマルセーユを発ち、コロンボ、シンガポール、ホンコン等を経て、八月二三日神戸に到着している。次長職には一〇月三〇日、有馬良橘中将より引継ぎをおこない復職している。なお講和会議中、フランス政府より勲章を授与されたほか、一九二〇年九月七日には勲一等旭日大綬章、金四〇〇〇円を政府より授与されている。

2　国際連盟海軍代表時代（一九二〇年九月―一九二二年五月）

当該期の重要事項は、第一に、国際連盟陸海空軍問題常設諮問委員会海軍代表として二年余り欧州に滞在したことであり（妻と長男の政彦を同伴）、第二に、皇太子裕仁親王（のちの昭和天皇）の欧州外遊供奉員に任命されたことである。

一九二〇（大正九）年九月一四日に連盟海軍代表の辞令をうけた竹下は、一九日に日本を出発し、一〇月三一日ジュネーブに到着した。国際連盟第一回総会は、一一月一五日にジュネーブで開催されたが、竹下は常設軍事諮問委員会（各国の陸海空軍代表者それぞれ一名から成り、陸海空軍三分科会で構成）に海軍代表として参加し、軍備制限問題の審議に加わっている。

国際連盟は規約第八条で、連盟国は、平和維持のために軍備を「国ノ安全及国際義務ヲ協同動作ヲ以テスル強制ニ支障ナキ最低限度迄縮小スルノ必要アルコトヲ承認」し、連盟理事会が「各国政府ノ審議及決定ニ資スル為各国ノ地理的地位及諸般ノ事情ヲ参酌シテ軍備縮小に関スル案ヲ作成」すべきことを規定している。そして第九条ではそれを受けて、右事情の「実行並陸、海及空軍問題全般ニ関シテハ連盟理事会ニ意見ヲ具申スヘキ常設委員会ヲ設置」すべきことを謳っており、常設軍事諮問委員会はそうした規定にもとづき、五月一九日の連盟理事会の決議を経て創設されたものであった。竹下の派遣は、彼が連盟設立を決めたパリ講和会議に参加していたことからも、また「国際会議屋」としての評価からも妥当な人選であったといえよう。

さて連盟の軍縮作業はその後、「軍事委員会ノミニテハ軍備縮小事業ノ進捗速ナラサルニ鑑ミ別ニ政治家等ヨリ成ル臨時混成委員会ヲ設ケ」、軍事委員会とともに軍縮作業にあたったが（一九二一年二月二五日の第一二回連盟理事会決議）、具体的成果としては、連盟規約第八条所定の軍縮が完全に実行されるまでの暫行的措置として、各国に軍事費予算の制限を勧告した程度であり、軍縮事業には遅々たるものがあった。

そうした状況下、第二回連盟総会が開会されるに先立ち、ワシントン会議招集の議が決定されたのである。連盟の軍縮作業とワシントン会議とは直接の関係がなかったが、竹下は一九二一年八月一八日、井出謙治海軍次官と安保清種軍令部次長に宛て、「九日附貴電ニヨリ華盛頓会議ニハ目下ノ処当部ヨリハ委員トシテ参列セシメラルルモノ之無キ由了承然ルニ同会議ト当代表部ハ任務上極メテ密接ノ関係ヲ有スルモノト存セラルル、ヲ以テ人選其他ノ関係上当方職員ヲ委員トシテ派遣セラルル、コト困難ナルニ於テハ軍備制限及之ニ関係スル問題ヲ研究ノ為同会議中部下将校若干ヲ華盛頓ニ出張セシメ度熟考ノ上本意見ヲ開陳スル次第」と上申している（「竹下電報」、防衛省防衛研究所戦史研究センター所蔵。一部は『日本外交文書』大正九年第三冊下巻、大正一〇年第三冊上巻所収）。なお竹下はワシントン会議に関して、八月一五日付書面を「熟慮ノ上」軍令部長に提出している。

さらに九月一三日、加藤友三郎海軍大臣と山下源太郎軍令部長に宛て、竹下はつぎのように重ねて意見を上申している（「竹下電報」）。

在英大使館附武官書面並ニ聯盟英国海軍代表ノ談ニ依レハ英国海軍ノ第一委員ハ未定ナルカ如キモ海軍軍備ニ関スル主要事務取扱ハ「ドンビル」海軍大佐派遣サルルコトハ殆ト確実ナルカ如ク同大佐ハ清河大佐千九百八年在英当時ヨリノ知己、日英ノ連結ヲ保持スル点ニ於テ利益アルヘシ将又本日林大使ヨリ極秘ニ内覧セシ華盛頓会議観ニ依レハ日本ヨリ派遣サルル我委員カ軍備問題ニ関シ最近聯盟方面ノ智識ヲ有スルコトモ必要ト存セラルルニ付当方ヨリハ清河大佐ヲ派遣スルコトニ到度、陸軍部ヨリハ大竹少将、建川中佐ヲ派遣ノ由ナリ

こうして竹下の上申を受けた結果でもあると思われるが、一〇月一六日清河大佐の派遣が決定されている。

なお、エピソード的事件ではあるが、軍代表部のパリ移転問題にも触れておきたい。ジュネーブ到着直後の一九二〇年一一月一〇日、竹下は軍代表部をジュネーブからパリに移すことに決し、連盟代表の石井菊次郎駐仏大使も「大賛成」(一一月一〇日)し、稲垣三郎、静間知次陸空軍代表委員との連名で内田康哉外務大臣に上申した。さらに陸海両相に宛て、重ねてつぎのように上申した(「竹下電報」)。

軍代表部ノ駐在地ヲ「ゼネバ」ト定メラレタル処当地到着以来諸般ノ状況ニ見ルニ該代表部ハ理事会ト密接ナル連絡ヲ保持スル関係上帝国理事所在地タル巴里ニ其本部ヲ設置スルヲ緊要トスルノミナラス情報ノ蒐集其他諸般ノ調査上又交通便利ナル巴里ニ位置スルヲ軍代表部ノ任務上便利ナリト認ム加之当地ノ物価ハ巴里ニ比シ著シク騰貴シ経済上亦困難ヲ感スルコト少カラス故ニ総会終了後

軍代表部ハ連絡将校ヲ当地ニ駐メ成ルヘク速ニ其本部ヲ巴里ニ移転スルヲ有利ナリト認ム（中略）本件ニ関係シテハ石井大使モ同一ノ意見ヲ有シ既ニ同大使ヨリモ電報セラレタル通ナリ

また一二月七日にも海陸相に許可の上申をしているが、一二月二〇日には加藤海相に宛てて、外相につぎのように電報したと伝えている。

曩ニ電稟ノ軍代表部巴里移転ノ件未タ御認許ノ指令ニ接セサルモ聯盟総会モ既ニ終了シ各国軍代表者モ夫々帰国シ石井大使モ亦近々当地ヲ引揚ケラルルニ付帝国理事ト密接ナル関係ヲ保持シ且速ニ事務所及官舎ヲ整備シテ業務ノ進捗ヲ計ル為石井大使ノ同意ヲ得テ海軍代表部ハ二十日当地発巴里ニ赴キ事務所及官舎ノ設備ニ着手致スヘキニ付御了承相成度

しかし、二三日外相より「予算其他ノ関係」上移転不可の通知がきた。そこで竹下は二五日、つぎのように重ねて事情を開陳し（「竹下電報」）、また二六日には石井大使に上訴して、上申してもらうことになった（一二月二八日付石井大使発内田外相宛電報参照）。

軍事委員関係ノ諸問題ハ瑞西ニ於テ発生スルニアラスシテ聯盟理事所在ノ地ニ起リ或ハ理事会ノ開催トナリ或ハ軍事委員会ノ召集ヲ見ルニ至ルノ情勢ニシテ軍事委員トシテ其職責ヲ尽スノ時期ハ会

議ノ場合ハ勿論問題ノ発生ト共ニ夫々ノ処置ヲ執ルヲ要シ共ニ理事ト密接ナル連繋ヲ保持シテ其行動ヲ律セサルヘカラス之ヲ以テ委員ト理事トノ交渉往復ハ遠隔ノ地ニ在リテ時ニ出張往復スルニ過キサルカ如キニ於テハ到底之ヲ完全ナラシムル能ハサルハ推測ニ難カラサルナリ（中略）尚本二十六日石井大使ノ談ニ依レハ瑞西ニ理事会ヲ開催スル機会ヲ成ルヘク減少シ特別ノ場合ノ外理事ノ最モ多数ニ駐在スル地点即チ仏国ニ於テ之ヲ開催シ度理事会ノ意向ナリト云フニ於テハ軍代表部ヲ仏国ニ置クノ必要益々大ナルヲ認ム軍代表部ノ所在ニ就テハ特ニ瑞西トシテ何等公式ニ指定セラレタルコトナク（中略）如上ノ明白ナル理由ニ基キ必スヤ当局ノ応諾ヲ得ヘキヲ予期シテ巴里ニ移転シタルニ依リ予算其他ノ理由ニ依リ之ヲ否認セラレタルハ遺憾トスル所ナリ

その後三一日に海軍省副官より移転問題尽力中との電報が入ったが、結局翌一九二一（大正一〇）年一月一一日、外相より予算範囲内での許可がおり、この問題は落着した。

ちなみにこの問題は、国際連盟帝国事務局（一九二一年八月一三日付設置）の所在地問題のひとつの参考例になったものと思われる。すなわち事務局の所在地は連盟本部のあるジュネーブにおかれたが、事務局員は外相の認定によりそれ以外（すなわちパリ）にも勤務できることになっていた。しかし、事務局のパリ設置を強く主張した佐藤尚武駐仏大使館参事官は、事務局は当然連盟理事会に出席する日本理事、つまり駐仏大使の指揮下におかれるべきであり、したがってパリに設置すれば理事と密接な連絡がとれるうえに、国際情報の入手にも地方的なジュネーブよりはよいと（海野芳郎「国際連盟および軍縮会議と佐藤尚武」『政治経済史学』第一七四号、一九八〇年一一月号）、竹下と同様な論理を展開しているからである。

なお竹下は、石井・ランシング協定締結時の海軍側随員として石井菊次郎に同行しており、その意味で、石井とは旧知の間柄でもあった。

当該期の第二の重要事項は、皇太子裕仁親王をヨーロッパに迎えたことである。皇太子訪欧は一九二一年三月三日から半年間おこなわれたが、身辺の安全にたいする危惧などから外遊反対の声も強く、そのため六か国歴訪の予定もとりあえずイギリス訪問のみが決定され、他国に関しては後日状況をみて決定される手筈となっていた。しかし、歴史上初めての皇太子の外遊でもあり、なるべく多くの国を訪れるべきだという意見も根強く、そこで二番目の寄港地シンガポールで「英仏だけ御訪問、できるだけ早く御帰朝なるべし」との政府の指令をうけ、供奉員間では議論が白熱することになった。指令に従うほかないという自重論と、白蘭伊（ベルギー、オランダ、イタリア）も訪問するよう東京に再考を求めるべきだとする反対論の対立である。

竹下は四月二五日付で皇太子外遊の供奉員に任命されたが、四月二九日のジブラルタルでの合流は、したがって供奉員間の意見対立の渦中に飛び込むことを意味した。しかし竹下は、この問題に関して積極的な判断を避けたようである。当時供奉員を務めた外務省の沢田節蔵は、つぎのように回顧している。

竹下は「欧米勤務の長い進歩的主張の持主といわれていたので、御訪問国問題についても必ず指令に反対する側に同調すると考えられた」。そこで「われわれは一日千秋の思いで同氏の乗艦を待ち受け、ジブラルタルで竹下氏を迎えると直ちにこの問題を話し合った」。ところが珍田捨巳「供奉長より詳しい説明を聞いた中将は、『東京の空気がそうであればねー』と煮えきらない態度」を示し、「多大の期待をかけていたわれわれはがっかりした」（沢田壽夫編『沢田節蔵回想録』有斐閣、一九八五年、六六―六七頁）。あまり無理強いをしない竹下の行動スタイルを物語る、エピソードのひとつといえよう。

結局、皇太子はイギリスのほか、フランス、オランダ、ベルギー、イタリアの各国を訪問し、見聞を広めて帰国するが、竹下は七月二三日にポートサイドで皇太子と別れるまで行動をともにしている。

なお供奉員としての経験は、皇太子との密接な関係と皇室にたいする尊崇観念とをいっそう増す結果となったようである。たとえば前者に関していえば、そののち皇太子（摂政）との個人的な接触を「日記」にみることができる（一九二三年五月一一日食事・ブリッジ、八月一八・一九日軽井沢で「遊ぶ」、一二月二三日ゴルフ、一九二四年六月一日ゴルフなど）。後者に関しても、夢にまでみるようになり恐懼している（なお竹下の軍令部次長時代の一九一八年九月一七日付で、皇太子は

「専ラ欧州戦争及ビ西比利亜満洲ニ於ケル作戦ノ御研究」を「重ナル御目的」として軍令部付となっている)。

そのほか事務的な「日記」の記述が多いなかで、原敬首相死去については珍しく感情をあらわし、「実に可惜事なり」と記しているのが目につく(一一月五日)。

3　第一艦隊兼連合艦隊司令長官、呉鎮守府司令長官時代(一九二二年七月―一九二五年四月)

当該期前半、竹下は久しぶりの海上勤務につき、ワシントン会議後の軍縮期の艦隊をあずかり、猛訓練に明けくれている。後半は、呉鎮守府長官(一九二四年一月―一九二五年四月)として地上勤務に戻っているが、依然第一線艦隊と関係の深い部署についている。

当該期事項中まず目につくのは、海軍兵学校同期生の財部彪(一九二二年七月―一九二三年五月横須賀鎮守府長官、一九二三年五月―一九二四年一月、一九二四年六月―一九二七年四月海軍大臣)と加藤寛治(一九二三年六月―一九二四年一二月第二艦隊司令長官)との接触回数が多いことである。それはもちろん職務上の関係もあろうが、とくに財部とは人事問題などで談話を重ねている。

たとえば、一九二二年一二月一三日には「軍縮人事整理に就て財部と懇談」しているが、ほかに一九二三年五月一五日の朝刊で財部が大臣に、岡田啓介(海兵同期生)が次官に、野間口兼雄が横須賀鎮守府長官に補任されたことを「芽出度〳〵」と日記に記した竹下は、八月二四日には加藤友三郎首相の死去に際し「財部海相を私宅に訪問、種々談話」をしている。また一九二四年一月五日には「財部大臣邸に至り二時間余懇談」し「大臣后任問題」を話しあっている。

また財部とは、関東大震災時の海軍大臣と連合艦隊長官として共に事態の収拾に尽力している。すなわち竹下は、一九二三年八月二五日演習のため裏長山列島にむけ出発後の九月二日大震災の発生を知り、「至急本部に帰還に決」した。九月五日帰還した竹下は芝浦より上陸し、六日「財部海相を私宅に訪問し互に情報を交換し打合をなしながら自働車に同乗、海軍省に至」った。六日と九日には摂政宮に拝謁し、状況を陳述。七日には首相官邸の閣議に出席し、連合艦隊の配備、救護事務に関する陳述などをおこなっている（ほかに大震災発生時に演習のため行動を共にしていた加藤寛治の「震災日誌」『続現代史資料・海軍――加藤寛治日記』みすず書房、一九九四年を参照）。

なお一一月五日に「聯合艦隊の編成を来年度もなさんことを上申」しているが、それによって常設ではなかった連合艦隊司令長官職は、竹下以降欠けることなくつづくことになった。

このように財部、加藤との良好な関係は、とくに後年、一九三〇年に締結され、総帥権干犯問題を引き起こしたロンドン海軍条約時との関連で興味深いといえよう。また回顧録の執筆を一九二四年六月より開始しているが、一九二五年五月六日から一〇月一五日にかけて皇太子欧州巡遊の部を書き終えている（以上、「竹下日記」）。

4　軍事参議官時代（一九二五年四月―一九二九年一一月）

軍事参議官に親補された竹下は、一九二五（大正一四）年四月二四日、新しい呉鎮守府長官の安保清種前海軍次官と事務引継ぎをおこない、呉をあとにした。軍事参議官は重要軍務に関する天皇の諮詢に応じ、意見を上奏する機関であるが、平時においては事実上名誉職的な閑職として機能しており、「竹下日記」によれば、つぎの三点が主たる日常業務であったようである。第一に、春（四月頃）実施される特命検閲に関する事項（一九二五年と一九二八年の七月には連合艦隊の特命検閲も実施されている）。竹下は一九二六年と一九二八（昭和三）年の二度、特命検閲使に任命されている。第二に、一〇月下旬から一一月初旬にかけて開かれる進級会議への出席。第三に、夏と秋（一〇月）におこなわれる艦隊演習の参観。

しかし、そうした日常業務のほかに、当該期の重要事項はつぎの四点にあったといえよう。第一に、中国事情にたいする関心、第二に、海軍軍縮問題、第三に、みずからの予備役編入、第四に、大東流柔術の開始。

第一の中国事情にたいする関心は、「日記」にみるかぎり、とくに一九二七年以降顕著である。中国では前年七月以来中国統一をめざす中国国民党による北伐が進展しており、竹下も「支那問題重大となる」（一九二七年一月八日）と認識したわけである。竹下はこの時期盛んに海軍省と軍令部を訪れ、海相、部長、次長、軍令部第三班長らと懇談を重ね、中国情報をえている。たとえば一九二七年五月二四日には、米内光政軍令部第三班長より「支那内乱現状をきゝ」、鈴木貫太郎軍令部長と会談して日英同盟の復活、東亜の形勢、対支対露対策、軍縮会議等について話し合っている。

竹下が北伐の進展や中国政策をどのように考えていたのかを具体的に詳かにするだけの情報は乏しいが、一九二八年八月三一日には、「大臣軍令部長に面談の后、第三班長米内少将に支那事情をきゝ、最近支那漫遊より帰朝せる野村次長の談をき」く、「対支外交要領対支外〔ママ〕は正道を踏み誰にも説明の出来る政策即ち公明正大なるを要す威嚇軍事干渉最も非なり、同感小策をもてあそぶは最も愚なり、常に百年の大計を以て対すべし」と日記に記しており、少なくとも出兵を繰り返す田中「積極」外交にたいして批判的立場にたっていたとみることができる。

なお、竹下は予備役編入後の一九三〇年三月一三日から四月二八日まで上海、漢口、南京、青島、天津、北京、大連、長春、奉天、平壌、京城など中国・朝鮮旅行をおこなっている。事前に海軍省と旅行プログラムの調整をしているが（三月二日）、目的や内容についての詳細は定かでない。

第二の重要事項は、ジュネーブ、ロンドン両海軍軍縮会議をめぐる問題である。一九二七年二月一〇日、アメリカは日英仏伊四国にたいしてジュネーブ軍縮会議の開催を提唱した。政府は二月一九日に参加回答をおこない、四月一五日斎藤実朝鮮総督と石井菊次郎を全権に任命した。竹下は二月一五日さっそく海軍省に赴き、大角岑生次官から軍縮会議についての意見を聞いている。二月一七日には海相官邸での特命検閲に関する元帥・軍事参議官会議の後、財部海相から軍縮会議についての説明がおこなわれた。「財部日記」（国立国会図書館憲政資料室所蔵）によれば「軍縮問題成行ヲ咄スルニ東郷元帥ハ色々強硬ナル意見アリタリ」という状況であった。四月一一日にもやはり元帥・軍事参議官会議が海相官邸で開かれ、「軍側全権ヘノ訓令要領ヲ開示」（「財部日記」）するなど、海相より軍縮会議についての相談がおこなわれた。

パリ講和会議、国際連盟常設軍事諮問委員会での活動をとおして、いわば竹下は軍縮問題の専門家としての立場にたったものと思われるが、四月一七日には斎藤を訪問し、「軍縮会議に就ての意見その他諸注意に就て進言」している。ただし竹下個人の具体的意見に関しては定かでない。

なおジュネーブ軍縮会議は日英米の参加の下、六月二〇日から八月四日までおこなわれたが、七月二〇日と三〇日の二度にわたって元帥・軍事参議官が参集し、経過報告を受けている。

さて会議自体は周知のように、英米の対立により失敗に終わったが、日本海軍にとっては将来の軍縮会議にむけての貴重な教訓となったようである。九月三〇日と一〇月六日の二回にわたり、帰朝した斎藤実全権、小林躋造軍縮会議随員の会議談が海相官邸でおこなわれたが、六日の席上小林は、英米共に軍縮問題の研究がよくできており、五・五・三の比率は深く彼らの頭を支配している、これに対抗するには充分な準備決心が必要であるとの意見を開陳している。

以後海軍は、その年来の主張である対米七割要求の貫徹にむけて、とくに国内世論の形成に努めることになるが、ジュネーブ会議がその直接のきっかけになったわけである。したがって海軍では、次回の軍縮会議にむけて早くから軍備制限委員会を設けて慎重な討議を重ねており、一九二九年一〇月七日のイギリスによるロンドン軍縮会議への参加招請以前に、海軍の方向性は固まりつつあったといえよう。

たとえば一九二九年五月一六日には元帥・軍事参議官をはじめ、山梨勝之進次官、小林躋造艦政本部長、安東昌喬航空本部長、左近司政三軍務局長、加藤亮一経理局長らの列席の下、軍縮会議についての報告、意見交換がおこなわれている。とくに九月三〇日には、海相官邸に東郷平八郎、上原勇作両元帥をはじめ、陸海軍の軍事参議官が参集し、軍縮会議についての説明を左近司軍務局長、末次信正軍令部次長から受けている。そして会議後、財部海相、加藤寛治軍令部長、岡田、安保、竹下の三軍事参議官の五名が「重要会議」(「竹下日記」)をおこなったが、「財部日記」によれば、「全権ノコトニ付相談ヲ為セルニ皆海相ノ出張已ヲ得サルヘシト云フニ一致セリ」ということであった(全権の任命は一〇月一八日)。

竹下自身も前述のように、かねてより軍縮問題に比較的深く関わっており、それだけ関心をもっていたと思われ、海相・軍令部長らと懇談を重ね、軍務局長から説明を受けている。したがって財部海相にたいしても、一〇月一日「午前七時散歩に出て白金三光町財部氏邸を訪問、軍縮会議に就ての所見諸注意等を開陳」し、また一〇月二一日には夕刻財部を訪れ、「一、二米国内旅行に就て注意事項を陳述」している。ただしこれも前述のように、竹下個人の意見については定かでない。しかし海兵同期生の財部が海相として軍縮会議を担当しており、また海軍部内の意志統一が早くからおこなわれていた点からも、海軍部内において、とくに異なる意見をもっていたとは思われない。

なおこの後、竹下自身は一一月一一日付で依願予備役となっており、直接軍縮会議に関与する立場ではなくなっている。しかし会議開会直前まで海軍最高首脳部を形成していたこともあり（たとえば一九二九年五月一六日には財部、岡田海相、安保、竹下の四人で「種々協議」をしており、これは「張作霖問題、不戦問題」（「財部日記」）に関することであった）、ロンドン海軍条約をめぐる紛糾には関心をよせたようである。

一九三〇年の動向についてみれば、前述した中国・朝鮮旅行から帰った翌々日（四月三〇日）さっそく山梨次官より電話がかかってきたが、五月一日には岡田啓介宅を訪問し、留守中の軍縮問題についての経過を聞きとり、竹下は旅行中面談した斎藤実（元海相）朝鮮総督の意見を伝えている（「岡田啓介日記」『現代史資料（七）満洲事変』みすず書房、一九六四年）。

二日には加藤寛治軍令部長に面会し、「軍縮会議回訓案事情を聴取し尚ほ重要なる談話を交換」し（「竹下日記」）、三日には海軍省に赴き山梨次官と面会したのち、海軍長老の山本権兵衛を訪問している。以下、五日予備役の野間口兼雄大将訪問、六日山本英輔連合艦隊長官来訪、七日森山慶三郎予備中将来訪、「時事問題に就て中将の談をき」き、八日山路一善予備中将来訪とつづき、九日には岡田啓介が来訪して軍縮問題を談じている。「岡田日記」によれば、「海軍の予後備の大将も重大問題ある場合には海軍は其力をかる必要あれば可成軽挙せられざる様注意方希望し帰る」ということであった。

そして一七日には東郷元帥を訪問し、軍縮会議について談話したが、「元帥の談意見等をきく、厳格なる風貌眉目の間に躍如たるを認め神格化したる人に接するの感を懐」いている（「竹下日記」）。

このように海軍条約問題が紛糾するなかで活発な動きを示しているが、当該問題における竹下の役割は「日記」からは明確ではない（御子息の故政彦氏によれば、竹下は岡田らを助けて海軍内の根回しをおこなったということである）。しかし世間で財部海相辞職の声が高まるなか、七月一六日の日記に、森山達枝が来訪して、「条約批准后解職するを最可とすと意見をのべたり、日々の夕刊にも同様の記事あり」と記している点と、翌日「小林次官と懇談し昨今の情況を聴取し、次に財部大臣と少時談話」と記している点が注目に価する（「竹下日記」）。

いずれにせよ財部は周知の如く、条約批准の翌日（一〇月三日）海相を辞任し、安保が後任となっている。前年九月三〇日、財部の全権出馬で意見が一致した五人、すなわち財部、加藤、岡田、安保、竹下は、それぞれ海相、海軍軍令部長、軍事参議官、軍縮会議随員（軍事参議官）、予備役大将として条約問題の紛糾に関わったわけであり、竹下以外のメンバーの重要性を考えるならば、予備役になったとはいえ竹下の動向も、大きな意味をもったものと思われる。

なお、その自殺により統帥権干犯問題に一石を投じた草刈英治軍令部参謀は、竹下の呉長官時代の副官であり「可惜」と「日記」に記している（五月二〇日条）。

つぎに当該期の重要事項の三番目は、竹下自身の進退問題、つまり予備役編入の問題である。この問題は一九二九年一一月四日、進級会議と陸相官邸での大将会ののち、「帰路海相官邸にて二人にて最高人事行政に就て協議、自ら勇退の事に取計られんことを依嘱」し、決定したものである（「竹下日記」）。「財部日記」によれば、「八時過ヨリ官邸ニ竹下大将ノ立寄ヲ求メ先海軍最高人事計画ノ意図ヲ語リ仝大将モ引退ノ時ナラズヤト語リ出セルニ実ハ昨年アタリヨリ苦悶シアラサルニ非ス然レトモ喜ンデ引退スヘキニ付其取扱方ハ一切ヲ大臣ニ委スト最モ潔キ決心ヲ示サレ予モ大イニ安神《〔ママ〕》セリ」ということであった。

このように「後進の為勇退の件は十一月四日財部大臣と相談之結果にして、昨年御大典后より考へ居りし事」（「海軍大将竹下勇自筆日記」）であったが、一一月六日の進級会議で竹下の依願予備役編入が決定されたのであった。

同時に財部海相からは「今後之打開之道」、つまり身の処し方について三案の提示があったが（「海軍大将竹下勇自筆日記」の当該部分は消されており、具体的提案内容に関しては定かではない。ただし第三案には「伏見家別当」と書かれていたようであり、また故竹下政彦氏の言によれば台湾総督が候補としてあがったとのことであるが確認はできない）、それにたいして竹下はつぎのように答えている。

御好意を拝謝す、余ハ皇室の殊遇を担ひ未た何等貢献奉公する事を得ず常ニ皇室を思ふの念心頭ニあり、故ニ今後皇室の御為ならば例令一侍従となりても御奉仕致し度、又間接ニても皇室の御為ならば何なりとも御奉仕すべし、唯自分の最も適する職務ハ第一のものならん、あすこならば予て研究考慮する処もあり、又多大之趣味を有す、例令今日迄政治上ニ関係せし事なしと雖トモ自分ニてつとまる自信あり

そして「今後身を処する大方針」として、つぎのような決意を固めている。

第一　皇室の御為ニ適当なる奉仕を為す事
第二　邦家之為余命を捧け奉公し度き事
第三　人類の福祉増進の為め自分ニてなし得る事ならば之ニ従事したき事
第四　青少年ヲ心身共ニ強健ナル人格者ニ向上セシムル教育ニ就テ研究スルコト

かくして一一月九日、「越ケ谷鴨猟之日加藤大将ハ伏見宮殿下ニ言上し、余之今後進出之件ニ就て言上さる件は〔この間、抹消〕御嘉納あらせらる、依て万一実現する時ハ受諾してくれとの事」となった（「海軍大将竹下勇自筆日記」）。ただし、この件は結局実現しなかったようであるが、かわりに翌一九三〇年一月二二日、一木喜徳郎宮内大臣より久邇宮朝融王の補導役を委嘱され、承諾して

いる。

なお、一一月二二日に退職賜金一万二五〇〇円とともに、「離現役」の辞令書をうけとっている。

こうして竹下は予備役となったが、前述のように皇室にたいする尊崇心には人一倍強いものがあり、そこから軍人としての身の処し方、心構えも発していた。そして、その一つのあらわれとして、一九二五（大正一四）年一二月二日以来の大東流柔術の稽古への精励ぶりをあげることができる。竹下はすでに大戦中の一九一八年六月、「三省録」を書き著わし、そのなかで「毎日心懸べキハ如何ニシテモ完全ニ公務ヲ遂行スルヲ第一トシ、又私ノ身ニアラザレバ常ニ健康ヲ保全シ万一ノ御用ノ時ニ役ニ立タヌ様ニテハ甲斐ガナイ、余ハソノ心持ニテ僅少ノ疾病傷等デモナホザリ《等閑》ニハシナイ」と健康問題への心がけを述べていたが、その延長線上に大東流柔術への入門があったわけである。

この点に関しては後年（一九三一年六月二六日）、報徳会幹事花田仲之助の「如何ナル動機ニヨリ合気武術ヲ修行シツ、アリヤ」との問いにたいして、つぎのように答えている。

> 御承知ノ如ク海軍々人デアル以上仮令予備トナルモ尚ホ能ク保健ニ注意シ余生ヲ有意義ニ送リ一朝有事ノ際ハ出来ル丈ノ御奉公ハ致度考居ル次第ナルガ、七年前一友人植芝守高先生ヲ拙宅ニ紹介シ来リ、ソノ技ヲ見ルニ従来自分達ノ稽古セルモノト全然其趣ヲ異ニシ、ソノ動作気合総テ戦闘術ニ

シテ決シテ型ノ類ニアラズ、依テ其翌日即チ大正十四年十二月二日ヨリ此稽古ヲ始メ今日ニ至ル結果非常に良好ニシテ身体敏活ニナリシコト力強ク（単ニ筋力ノ謂ニアラズ）ナリシコト自身ノ三十台ノ時ニ勝ルモノアルヲ覚ユ

つまり「吾等モ亦各自陛下ノ赤子大御宝ノ一人ナルヲ覚悟シ報国ノ念旺盛ナルハ何人ニモヒケヲ取ラザルツモリナリ、之ガ為メ常ニ自分ノ健康ヲ惟《ママ》持確保スルヲ要ス、私欲ニ克ツテ強健ナル体格トナルヲ必要トス」るということであった（「海軍大将竹下勇自筆日記」）。いうなれば竹下は、模範的な「天皇の軍人」であったのである。

こうして竹下は毎日柔術に励むことになるが、その普及にも尽力しており、その点をみのがすことはできない。たとえば一九二六年だけでもおよそ以下の記述がある。二月二〇日「合気柔術の型を左近司、高橋（三吉）らの前で示す」、五月九日財部「海相訪問、柔術の手二、三伝授」、五月一七日「山屋大将、高橋少将らに柔術案内稽古」、六月五日「山本英輔中将柔術入門」、九月二六日「植芝先生らの柔術稽古、参観野間口、有馬大将、野村吉三郎、清河、高橋、西園寺八郎など」、九月二九日「東宮御所道場で稽古始む」、一一月七日「島津公、山本伯など柔術見学」。

したがって武術を通じて竹下の人間関係も一段と広がっていったといえよう。そして、この比較的広い交際範囲を、竹下の人間的特徴として最後にあげることができる。たとえば、つぎのような

仲人を引き受けている。一九二四年五月二六日財部彪の長男の結婚式、一九二七年一一月二四日の岩崎久弥の三男と清河両家の結婚式、一九三〇年一二月一五日の迫水久常・岡田両家の結婚式。なお竹下の娘節は、奈良武次侍従武官長の仲人の下一九二八年五月一六日、パリ講和会議および皇太子欧訪時に一緒であった三浦謹之助博士の子息と結婚している。

なお政治家との関係では、同じ薩摩出身の床次竹二郎との接触が目につく。たとえば、一九三〇年七月六日には床次が来訪し、「支那問題対米問題ロンドン会議が如何なる結果を将来の東洋問題に及ぼすべきや又現今元気の銷沈に対する策等に就て互に意見を述べ懇談」（「竹下日記」）しており、一九三一年七月三日には、竹下が床次を訪問し、満蒙問題についての意見交換をおこない、別れ際竹下は、日中衝突の「必至の勢は或は貴下等が組閣する時分に起るやも知れず、その時は予め対米対露交渉に就て充分の御考慮を煩はされたし」と希望を述べている（「海軍大将竹下勇自筆日記」。引用の際カタカナを平仮名に改めた）。

第7章　内田良平――「国士」の憂国

対外問題にかかわる活発な活動と言論を展開してきた内田良平は、第一次世界大戦を境にして日本をとりまく新たな内外環境に直面することになった。すなわち対外面では、ロシア革命、三・一独立運動、五・四運動の勃発により、これまで活動の場としてきたシベリア、満州、朝鮮、中国の情勢が流動化した。とくに朝鮮問題は、内田がかつて日韓合邦運動を強力に推進した中心人物であっただけに看過しえないものであった。一九一九（大正八）年四月付の『朝鮮暴動ニ関スル愚見』は、三・一運動の発生直後に内田が原敬首相に宛てた意見書であり、暴動の原因を「朝鮮併合ノ後始末ガ頗ル当ヲ得ザルモノアリシガ為メ」、すなわち親日派を重視せずかえって彼らに「薄恩ニシテ苛酷」な扱いをしており、そうしたことが彼らの「怨嗟」を招く原因となっていると指摘している。それゆえ「騒擾」は、内田にしてみれば「畢竟予期せられたる事実の影現に過ぎ」ないのであった。

他方、一九二〇年五月、「親日党」であった旧一進会が、杉山茂丸らの日韓併合にたいする責任を追及し、彼らの自決を要求してきた。そのため内田は「死も且つ辞する能はざる底の責任」を果たすべく朝鮮に渡っている。この間の事情は『朝鮮統治問題に就て先輩並に知友各位に訴ふ』に詳しいが、和解工作の結果、旧一進会と内田との間に六項目にわたる覚書が取り交された。それにもとづく内田らの行動のひとつが、朝鮮・沿海州・満蒙にまたがる大高麗国建設構想であり（滝沢誠『評伝内田良平』大和書房、一九七六年、二六一―二六五頁）、他のひとつが、頭山満に協力を仰いだ同光会の設立である。同光会は政府・朝鮮総督府が推進した「文化政治」の延長線上に位置するものであり、「内鮮人間ニ於ケル徹底的渾融同和」を目的としたもので、一九二一年二月に東京で本部が創設され（内田が幹事長）、同年五月に朝鮮総支部が京城に設置されている。しかしその後、多少の活動を展開したのち一、二年で自然消滅している。

以上の朝鮮問題のほかに、対ソ連・対中国政策も含めて、第一次世界大戦を境とする東アジア国際環境の変化に対応する、総体的な内田の東アジア政策をまとめた基本的文書が、一九二二（大正一一）年一二月付の『国策樹立ニ関スル意見書』である。ワシントン会議終了後、田中義一前陸相や小川平吉など内田に比較的近い有力者に送付された同文書は、「今日ハ帝国ノ前途ニ取リテ盛衰興亡ノ岐ルル秋ニ有之」という危機感にもとづいて書かれたものであり、朝鮮問題の部分は、従来の親日派の擁護、「懐柔」策などの主張をさらに拡大したものである。また対ソ政策は、同年一〇月の沿海州よりの日本軍の撤兵という新しい状況をふまえて、列国に先立つすみやかな国交樹立を提唱しており、ソ連の「好感的温情」をえるための同国にたいする飢饉救済にも言及している（『露西亜飢饉の真相』も参照）。

なお、こうした内田の対ソ承認論は、事実上一九二〇年二月の *The Asian Review* 以来みられるが、大連会議・長春会議決裂後の一九二二年一一月には、内田康哉外相、山梨半造陸相、水野錬太郎内相の了解をえて、黒龍会員駒井喜次郎を日ソ国交樹立交渉に関してヨッフェと会見させるため北京に派遣している。

ただし本文書の特色は、そうした個々の政策のうえに「満蒙、西伯利及朝鮮ノ三者ヲ打テ一丸ト為」す「積極的経綸」を主張している点にある。すなわち「満蒙及ビ西伯利ヲ開拓シ過剰セル内地ノ人口ヲ其地ニ移植セシメ併セテ鮮人ノ移住者ヲ保護シ、日本民族ヲ以テ中堅トスル一大経済的区域ヲ造ルトキハ、内ニハ自給自足ノ基礎ヲ樹立シ、外ニハ対外民族発展ノ地歩ヲ占メ得ベク、国家百年ノ大計此ニ確立スベキコト疑ヲ容レズ」ということであった。

こうした「三者ヲ打テ一丸」とする方向性自体は従来の主張の延長線上にあるといえるが、ここでとくに注目すべきは、そうした主張が「自給自足圏」の発想によって支えられていた点である。それは「蓋シ国家存立ノ途ニ於テ、外国貿易ハ必ラズシモ恃ムニ足ラズ。唯其恃ムベキハ国家経済ノ自給自足ニ有之候事ハ世界大戦以来列強間ノ斉シク自覚シタル実物教訓ニ有之候」という、総力戦としての第一次世界大戦理解にもとづくものであったのである。

ところで、大戦（正確には一九一七年頃以降）を境とする内田の活動と言論の大きな特徴のひとつは、対外問題だけでなく国内問題にも積極的に関係していた点にある。その背後には、「今や我帝国は国民の一大発憤に待たざるべからざる非常重大の秋に遭遇せり」という危機意識があったが、その内容は、たとえば『黒龍会拡張趣意書』によれば、対外的には、日本が山東半島の返還やワシントン海軍軍縮を甘受したこと、その結果「支那人の軽侮を増長せしめ、彼をして終に国防上唯一の防壁たる満蒙の還附を迫らしむるに至」ったこと、アメリカやオーストラリアなどで日本人移民の既得権が奪われ、排斥・駆逐の勢いが止まらないことなどであり、国内的には、綱維の弛緩、人心の腐爛、法制の複雑さ、租税の過重、経済界の混乱、国民生活の逼迫、思想界の放漫、社会秩序の紛糾、政府当局が「百年の大計を忘れて漫然一時を苟且し、在野政党は政権争奪の外何等時艱の匡救を念」としないこと、「俗に阿ねり世に媚び、屑々として営利に汲々たる」新聞紙の論調などを指していたのである。

とくに国内状況にたいする危機意識は多岐にわたるが、それは結局「我が三千年金甌無欠の国体をして、幾んど将に亀裂を生ずるの虞ある」という、大戦および「大正デモクラシー」状況の進展にもとづく天皇制秩序の流動化状況にたいする危機感の表明であったのである。

したがって「吾人の使命は従来対外政策に在」ったのであるが、「内頽れて抑も何の対外ぞや」と述べているように、大戦後はむしろ対外問題以上に国内問題への強烈な危機認識が存在していたのである。一九一八年に起こったいわゆる白虹事件に端を発する大阪朝日新聞膺懲運動（『非国民「大阪朝日新聞」膺懲国体擁護運動報告』ほか参照）や、「大正デモクラシー」の指導者吉野作造と浪人会（一〇月九日に内田、頭山満、佐々木安五郎、田中弘之らが組織）との立会演説会における対決（一一月二三日）などに、まずその現れをみることができよう。また一九二四年における黒龍会の活動範囲の正式な拡大――「天皇主義」を基軸に内政問題、社会問題にまで拡大――に組織としての対応をうかがい知ることができる（『黒龍会拡張趣意書』参照）。

しかし吉野との対決による敗北が、逆に「大正デモクラシー」という「時代の勝利」（一一月二四日付『時事新報』）と評されたように、内田らの国内活動には非常な困難がつきまとっていた。したがって一九一九年、二〇年頃のパンフレットに対外問題に関係するものが多い理由の一端も、そのあたりにあるのかもしれない。いずれにせよ内田ら右派陣営は「大正デモクラシーの隆盛によって一時窒息状態におちいっていた」が、そうした彼らが「一時に息を吹きかえしたエポックメーキングな事件」が宮中某重大事件なのであった（滝沢『評伝内田良平』二九一頁）。

皇太子洋行問題（一九二一年）とも密接に関係するこの問題は、皇室を「国民道徳の源泉」とする立場から元老山県有朋や原敬首相ら最高位の政治指導者たちと正面から対立したものであり（『宮中重大事件に就て』参照）、その後もこうした皇室・国体をめぐる問題分野で彼らは活発な活動を展開し、「大正デモクラシー」状況に対抗していこうとしたのである。

たとえば、大正天皇の従妹にあたる柳原燁子（白蓮）と宮崎龍介（宮崎滔天の長男）との「自由恋愛」をめぐる問題（『柳原燁子瀆操事件交渉顚末』ほか参照）、一九二六年のいわゆる朴烈・金子文子怪写真事件などをその事例としてあげることができる。とくに一九二五年に制定された治安維持法に国体条項が明記されて以来、国体問題は現実の政治状況に以前にもまして少なからぬ影響を与えることになったが、そうした状況にいたる活動のなかで、内田良平は右派陣営において頭山満に次ぐ領袖的地位にたつことになったのである。

こうして内田は、大戦後の流動化した天皇制秩序にたいして、「大正デモクラシー」とは基本的に異なる方向性で秩序再編成を試みようとしたのであるが、内田自身が「私共の運動は常に徹底せしむることが出来ないのを遺憾とした」（滝沢『評伝内田良平』二九〇頁）と述懐しているように、彼らの活動は依然守勢の立場にたたされていたのであり、したがって内田の危機感は、一九二〇年代を通じてますます強まっていたのである。

普通選挙法と宇垣軍縮に直面した一九二五（大正一四）年八月付の『国難来』は、そうした二〇年代前半の危機意識を集約した基本的文書である。国民的精神の解体に国難の「根本の病源」をみる本文書は、その遠因を明治維新以来の欧化主義に、近因を軍縮による「精神的打撃」「国防計画の破壊」と、個人主義にもとづく普通選挙法による「国体の基礎たる家族制度」の破壊とに求めたものである。

前者の国防計画をめぐる問題に関しては、明治期の帝国国防方針にもとづく軍備が「自給自足」の観点から策定されたものであること、いわゆる陸軍内上原系に比較的近い軍備論が展開されていることなど興味深い論点が多々あるが、とくに宇垣軍縮に関しては、『減師反対理由書』が、総力戦をはじめとするかなり詳しい軍事知識をもとにした議論を展開している。

また後者の普選問題では、家長（戸主もしくは世帯主）選挙権こそが国体に合致した「純正普選」であるとする立場から、普通選挙法反対論を唱えている（『個人本位の普選は国体破壊の端なり』ほか参照）。

さらに『国難来』の議論の延長線上にあるのが、翌年九月付の『大逆朴烈事件ニ対スル現内閣ノ重大失態ニ付上書』である。本文書は、朴烈事件は「国体上、憲法上、政治上ニ関シ実ニ容易ナラザル重大問題」であり、「近時我国ノ状態ハ綱紀ノ弛廃政治ノ堕落国民思想ノ悪化殆ド其ノ極ニ達シ」という認識を示したうえで、「此ノ腐敗セル政治ノ外ニ起立シ国民ノ信頼ヲ維ギタルモノハ僅ニ陸海軍備ノ権威ト司法権ノ独立トニ在リ」と述べ、朴烈事件をめぐる若槻礼次郎内閣、とくに司法当局の態度を論難したものである。

このように国体問題を軸にして、彼らの活動は徐々に現実政治への影響力を強めていったが、とくに朴烈事件の直接の監督責任者であった江木翼司法大臣への攻撃は、内閣の土台をも揺るがすものであったといえる。

ちなみに内田と江木の因縁は、普選法案成立後の一九二五年四月二七日、内田が加藤高明首相暗殺教唆容疑で警視庁に拘引された事件以来のことである（『首相暗殺冤罪事件公判録』ほか参照）。この事件にたいして内田側は冤罪を主張し、結局同年一二月末の公判で無罪となったが、一九二六（大正一五）年一月付の『聖代の奇怪事に付貴衆両院の諸公に訴ふ』によれば、事件自体が普選反対の論陣をはっていた内田を陥れるためのでっちあげで、江木翼内閣書記官長が裏で糸をひく政治的陰謀であったとしている。

また内田の国体擁護の姿勢は、昭和初年に入ると、民政党綱領中の議会中心主義にたいする批判（「恐るべき議会中心主義」参照）、最高刑を死刑に引きあげた治安維持法改正緊急勅令案の成立促進（『治安維持法緊急勅令案ニ関スル申合』ほか参照）、不戦条約批准奏請反対（『不戦条約文反対理由書』ほか参照）、ロンドン海軍条約反対・統帥権干犯問題などの諸運動に引き継がれ、時の内閣に止まらず政党政治そのものにも大きな影響を与えることになったのである。

なお、「大正デモクラシー」状況への対抗の一方の軸が、たとえば関東大震災時の社会主義者弾圧にたいする肯定的評価や、後藤新平のヨッフェ招致が社会主義者の「破壊的叛逆的運動に甚大なる刺撃」を与えたとして非難しているように、反社会主義論にあったことはいうまでもない（『震災善後の経綸に就て　社会主義者不逞鮮人兇行の一班』『大詔を拝して　特に後藤新平の自決を促す』ほか参照）。

ところで、第一次世界大戦後の内田良平の思想と行動をみていくうえで見落とすことのできない問題が、内田と大本教との関係および大日本生産党の結成についてである。まず前者について、内田自身の記すところによれば、一九二五（大正一四）年一月、内田の天佑俠時代からの同志で大本教信者であった大崎正吉の仲介で出口王仁三郎と会談したのが、両者の最初の出会いであった（ただし両者の関係は、一九二一年頃からともいわれている）。その後同年五月に大本教と中国の道院・世界紅卍字会とが推進した世界宗教連合会の発会式に、内田は頭山満とともに発起人として名前を連ねている。そして内田が紅卍字会日本総会の責任会長に、出口王仁三郎が会長に、頭山満が顧問にそれぞれ就任している（なお内田は満州事変後に『満蒙の独立と世界紅卍字会の活動』を発表し、紅卍字会を満蒙独立国家建設の「最良の精神的基礎」と高く評価している）。

以後も内田と出口・大本教とは密接な関係をつづけ、たとえば後述する大日本生産党の結成に際しての大本教からの資金提供や、一九三四（昭和九）年七月出口王仁三郎を統管として発足した「皇道発揚」「国体擁護」を目的とする昭和神聖会（大本教の外郭政治団体）への内田の副統管としての参加などをあげることができる。さらに一九三五年一二月の第二次大本教事件によって四面楚歌の状況に追い込まれた大本教にたいして、内田は病床の身にありながら「朦朧たる精神を励まし」て『時代思想の顕現せる天理教と大本教』を執筆し、好意あふれる弁護を展開している。

では、なぜ内田はそれほどまでに大本教との密接な関係を維持したのであろうか。彼の神道にたいする親近感、大本教の組織と資金力への期待などもあったであろうが、それ以上に、「大陸進出」と「国家改造」とを策する大本教と提携することによって、対外的にはかつての大高麗国構想を実現し、あわせて挫折した日韓合邦の素志を貫徹すること、対内的には「大正デモクラシー」状況の変革を期したともみることができよう。

ちなみに、内田の日韓合邦運動の精神にたいする執念に関していえば、それは、黒龍会創立三〇周年記念事業の一環としての『日韓合邦秘史』上下の刊行（一九三〇）、『東亜先覚志士記伝』上中下の刊行（一九三三、三五、三六年）、日韓合邦記念塔の建設（一九三四年）などに一部結実している。

他方、後者の大日本生産党は、満州事変勃発前の一九三一（昭和六）年六月二八日、大阪中之島公会堂で結党式がおこなわれた国家主義政党であり、内田が総裁に、頭山が顧問に就任している。内田は前年の六、七月頃から、新しい国家主義団体の創設を企図していたが（『大日本生産党創立準備会趣旨要領』参照）、大日本生産党は黒龍会、日本国民党、急進愛国党などいくつかの国家主義団体が合流して結成されたもので、とくに急進愛国党の津久井龍雄の入党は、彼が国家社会主義的思想のもち主であっただけに、時代の流れに即応しようとする内田の姿勢を象徴的に示したものであるといえる（『大日本生産党主義政綱政策解説』ほか参照）。

また組織面からいえば、内田はこれまでにも問題が起こるたびに、国民大会の開催や運動体を組織して、国民の啓発・動員に努めてきたが、いわばこれまで以上に大衆のもつエネルギーを組織化しようとしたわけであり、その意味で、従来の親分・子分的組織から大衆運動的組織に脱皮しようとする試みであったということができる。

いずれにせよ、大本教との関係も大日本生産党の結成も、「大陸進出」と「国家改造」とをめざす内田をはじめとする当時者それぞれの思惑の接点に位置したものであったのである。

以上のように、第一次世界大戦後の内田良平は、内外環境の変動にたいして強い危機感をもって対応した。その際中心となった思想は、国内的には国体論であり、対外的には「自給自足圏」論であった。それゆえ彼は新しい時代に対応すべく積極的に思想的営為を積み重ねていたのである。

そして、そうした「大正デモクラシー」とは異なる方向性にもとづく内外秩序の再編成論は、やがて昭和初年に入ると「大陸進出」と「国家改造」とを求める時代潮流と合致するようになる。しかし、その提携相手として期待した大本教が弾圧をうけ、それにともない昭和神聖会も活動停止に追い込まれたことは、出口・大本教にたいする期待が大きかっただけに、病身の内田には大きな精神的打撃になったものと思われる（滝沢『評伝内田良平』三三四頁）。

内田は一九三二（昭和七）年夏以降、結核の発病にともなう療養生活に入っていたが、翌年二月の再発以後病状は漸次悪化をたどり（『歌袋』ほか参照）、一九三七（昭和一二）年七月二六日、見果てぬ夢を果たせないまま、失意のうちに波乱の生涯に幕を閉じたのであった。告別式は同月三一日、青山斎場で神式によってとりおこなわれ、頭山満が葬儀委員長を、葛生能久が副委員長を務めた。

　五十年国を憂ひて草莽の野にさまよひて泣きに泣きたり

これは、病床にあった内田良平の絶筆に近いとされる和歌である。

補遺　書評『松本学日記』伊藤隆・広瀬順晧編

本書は、昭和戦前期に内務省警保局長や貴族院議員を歴任した松本学の日記である。松本は一八八六（明治一九）年岡山県に生まれ、一九一一年東京帝国大学法科大学政治学科を卒業、内務省に入省した。大学の同期卒業に石坂泰三、正力松太郎、五島慶太、重光葵などがおり、内務省の同期には吉田茂がいる。秋田、静岡両県の警視や鹿児島県理事官などを務めたのち、一九一八（大正七）年警察講習所教授、一九二〇年内務省土木局道路課長代理、二一年同局港湾課長、二四年同局河川課長、二五年内務省神社局長を歴任。

一九二六年には、第一次若槻礼次郎内閣の浜口雄幸内務大臣の下で静岡県知事となるが、それによって憲政会系と目されるようになる。そのため一九二七（昭和二）年田中義一内閣が成立すると鹿児島県知事に左遷され、二八年一月休職。二九年七月の浜口内閣の成立にともない福岡県知事に就任、三一年社会局長官に転任。五・一五事件後の三二年五月から三四年七月まで斎藤実内閣期の内務省警保局長として活躍したのを最後に、二〇余年にわたる官僚生活に別れを告げる。

一九三四年一一月貴族院議員に勅選され、以後はみずからが設立の中心となった日本文化連盟、日本文化中央連盟を主たる舞台として活動した。戦後は戦前の経歴を生かして、日本港湾協会会長、日本河川協会会長、警察大学校勧助会理事長、日本自転車振興会会長、国際港湾協会中央事務局長、世界貿易センター会長などを務めたほか、政府の海上保安審議会委員、港湾審議会会長を歴任、一九七四（昭和四九）年に死去した。

松本が残した文書や蔵書は現在、国立国会図書館憲政資料室、関西学園（松本は関西中学の出身）、警察大学校の三か所に分かれて所蔵されているが、本書は、憲政資料室所蔵の日記（若年時から一九六〇年まで断続的に記載されている日記）のなかから、一九二九（昭和四）年から一九三八年にかけての期間を復刻したものである。

もっとも一九二九年七月から三二年までと、三三年二月以降三四年一一月二五日までの部分は記述がないか、もしくは極端に少ない。したがって継続的に記載されているのは、一九二九年の休職中と警保局長在職中の三三年一月、そして貴族院議員に勅選される三四年一一月二七日の前日以降ということになる。

毎日さまざまな人物と会い、会合を積み重ねている松本であるが、記述内容中とくに目についたのは、つぎの諸点である。

まず第一に、同郷の先輩宇垣一成との関係である。松本は岡山県出身者との関係を大切にしていたようであるが、とくに宇垣とは、神社局長時代にはじめて会って以来懇意にしており、日記にはその宇垣内閣の実現を期した動きが散見される。とりわけ注目されるのは、田中内閣が行き詰まりをみせはじめていた一九二九年前半と、実際に大命が降下しながらも拝辞に追い込まれた一九三七年一月の記事である。

ただし後者に関する情報量は残念ながら多くない。しかし、この宇垣内閣の流産を契機として、松本の宇垣観が微妙に揺らいだようである。一九三八年には、宇垣について、「裸になってつきあうと云ふ気持はない。各々それ相当に利用すればよいと云った風の心持だ。これが此人の性格であり、昨年曾ての部下から排撃された所以でもあらう」と述べ、さらに「非常に我の強い功利主義的な人を立てることの出来ない、そして内閣の野心ばかりと云ったやうな低調な、従って理想とか、哲学とか、人生観とか所謂新時代の政治家的なところがない政権亡者」と、本日記中他に類をみないほど、かなり辛辣な評価を書き記している。

つぎに目につくのは、松本の活動の中心となった日本文化連盟と日本文化中央連盟関連の記事がきわめて多いことである。この時期松本は貴族院議員であり、議員勅選を契機として本日記が本格的に継続的に記されるようになったことからも明らかなように、貴族院議員という地位は、松本にとってそれ相応の意味をもっていたと思われる。しかし関係記事はさほど多くなく、それゆえ当該期の彼の主たる関心と活動の範囲が、議会や狭義の政治的世界の枠にとどまらないものであったことが理解される。

日記には、前述した両連盟関係の多くの団体、たとえば邦人社、文芸懇話会、新日本文化の会、詩歌懇話会、日本芸道連盟、日本民俗協会、日本古武道振興会、伝記学会、自治の会、医学の会、日本体育保健協会（建国体操の会）、第五インターナショナル、アジア学生の会、日本産業労働倶楽部など、実にさまざまなジャンルの団体の活動が記されており、松本の関心と交際の広さをうかがわせるが、その中心的考えは「国内国際の文化運動」にあったといえる。

すなわち国内においては、「邦人一如」という日本精神の原理に立脚した「新日本文化の建設」、国外においては、「各国の文化をそれぞれ尊重し相互に理解し合ふことによって始めて世界平和の基礎が置かるゝ」という考えにもとづく「文化国際連盟」の実現ということである。

さらに注目すべきは、そうした国際関係理解にたった対外策の追求や政府の外交政策にたいする批判をおこなっている点である。たとえば日中関係については、孫文一〇周忌追悼会を日本文化連盟の主催で開催したり、悪化した日中関係の改善のために「対支文化工作」を提唱するなどしている。なお松本はこうした「工作」を「思想戦」という観点からも認識しているが、接触の少ない軍関係者のなかで、陸軍省新聞班など情報関係者との接触が比較的目につくのもそのためであろうか。

また日独防共協定の締結にたいしても、「馬鹿なことをしたものだ。思想対策に政府同志協定するなどのことが間違だ。なぜアンチコンミンテルンと吾文化連盟との提携に委ねて、政府は陰にかくれておればよいものを」と、かなり厳しく批判している。

三番めに目についた点は、官僚批判を随所に展開している点である。たとえば、松本が熱意をもって活動した紀元二六〇〇年記念事業と日本文化中央連盟の設立とに関連して「役人ほど役《(厄)》介なものはない。此官僚気分を一掃することが凡て庶政一新の根本気のやうに思はれる」と述べている。前述の団体の多くをみずからが組織し国民「運動」として展開させようとする、旺盛な組織力と行動力とをもった松本にとって、狭量な「役人根性」は忌避すべきものであったのである。

第四に、政治家や官僚の無責任性を問題にしていることである。二・二六事件、広田・近衛両内閣の組閣、日中戦争への議会の対応、第三次近衛声明などに関連して述べられているが、たとえば「上下を挙げて、殊にインテリに責任感を欠如しておることが今日の欠陥の大きなものと云はねばならぬ」と、その無責任さを批判している。

以上、評者の目についたいくつかの点を指摘してきたが、本書の内容がこれにとどまるものではもちろんない。独自のヴィジョンと行動力とをもった松本学の軌跡を追うことによって、昭和戦前期の新たな側面が明らかになるものと思われる。

補遺　書評『石射猪太郎日記』

伊藤隆・劉傑編

本書は、大正・昭和戦前期の外交官石射猪太郎の日記である。石射猪太郎は福島県出身、東亜同文書院卒業後、満鉄勤務を経て、一九一五（大正四）年同院出身初のキャリア外交官となる。中国、アメリカ、メキシコ、イギリス等の在外勤務と本省の課長を歴任後、一九二九（昭和四）年吉林総領事、満州事変後の三二年七月上海総領事。その後三六年七月シャム公使となるが、翌年五月に外務省東亜局長に栄転して、折から勃発した日中戦争の早期解決に尽力する。三八年一一月オランダ公使、四〇年九月ブラジル大使。太平洋戦争の開始にともなうブラジルとの国交断絶のため、四二年八月交換船により帰朝。四三年一月外務省戦時調査室委員長、四四年一〇月ビルマ大使。敗戦のため四六年七月に引揚げ、五四年二月に逝去した、享年六七歳。

名著とされる石射の回想録『外交官の一生』（中公文庫）によれば、戦災のため数冊を残して多くの日記を焼失したとのことであり、本書はそれらの残された日記を原本とする。収録の範囲は、一九三六（昭和一一）年一月から四四年九月まで、すなわち上海総領事時代からビルマ大使への転出決定までの時期にわたるが、途中かなりの中断部分があるほか、一九四〇、四一年の分は、太平洋戦争との関係からブラジル駐在時に焼却されており、残念ながら現存していない。

石射は『外交官の一生』の「自序」において、「私の外交官生活中遭遇した公私のできごとと人物とを対象として、その場合場合に感じた喜怒哀楽をありのまま紙上に描かんとするのが私の執筆態度である」と述べているが、そうした姿勢は本日記にも貫かれており、豊かな観察眼と適確な洞察力とに裏打ちされた歯切れのいい文章は、読むものをひきつけて離さないおもしろさをもっている。とくに東亜局長時代の記述は、もっとも生彩に富んだものとなっており、本書中の白眉といえる。

また本日記の大きな特色のひとつとして、多くの人物評が記されていることをあげることができるが、その記述はまさに「無遠慮」（『外交官の一生』）といえるほど率直である。とくに近衛文麿首相と広田弘毅外相とにたいする評価はきわめて辛辣である。

日記には、軍部（とりわけ陸軍）へのはげしい批判とともに、その影響下にある内外情勢、とくに「敵を知らず己をのみ主張する断乎外交」（一九三六年一二月二五日）、「独りよがりの日本」（三七年九月一六日）、「独逸を一から十まで模倣する日本」（三九年一二月二四日）にたいするきびしい眼も記されており、満州事変後の日本の内外政のあり方とそれを是正しえない政治力の不在とにたいする強い不満をみてとることができる。

石射は、時局是正の役割を担うべき政治指導者には「信念と勇気」とが必要不可欠であると考えていたようであるが（『外交官の一生』）、その期待を裏切った近衛と広田とにたいする評価がきびしいのも当然というべきであろうか。なお、一九三七年に散見される「天皇親政」への期待も一面、そうした強力な政治指導力不在の政治状況にたいする不満の表明として理解することができよう。

いずれにせよ、本書は、自己の職責を全うしようとした気骨のある外交官の日記であり、当該期の歴史を理解するうえで必要不可欠な史料といえる。編者（伊藤隆氏は解説も執筆されている）の御労苦にたいして深甚の謝意を表するものである。

あとがき

歴史は人間が織りなすドラマである。その舞台にはさまざまな人物が登場し、泣いたり笑ったり、悩んだり喜んだり、多くの喜怒哀楽をともないながら、それぞれが抱く主義主張や目標の実現に向けて躍動している。

そうした歴史上の人物にたいする興味や関心は、おそらく幼い頃に接した偉人伝や英雄伝などを基底とするものであろうが、強い印象をもって初めて自覚的に興味を引かれた歴史上の人物は、高校の世界史で習ったフランス絶対王政期の宰相リシュリューやマザラン、そしてドイツ帝国の鉄血宰相ビスマルクなどであった。

その後、さまざまな歴史的事象のなかから、筆者が政治外交史や軍事史などを主たる研究分野とするようになった、そもそものはじまりには、いま思えば、そうした政治家たちへの関心があったのかもしれない。

ただし大学の史学科に進学はしたものの、とりたてて政治家論にのめり込んでいたわけではない。

むしろそれ以上に外交史や国際関係そのものへの興味があり、副専攻科目として設置されていた国際関係論科目の多様な視点や方法論に魅せられていたからである。

そうしたなか、あらためて政治家への関心を呼び起こされたのは、大学三年生のときに、武者小路公秀教授の「リーダーシップと政治構造」という講義を受講し、そこで「自民党少数派閥指導者のリーダーシップの有効性について」というテーマで、その当時バルカン政治家と呼ばれていた自民党の代議士三木武夫（のち首相）を題材としたレポートを作成したことがきっかけであった。

そして大学四年次に、一九二〇年代の日本外交を担った幣原喜重郎と田中義一という二人の外交指導者を、ナショナル・アイデンティティという概念を用いて『満州事変への道』（中公新書、一九七二年）で鮮やかに対比・分析された、馬場伸也先生の演習に参加させていただき、その謦咳に接することができたことが、人物論への関心をさらに深めることになった。馬場先生には、大学院進学後もご指導いただき、人物論、指導者論だけでなく、そうした指導者を含む政策決定過程をめぐる最新の研究成果をも学ぶことができた。いうまでもなく政策決定過程には、政治家や官僚をはじめとするさまざまな人物や組織（そして世論・社会状況など）が関係し、その相互作用のなかから決定が生まれるわけである。

その当時、国際関係論分野において、政策決定論は多くの研究者の関心を引きつける研究分野であったと思われる。筆者もスナイダー・モデルや朝鮮戦争研究のグレン・ペイジからはじまり、グレアム・アリソンの官僚政治モデル（『決定の本質』宮里政玄訳、中央公論社、一九七七年）に魅せられたひとりであった。今思い起こせば、彼らをはじめとする主としてつぎのような研究者、M・ハルペリン、J・スタインブルーナー、R・ジャービス、J・バーバー、F・グリーンスタインたちの研究から、政策決定過程の諸相やそのなかにおける個人の重要性と役割などについての理解を深めることができた。そして結局のところ、政策決定の問題は個人に行き着くというのが、筆者のえた結論であった。

さらに、心理＝歴史的アプローチにたつエリク・エリクソンの著作などに接したことも思いだされるが、いずれにせよ、それらの学びを前提として、その人物の生まれ育った環境や社会化過程、個人的性癖、個人をとりまく環境への働きかけとその応答、そして認識の問題など、筆者が人物を考察する際の基本的視座が育まれたものと思われる。

本書は、以上述べてきたような筆者の人物研究にたいする基本的視座をもとにして、これまでに人物を直接の対象にするか、もしくはその人物像を意識して執筆された諸論稿を、一書にまとめて編んだものである。ここで各論稿の初出を示せば、つぎのとおりである（なお本書中の史料の引用に際しては、原則として旧字は新字もしくは通行の字体に直した）。

「幣原外交の時代――序にかえて」――「幣原外交の時代」（外務省外交史料館編『外交史料館報』第

二一号、外務省外交史料館、二〇〇七年）

第一部

第1章——「大正期天皇制の危機と山県有朋」（伊藤隆編『山県有朋と近代日本』吉川弘文館、二〇〇八年）

第2章——「裕仁親王の結婚に躊躇する貞明皇后——宮中某重大事件のその後」（日本歴史学会編『日本歴史』第七二五号、二〇〇八年一〇月）

第3章——「昭和天皇の二度にわたる田中首相叱責と鈴木貫太郎」（日本歴史学会編『日本歴史』第七六五号、二〇一二年二月）

第4章——「鈴木貫太郎——その人と生涯（3）」（野田市史編さん委員会編『野田市史研究』第二二号、二〇一二年三月）

補遺——「書評　高橋紘・粟屋憲太郎・小田部雄次編『昭和初期の天皇と宮中——侍従次長河井弥八日記』第一巻」（日本歴史学会編『日本歴史』第五六〇号、一九九五年一月）

第二部

第1章——「解題」（池井優・波多野勝・黒沢文貴編『浜口雄幸　日記・随感録』みすず書房、一九九一年）

第2章――「加藤高明、浜口雄幸と土佐――二、三の新史料をめぐって」（日本歴史学会編『日本歴史』第五八三号、一九九六年一二月）
第3章――「浜口雄幸の虚像と実像」（日本歴史学会編『日本歴史』第六〇〇号、一九九八年五月）

第三部

第1章――「田中義一――陸軍から政党総裁へ、『状況創出』のおらが宰相」（自由民主党編『月刊自由民主』第六三五号、二〇〇六年二月）
第2章――「宇垣一成――総理の座を摑み損ねた『政界の惑星』」（自由民主党編『月刊自由民主』第六四三号、二〇〇六年一〇月）
第3章――「幣原喜重郎――国益を踏まえ、理想の灯を掲げた現実主義者」（自由民主党編『月刊自由民主』第六四七号、二〇〇七年二月）
第4章――「森恪――実業界から政界へ、異彩を放つ国家本位の政治家」（自由民主党編『月刊自由民主』第六六六号、二〇〇八年九月）
第5章――「小磯国昭――国務と統帥の調和を求め、休戦和平を模索した武人宰相」（自由民主党編『月刊自由民主』第六七八号、二〇〇九年九月）
第6章――「竹下勇小伝第三章　軍令部次長から予備役編入まで」（波多野勝・黒沢文貴・斎藤聖

二・櫻井良樹編『海軍の外交官　竹下勇日記』芙蓉書房出版、一九九八年）
第7章――「解題二　内田良平の生涯について――第一次世界大戦後」（波多野勝・黒沢文貴・斎藤聖二・櫻井良樹編『内田良平関係文書』第一巻、芙蓉書房出版、一九九四年）
補遺――「書評『松本学日記』」（日本歴史学会編『日本歴史』第五八二号、一九九六年一一月）
補遺――「新刊紹介　伊藤隆・劉傑編『石射猪太郎日記』」（史学会編『史学雑誌』第一〇三編第七号、一九九四年七月）

以上のように、およそ二〇年余にわたる諸論稿であり、また講演録、論文、研究余録、史料解題、書評・新刊紹介など、さまざまな形式をとっていることもあり、本書は形式的には、一書としての統一性には欠けるかもしれない。しかし、本書が考察の対象とした登場人物たちにたいする基本的な眼差しには、多かれ少なかれ、前述したような筆者なりの一貫した視座が見え隠れしているはずである。またなによりも本書の基底には、筆者の尽きることのない歴史上の人物にたいする興味と関心がある。すなわち、彼らがいかに認識し、考え悩み、みずからの思いを実現しようとしたのか、それらを描きだしたいということである。

とはいえ、取りあげた歴史上の人物たちの実像にどれほど迫ることができたのか、それについては、はなはだ心許ないといわざるをえない。そもそも歴史が叙述であるとするならば、彼らの息づかいをどれほどの筆致でもって伝えることができたのか。さらには、人物をとおしてその時代の実相に迫りえたのか。おそらく、いずれも今後のさらなる研鑽を、筆者に求めるものであろう。

今回、大戦間期に活躍したさまざまな人物を対象とする一書を編む、という筆者の思いつきをかたちにするにあたり、大きな助言をえたのは、みすず書房の編集者であった横大路俊久氏である。本書の原型がスムーズに整ったのも、氏とのやりとりの賜物である。お礼を申しあげたい。

また、みすず書房で本書をご担当いただいたのが、守田省吾編集部長である。さまざまな論稿を収めるという本書の構想にご理解を賜り、編集の労をおとりいただいた。厳しい出版状況のなか、幸運にも本書をまとめることができたのは、ひとえに氏のおかげである。深甚なる謝意を表したい。

そして倉敷芸術科学大学の時任英人教授には、今回も常に変わらぬ支援と友情を受けた。記してお礼を申し述べたい。

いずれにせよ、人物を対象にした一書を編みたいという思いが実現した本書の出版は、筆者にとって望外の喜びであり、実に幸運であったというのが偽らざる思いである。あらためて、本書の成立に関わりをもたれたすべての方々に感謝申しあげたい。

二〇一三年初春　本郷の自宅にて

黒沢　文貴

人名索引

あ 行

か　行

さ　行

た　行

な　行

は　行

著者略歴

（くろさわ・ふみたか）

1953年東京に生まれる．1984年上智大学大学院文学研究科博士後期課程満期退学．博士（法学）．宮内庁書陵部編修課主任研究官を経て，現在　東京女子大学現代教養学部教授．外務省「日本外交文書」編纂委員．著書『大戦間期の日本陸軍』（みすず書房，2000）『二つの「開国」と日本』（東京大学出版会，2013），共編『濱口雄幸　日記・随感録』（みすず書房，1991）『日本赤十字社と人道援助』（東京大学出版会，2009）『歴史と和解』（東京大学出版会，2011）『日本政治史のなかの陸海軍』（ミネルヴァ書房、2013）ほか．

黒沢文貴
大戦間期の宮中と政治家

2013年 2月 8日　印刷
2013年 2月18日　発行

発行所 株式会社 みすず書房
〒113-0033 東京都文京区本郷5丁目 32-21
電話 03-3814-0131(営業) 03-3815-9181(編集)
http://www.msz.co.jp

本文印刷所 萩原印刷
扉・表紙・カバー印刷所 栗田印刷
製本所 誠製本

ISBN 978-4-622-07746-6
[たいせんかんきのきゅうちゅうとせいじか]